私たちがつくる社会

おとなになるための法教育

髙作正博 編
Takasaku Masahiro

法律文化社

プロローグ

1　自分の「人権」，私たちの「社会」

　人はみんな自由で平等な存在として生まれます。全員が「人権」をもった主体としてこの世に生まれてくるのです。人類は，これまで何度も，このことを確認してきました。たとえば，アメリカの独立宣言（1776年7月4日）でも，フランスの人権宣言（1789年8月26日）でも，すべての人は，自由で平等なものとして生まれてくると書かれています。

　でも，現実の社会はどうでしょう。私たちは本当に自由で平等なのでしょうか。男性と女性とのあいだで差別はありませんか。日本国籍をもっていない人に対する差別はありませんか。肌や髪の毛の色，出身地が異なるというだけで差別していませんか。私たちが生きている社会では，さまざまな不自由や差別など，理不尽な事実もみられます。

　それでも，確信しましょう。私たちは人権をもつ者として自由で平等であるということを。そして，強く願いましょう。みんなが自由で平等な世界になるということを。さらに，行動しましょう。みんなが自由で平等な世界になるように。

　では，どのように行動すればよいのでしょうか。

　まずは，世界のことを知りましょう。私たちのまわりには，いろいろな問題があります。お金のトラブル，いじめの問題，ゴミ問題，環境問題，差別の問題，雇用の問題，福祉の問題，治安の問題など。それらがどのような問題であり，何が原因で起きているのか，知ることが大切です。

　そして，それらの問題をどうしたら解決できるか考えてみましょう。新聞や本などを読むことが必要です。友だちや学校の先生にきいてみるのもよいでしょう。そのうえで，自分に何ができるのかを考えてみましょう。はじめから大きなことを目指す必要はありません。最初の小さな一歩でいいのです。毎日のゴミの分別をすること，空き缶のポイ捨てをしないこと，節電に気をつけること，これらの積み重ねが，環境問題や地球温暖化問題に対する対応策となる

のです。「私」が「社会」とつながっていて、「私」が「社会」を支え、「社会」を改善していく主役なんだ、という意識こそが大切だといえるでしょう。

2　政治の問題はむずかしい？　自分とは無関係？

しかし、つぎのように考える人もいるかもしれません。

> 「社会のこととか政治の問題とかいわれても、よくわからないよ」。
> 「学校で習ったことがないのに、20歳になった途端に自分で考えろ、っていわれても、そんなのできない」。
> 「ゲームや美味しい料理には興味があるけど、人権とか民主主義とかってピンとこないんだよね」。

これらの意見はよくきかれるものですが、つぎの2点から、その多くが誤解であることがわかります。

第1に、社会や政治のことというのは、何か特別なことではなく、私たちの生活に関係するみんなの関心事だということです。みんなに共通の問題を一緒に解決すること、これが民主主義です。たとえば、学校の教室の掃除を例にあげましょう。きれいな教室で気持ちよく勉強するには、毎日の掃除が欠かせません。でも、教室をきれいに保つにはどうしたらよいのでしょうか。

掃除当番を決める、机と椅子を全部後ろに下げてから床を掃除する、掃除をさぼる人がいないよう注意し合う、掃除が終わったあとのバケツやぞうきんを片付けるなど、いろいろとアイディアがあるでしょう。大切なことは、教室を使うみんなで、意見を出し合って決めるということです。みんなで考えることで教室をきれいにしようとする意識が高まります。

もちろん、人それぞれ考え方は異なりますから、ときには意見が対立することもあるでしょう。それでも、みんなで意見をいい合って解決に導こうとすることで、何が問題かが発見できますし、問題解決の可能性が開かれるのです。この過程を省略することは適切ではありません。こうしてみんなに共通の課題をみんなで考えて結論へと導く過程が、民主主義だということです。教室の掃除も、政治や民主主義への入り口となるのです。

第2に、ゲームや料理などの身のまわりの事柄も、社会や政治の問題と関連

があるということです。たとえば，戦闘シーンが含まれるゲームを考えてみましょう。ゲームとはいえ，このような過激なものは，子どもの発育に問題を生じさせるから法律で規制すべきだ，という考え方があります。

反対に，ゲームは個人的な娯楽なので自由に任せるべきで，法律での規制にはなじまない，という考え方もあります。子どもの健全な発育は社会的な関心事ですので，それを保護する必要はあります。でも，だからといって，ゲームのすべてをチェックして健全なゲームと不健全なゲームとに分類する，というやり方が適切かどうか，検討が必要です。これこそが政治の問題となるからです（子どもの自由か保護か，という問題は，学校への携帯電話の持参禁止という問題をめぐってもあらわれます）。

料理についても同様です。たとえば，何気なく食べている牛肉でも，政治の問題とされてきました。以前，アメリカで狂牛病（BSE）が発生したことを受けて，日本政府は，米国産牛肉の輸入を停止しました。しかし，アメリカの牛肉産業は大きく，日本は最大の輸出国でもあります。ここで，牛肉の輸入再開を認めさせたいアメリカ政府と，食品の安全を確保したい日本政府とのあいだで激しいやりとりがおこなわれることとなったわけです。食卓から政治を考える，という視点も必要です。

みんなに共通の問題をみんなで考え，議論をし，そして結論を出す，という過程は，実は，口でいうほどやさしいものではありません。相手の意見をきかず，自分の主張や利益を無理矢理おしとおそうとする態度（エゴイズム），また，自分のことよりも，他人の利益だけを最優先しようとする態度（利他主義），さらに，自分の意見をもたず，他人の意見にただ同調しようとする態度（空気読みすぎ！）など，適切ではない行動もみられるからです。しかし，自分の意見をしっかりともち，他人の意見をきいたうえで，より説得力や理由のある意見はどれか，両方の意見が成り立つような第3の考え方はないのか，などを考えるようにしていきましょう。

3　本書の特徴

本書は，とくに中学校で実施される「法教育」の副読本となるように作成されたものです。そのため，つぎのような点に配慮して執筆されました。

① 方向性　「法という視点からみて日本社会の姿を知ることができる」ものをめざすことです。内容は，法律が主役となるものではなく，日本社会がわかることを目的とするものです。したがって，子どもから成人まで，誰もが「市民」となるために必要な「知識」と「（実践のための）方法」を学び，実際の社会での実践に寄与できるような本になれば，と願っています。
② 「法学教育」と「法教育」との異同　本書は，大学等での「法学教育」のテキストではありません。私たちが，この日本社会で生きていくために必要な知識を得ること，「法学」を学ぶというよりも日本社会そのものを知るように法を学ぶこと，を内容とする書物です。そのため，つぎの2点を重視して執筆されました。

　第1に，「法学教育」の場合，法律学の基礎概念や定義，条文にかんする知識を中心に執筆し，現場での具体的な事例や適用例は，補助的なものという位置づけとなります。そのため，条文と判例が学習の主な対象となります。他方，「法教育」では，条文や判例の知識に触れつつも，基本的なものの考え方や実際の社会での適用イメージに，より比重が置かれることとなります。ちょうど，理念と具体例が前面に出てくるような構想となります。

　第2に，「法学教育」には，条文や判例などによって形成された法をそのまま受けとる静態的方法（講義）と具体的な事例について自ら考え積極的に行動することを学ぶ動態的方法（演習等）があります。「法教育」でも同様に，静態的方法と動態的方法とがあります。本書には，動態的方法を数多くとりいれ，自ら学び行動する態度を養えるよう工夫してあります。
③ 「現実」と「理想」　法を語る場合，理想と現実とのどちらに重点を置くのか，という問題があります。たとえば，現実の学校をわかる，ということなのか，それとも，理想の学校，あるべき学校を説くのかを明らかにする必要があります。しかし，「あるべき論」は現実の反映という側面をも有することからすれば，どちらだけというのは適切ではありません。両方の意見に触れることができるという点が，本書の特徴です。具体的な問題を学校で議論できるようにする。そのような本を目指しました。また，複数の視点が出てくること，それを踏まえて自分はどう考えるかという方

向へ導くことができれば，と思っています。

④　対象とする読者　「日本社会がわかる」というコンセプトからすれば，14歳位の学生から成人まで，日本人だけでなく留学生等にまで広く設定することが必要です。本書はその意味でも，「日本社会を知る」ことに重点が置かれているということです。

⑤　「練習問題」と「おすすめの文献」　各章には，それぞれ「練習問題」が設けられています。自分で調べて答えを出す学習，グループで話し合いをして答えを出す学習など，いろいろな答えの出し方で考えてみてください。また，各章ごとに参考文献をあげてあります。専門性の高いもの・論文はあげないこととし，中学生でも読めるもの（マンガ，小説，映画，ビデオ等），より専門性のある発展型のものをあげています。興味に合わせて読んだり見たりしてください。

⑥　構成（目次）　一人ひとりの「あなた」から出発して，次第に大きくしていくというイメージで，目次はつくられています。あなた自身からはじめて自分の事柄を考え（第*1*章），つぎにもっとも身近な学校（第*2*章），つづいて，暮らしの成り立ちに重要な経済（第*3*章），市場では調達不可能な財やサービスを提供する自治体や政治の問題（第*4*章），市場と政府のはざまで人の生活を保障する社会保障の問題（第*5*章）を順に説明し，最後に，法規範で守られている社会，法を逸脱する人びと，それにかんする問題（第*6*章），という流れで構成しています。

4　登場人物

本書では，翔太と美咲がみなさんをご案内します。2人は地元の公立中学校に通う3年生で14歳。2人とも野球部に所属して毎日練習に励んできました。翔太はともかく，美咲は女子。女子の野球部員といえば，マネージャーを思い浮かべそうですが，美咲は，れっきとした選手。翔太とともにポジションを争います。

翔太は，父，母，妹と4人で暮らしています。音楽が好きで，友だちとカラオケで歌ったりしています。周りからの信頼もあり，学級委員長も務めています。美咲は，母，兄との3人暮らし。

よく気がつくしっかり者で,日焼けしているせいか,健康的な女の子です。お兄さんは来春から社会人として働き始めます。就職氷河期といわれるなか,何とか内定をもらいました。

　この本のなかで,2人は,自分,他の人,お金,経済,学校,教育,地域,自治体,選挙,医療,福祉,子育て,労働,障がい,介護,法,犯罪,裁判,刑務所など,さまざまな事柄を学んでいきます。みなさんも一緒に,「社会」の「扉」を開きましょう。

目　次

プロローグ

第1章　私たちと他の人びと

① 「自分」とは？ …………………………………………………… 002
　　私の「人権」／人権・自己決定の条件／人権・自由の限界？

② 大人と子どもは違う？ ………………………………………… 005
　　子どもの権利，大人の権利／世界共通の決まり―条約―からみた子どもの権利／子どもは何をしても許される？／子どもは特別扱い？①／子どもは特別扱い？②／少年院と刑務所はどう違う？／なぜ特別扱いなのか／考えなくてはならないこと

③ 女性と男性はどう違う？ ……………………………………… 019
　　人権には女性も男性もない／教育を受ける権利は同じ／性別によって差別されないということは憲法に明記されている／「義務」にも女性も男性もない

④ 女性と男性をめぐる世界の状況 ……………………………… 024
　　教育にかんする男女の違い／女性に対する差別についての世界の考え方／男女の平等に特化して規定した法律

⑤ 女性と男性とは？ ……………………………………………… 035
　　性同一性障がいにかんする法律／社会ができること

⑥ アルコール・煙草・薬物 ……………………………………… 039
　　薬物・中毒・依存／酒，煙草，お茶，コーヒーも薬物？／規制薬物の種類と特徴／依存しない生き方

第2章　私たちの学校

① 私たちの暮らしと学校 ………………………………………… 046
　　学校との長いかかわり／学校のない社会？

❷ 日本の学校制度 ………………………………………………… *047*
　保育所と幼稚園の違い／幼稚園／小学校／中学校／高等学校／大学・大学院

❸ 義務教育は何のために …………………………………………… *057*
　義務教育は誰の義務？／義務教育はなぜ無償なのか／義務教育の目的／学校の勉強はなぜつまらないのか／義務教育の意義

❹ 不登校について …………………………………………………… *060*
　「学校へ行くのはあたりまえ」はあたりまえ？／不登校の統計上の実態／もしも，不登校になってしまったら……／学校だけが学ぶ場ではない

❺ 入　　試 ………………………………………………………… *062*
　大学入試センター試験／入試はなぜ加熱するのか／入試は民主的？／大学はみんなの学ぶ場

❻ 学校で学ぶことの意味 …………………………………………… *064*
　人間は学習によって成長する／学習と自由な人生／学習の一般的なかたち／これから重視される学習の形態／批判的な思考力を身につけよう／自律した人間になる

❼ 学校は何のためにあるのか ……………………………………… *068*
　学校はあなたと世界をつなぐ／社会には子どもが必要

第3章　私たちの経済

❶ 経済とは何か ……………………………………………………… *074*
　あなたの経済／あなたの家族の経済／家計の収入と支出

❷ 物を買う …………………………………………………………… *079*
　契約とは何か／物を買う契約／契約から生じる義務／さまざまな支払方法

❸ 物を借りる ………………………………………………………… *086*
　部屋を借りる契約／お金を借りる契約／利息とは何か／グレーゾーン金利とは何か／保証人をたてる

❹ 消費者としてのあなた …………………………………………… *092*
　消費者問題とは何か／消費者契約におけるさまざまなトラブル／消費者団体による訴訟

- ⑤ **消費者と広告** ………………………………………………………… 095

  広告のメリット／広告規制・表示規制の意義／広告・表示に関する規制①／広告・表示に関する規制②

第4章　私たちの地域・地方自治

- ① **自治って何？** ………………………………………………………… 104
- ② **自治体の成り立ち** …………………………………………………… 106

  自治体の数は少ないのか／自治体とは何か

- ③ **どうして自治体があるのか** ………………………………………… 109

  生活に必要なサービスの提供／自治体の構成／どうやって自治体の仕事は決まるのか

- ④ **自治体の機関** ………………………………………………………… 113

  自治体の議会／知事・市町村長／その他の執行機関

- ⑤ **自治体の組織と任務** ………………………………………………… 119

  県庁と役所・役場

- ⑥ **住　　民** ……………………………………………………………… 123

  住民グループによる反対運動／それでも順調に進む計画／議会への市民の直接提案／自治体の土地利用にかんする権限

- ⑦ **自治体予算のつくり方** ……………………………………………… 129

  支　出／予算をつくる作業の進み方

- ⑧ **自治体の収入** ………………………………………………………… 133

  自治体（市町村）の税率の決め方

- ⑨ **地域における民主主義** ……………………………………………… 140

  地域共同体と地縁団体

第5章　私たちの社会保障

- ① **出　　生** ……………………………………………………………… 146

  乳児死亡率の減少とその背景／妊娠・出産のときの支援／少子化って？

- ② **子ども・子育て** ……………………………………………………… 150

  子どもの権利？　親の権利？／子育てのための支援／子どもが安全でないときは……？

- ③ 病気になったら？ ……………………………………………………… *155*
  - 病気やけがは身近なリスク／病院や診療所の役割／すべての国民が医療保険に入っている／医師が足りない？
- ④ 仕事をする ……………………………………………………………… *159*
  - 働くってどういうこと？／働き方の変化・多様化／失　業
- ⑤ ハンディキャップがあるとき ………………………………………… *163*
  - 障害？　障がい？　障がい者？／障害にはどんな種類があるか／どのように生活しているか
- ⑥ 高齢になったら？ ……………………………………………………… *167*
  - 高齢期の生活って？／高齢期の生活を支える年金制度／介護の保障
- ⑦ 私たちと生存権 ………………………………………………………… *172*
  - 社会保障制度と「生存権」／生存権は守られているか

第6章　私たちの法

- ① 私たちの社会と法律 …………………………………………………… *176*
  - ゆりかごから墓場まで／自分も加害者に／法は何のためにある？　六法って何？／私たちにも法律は適用される／20歳＝成人は遅すぎる？
- ② 「私たち」と「私」 ……………………………………………………… *182*
  - 法律をつくるのは私たちの代表＝国会／国会が「ねじれ」る？／「私たち」って誰？／「私たち」意識って必要？／憲法と法律は違う
- ③ 犯罪と刑罰 ……………………………………………………………… *188*
  - 罪と罰，犯罪と刑罰／どんな犯罪があるのか／罪刑法定主義と謙抑主義／残虐な刑罰／犯罪にかんする神話
- ④ 犯罪の捜査と警察官・検察官・弁護士 ……………………………… *195*
  - 「あやしい」は罰する？／警察官の仕事／警察から検察へ／弁護人の選任と役割
- ⑤ 裁判所と裁判 …………………………………………………………… *199*
  - 裁判所と裁判員／冒頭手続／証拠調手続／判決の宣告
- ⑥ 犯罪者の処遇 …………………………………………………………… *204*
  - どんな刑罰があるのか／施設内処遇と社会内処遇／刑務所の実像

エピローグ

1

私たちと他の人びと

1 「自分」とは？

　この章では，あなたと他の人びととのかかわり，そのなかでも，大人と子どもは違うのか，女性と男性は違うのかということをみていきましょう。日本の法律において一体何歳からが大人なのでしょうか。大人と子どもの法律全般の問題については第6章に詳しく書いてあります。ここでは，あなたと他の人びとの権利，とくに相手の権利を害すること，誰かの権利が害されていることなどについて法律とのかかわりを中心に考えていきましょう。

🍀 私の「人権」

　人は誰でも，さまざまな権利，なかでも「**人権**」をもっています。人権は権利のなかでも，本来すべての人が生まれながらにもつべき権利で，非常に重要な権利のことです。では，なぜ人権が保障されなければならないのでしょうか。

　中世の**身分制社会**の下では，人が生まれながらにして自由で平等，という考え方はありませんでした。貴族の家に生まれた人は，一生貴族でしたし，自分の家の仕事を継ぐのが当然で，住む場所すら自由に決められませんでした。土地に縛られ，慣習に縛られ，教会に縛られ，身分に縛られて，人は生活していたのです。その秩序が壊されて，人権が確立することとなりました。

　人権が確立した社会では，人は，自分がどのように生きたらいいのかについて，自分で決めることができます。自分がどのような思想をもち，どの宗教を信じ，どのような仕事をして，どの地域や場所で生きるのかについて，自分で決定できる存在です。人が，このように「**自律**」して，「**自己決定**」をするためには，さまざまな人権が必要となるのです。

　簡単にいえば，自分の生き方を選び，そしてそれを実現するために，人権が保障されなければならない，ということになるでしょう。生き方を含めて自分のことは自分で決定できる，自分の望む人生を自分で選択できる。人間は本来，そういう万能な存在のはずです。そのことを可能にするのが，人権だということになるわけです。だからこそ，思想，宗教，表現活動，集会・結社，職業選択，営業活動，居住・移転等のそれぞれの人権が保障されているのです。

🍀 人権・自己決定の条件

　人権の保障は，ひとりでに実現されるものではありませんし，自らの生き方について自己決定をするということも，何の障がいもなく成り立つということでもありません。自己決定をおこない，自分の生き方や自分のアイデンティティを確立するためには，いろいろな条件が必要だということになります。

　第1に，自律や自己決定の前提が必要だ，ということです。それが備わっていない場合には，自分の生き方やアイデンティティの確立は非常に困難となるような生活の基盤です。たとえば，年齢が若く，まだきちんとした判断ができない子ども，会社の倒産にともない仕事を失い，今日，明日の食べるものにも困っている人，病気や老いのため自分自身の生活を営むことができない人などがそうでしょう。こうした場合に対応するために，公教育や社会保障が必要となるのです。憲法で，**生存権**や**教育を受ける権利**が保障されているのは，自己決定の条件として必要なことだからです。

　第2に，生き方やアイデンティティを確立する環境が必要だ，ということです。自分とはだれ？　なに？　という問題を考える場合，自分だけで，自分の内側からだけで，アイデンティティがわきあがってくる，ということはありません。人は誰でも，誰かの子どもであり，誰かの友人であり，どこかの地域の一員であり，結婚すれば誰かの妻であり夫であり，子どもができれば誰かの親であり，仕事をすれば顧客の担当者であり，そういうさまざまな役割の全体が自分をつくっているのです。生き方やアイデンティティのためには，家族や友人，地域などの**「他者」の存在**が必要だということになります。

　第3に，人権が侵害された場合の**救済措置**が必要だ，ということです。現実の社会では，人権が侵害されることがあります。人権の侵害を防ぐため，法律そのものや法律のなかの条文をつくってそれを守っていこうとします。この「人権」を規定した基本的なものが「憲法」です（厳密にいうと，憲法は他のすべての「法律」のうえに位置していて，憲法に違反するような法律をつくることはできません）。逆にいえば，その人権にかんする法律や条文がつくられるということは，それが「本来もつべきなのに侵害されている」という深刻な現実があることを意味します。もし何もしなくても権利が守られているなら，わざわざ法律で規定しなくてもいいからです。しかし残念ながら現実にはそうではないのです。

本書が，経済，学校，地域社会，社会保障，法をとりあつかっているのも，自己決定の条件として必要だからだ，ということがわかりましたでしょうか。

❀ 人権・自由の限界？

ただ，人権が大切な権利だ，ということと，それが制約されることのない権利である，ということとは直結しません。人権であっても，一定の場合には制約することが認められることがあるのです。私たちは，社会で共に暮らしているわけですから，みんながそれぞれの権利主張をするとしても，どこかで調整をしなければならなくなるからです。たとえば，信教の自由が重要な人権だとしても，近所に迷惑になるような行為（長時間にわたり大音量でお経を流す行為，礼拝をするために集まってきた人たちの車で道路がふさがれてしまう場合など）があれば，最小限の範囲で制約することも認められることになります（宗教行為の時間や音量を制限すること，礼拝所へは徒歩でくるようにしてもらうこと）。

このように，自分の権利と他者の権利とが衝突する場合に，最小限の制限を認めることで社会生活が維持できることとなります。他方，自分の権利や自由によって自分自身を傷つけてしまう場合も考えられます。その場合には，その人の利益を守るために，その人自身の権利・自由を制限するということになります。つぎの例を考えてみましょう。小学校，中学校，高等学校への携帯電話のもち込みを禁止すべきかどうかという問題です。文部科学省は，「学校における携帯電話等の取扱い等に関する調査」を実施し2009年1月30日にその結果を公表しました（http://www.mext.go.jp/b_menu/houdou/21/01/1234723.htm）。

- 小学校では，学校への携帯電話のもち込みを原則禁止としている学校が約94％。
- 中学校では，学校への携帯電話のもち込みを原則禁止としている学校が約99％。
- 高等学校では，学校への携帯電話のもち込みを原則禁止としている学校が約20％。もち込みを認めているが授業中の使用を禁止している学校が約57％，もち込みを認めているが学校内での使用を禁止している学校が約18％。

・都道府県教育委員会として，携帯電話のもち込み等について指導方針を定めているのは，約51％（24教育委員会）。

携帯電話のもち込みを禁止すべきという意見と，禁止すべきでないという意見とを見比べてみましょう。

【禁止すべき】
・携帯電話は，学校での勉強には直接必要のない物である。
・児童・生徒が，家庭と緊急に連絡をとる必要のある場合には特別に許可するとしても，校内での使用禁止，学校での一時的な預かりなど，勉強に影響のでないよう配慮することが必要である。
・児童・生徒を，インターネット上のいじめや違法・有害情報から守ることが必要である。

【禁止すべきでない】
・携帯電話の所持や利用は，本来は家庭で判断すべき問題である。国や自治体が，権力を使って規制するということになじまない。
・携帯電話の所持や利用を禁止するのではなく，利用にあたってのモラルを身につけることこそが必要な教育である。
・ネット上のいじめや違法・有害情報から児童・生徒を守るのであれば，携帯電話だけでなく，家庭でのパソコンの利用も禁止すべき，ということになるのではないか。

練習問題

①人権ばかり強調しすぎると自分勝手な精神が広がってしまい，「モラルハザード」が生じることとなる，という考え方について，あなたはどう考えますか。考えてみましょう。

②本文の説明を参考にして，小・中・高校への携帯電話のもち込みを禁止すべきかどうかについて，考えてみましょう。

2 大人と子どもは違う？

大人と子どもは違うのでしょうか。一体何歳までが子どもなのでしょうか。

子どもは他の人を傷つけても許されるのでしょうか。

　美咲と翔太が昨夜テレビで放送された学園ドラマについて話しています。そのドラマでは、主人公の15歳の少年の弘は、家庭や学校に不満があり、いつもイライラしています。ちょっとしたことで親や学校の同級生ともけんかばかりしています。ある日、自分が周りも見ずに歩いていて、見知らぬ人とぶつかってしまいます。弘は肩がぶつかったといって相手の人を怒鳴りつけ、さらには相手の人に殴りかかり、大けがをさせてしまいました。

　　翔太：昨日のドラマすごかったね。弘はどうなるんだろう。やっぱり刑務所に行くのかな。
　　美咲：そうだよね。相手の人に大けがをさせたんだものね。でも、子どもでも刑務所に行くのかな。少年院というところに行くんじゃない？
　　翔太：たしか犯罪をしても未成年者は新聞などに名前とか出ないんじゃなかったっけ？　日本では20歳が成人なんだよね。それまでは特別扱いなのかな。
　　美咲：20歳といったら高校を卒業しているよね。もう十分大人じゃないの？　そもそも、被害にあった人にとって、相手の年齢って関係あるのかなあ……。

🍀 子どもの権利、大人の権利

　大人と子どもの権利は同じでしょうか。日本国憲法のなかの人権についてみてみましょう。人権は日本国憲法の第10条から第40条に書かれています。人権については基本的に年齢制限はありません。年齢による制限が書かれているのは、第15条第3項の普通選挙があります。結婚の自由は第24条に定められてい

ますが，現在の日本では原則として，男性は18歳，女性は16歳にならないと結婚できないと民法に定められています。結婚についてはこのあと，性別の問題のところで考えましょう。

また，第27条には勤労の権利と義務が書かれていますが，自分が16歳になる年の4月以降でないと，働くことはできません（これは労働基準法の第56条というところに書かれています）。これは同じ第27条に児童を酷使することを禁じていることと重なっていて，つまり，子どもは小さいうちに働かせてはいけないという，子どもを守るための規定なのです。

みなさんはなぜ学校で勉強するのでしょうか。みなさんは「**義務教育**」という言葉をきいたことがあると思います。これは誰に対するどんな「義務」なのでしょうか。みなさんが学校に行くことは「義務」であり，大人にはない「義務」なのでしょうか。

> 日本国憲法第26条（教育を受ける権利・教育の義務）
> 1　すべて国民は，法律の定めるところにより，その能力に応じて，ひとしく教育を受ける権利を有する。
> 2　すべて国民は，法律の定めるところにより，その保護する子女に普通教育を受けさせる義務を負ふ。義務教育は，これを無償とする。

みなさんが教育を受けることは「権利」であって，「義務」ではありません。「義務教育」（日本においては小学校と中学校の9年間）というのは，保護者は少なくともこの期間，自分の保護する子どもに教育を受けさせる「義務」があるということです。つまり，子どもにも当然にさまざまな権利があるうえに，子どもには子どもにしかない権利があり，さらに大人には子どもの権利（ここでは教育を受ける権利）を守る義務もあるということです。現在の日本では子どもが学校に行くのはあたりまえなので，この条文の意味が実感できない人が多いかもしれません。日本は「**識字率**」が世界第1位です（「識字率」とは15歳以上〔義務教育終了後〕で，自分の国の言葉で日常生活の読み書きができる人の割合のことです）。これは日本では子どもが教育を受け，読み書きを習うことがあたりまえであることを示しています。しかし，日本でも以前は，そして現在でも多くの国では，子どもは大事な労働力であり，生活のために働かねばならず，学校に

行きたくても行けない子どもがたくさんいるのです。とりわけ、その国が戦争に巻き込まれてしまえば、勉強どころではないのです。それは日本でも同じでした（学校や教育については第2章を読んでください）。

　ちなみに第23条には「学問の自由」という人権が規定されていますが、これは大学の教授や研究者等の研究・発表・教授の自由と、大学の自治を保障したものであり、学生の権利を保障したものではありません。これは、大学という、教育と同時に「研究」をおこなう場において、とくに政治や戦争などと関係して、その内容が制限されてしまうということが歴史上何回もあったことをふまえて規定されているのです。

🍀 世界共通の決まり—条約—からみた子どもの権利

　「子ども」とは一体何でしょう。さまざまな考え方や定義があると思います。ここでは世界的に子どもの権利を定めた**「子どもの権利に関する条約」**についてみていきましょう（日本政府の公式訳は「児童の権利に関する条約」ですが、条約の趣旨に鑑み、本章では「子どもの権利に関する条約」とします）。「子どもの権利条約」は1989年11月20日に第44回**国際連合**総会において全会一致で採択され、1990年に発効しました。日本は1994年4月22日に批准しています。

　「子どもの権利に関する条約」は、18歳未満のすべての人の保護と基本的人権の尊重を促進することを目的としています。これは日本では20歳で「成人」とされていますが、多くの国では18歳が成人であるため、18歳を区切りとしているのです。この条約は、現在でも、貧困や、飢餓、武力紛争、虐待、性的搾取といった困難な状況におかれている子どもがいるという現実から、子どもの権利を国際的に保障、促進するためにつくられました（外務省のホームページ等をみてみましょう）。国によって子どもが置かれている状況はさまざまですが、この条約に書かれている内容は、どの国にもあてはまるものだと考えられています。

　それではこの条約の「前文」の一部をみてみましょう。

子どもの権利に関する条約　前文
　この条約の締約国は、……国際連合が、世界人権宣言において、子どもは特別な保護及び援助についての権利を享有することができることを宣明したことを想起し、家

> 族が，社会の基礎的な集団として，並びに家族のすべての構成員，特に，子どもの成長及び福祉のための自然な環境として，社会においてその責任を十分に引き受けることができるよう必要な保護及び援助を与えられるべきであることを確信し，子どもが，その人格の完全かつ調和のとれた発達のため，家庭環境の下で幸福，愛情及び理解のある雰囲気の中で成長すべきであることを認め，子どもが，社会において個人として生活するため十分な準備が整えられるべきであり，かつ，国際連合憲章において宣明された理想の精神並びに特に平和，尊厳，寛容，自由，平等及び連帯の精神に従って育てられるべきであることを考慮し，……子どもの権利に関する宣言において示されているとおり「子どもは，身体的及び精神的に未熟であるため，その出生の前後において，適当な法的保護を含む特別な保護及び世話を必要とする。」ことに留意し，国内の又は国際的な里親委託及び養子縁組を特に考慮した子どもの保護及び福祉についての社会的及び法的な原則に関する宣言，少年司法の運用のための国際連合最低基準規則（北京規則）及び緊急事態及び武力紛争における女性及び子どもの保護に関する宣言の規定を想起し，極めて困難な条件の下で生活している子どもが世界のすべての国に存在すること，また，このような子どもが特別の配慮を必要としていることを認め，子どもの保護及び調和のとれた発達のために各人民の伝統及び文化的価値が有する重要性を十分に考慮し，あらゆる国特に開発途上国における子どもの生活条件を改善するために国際協力が重要であることを認めて，次のとおり協定した（外務省ホームページより抜粋・修正）。

　この条約では，すべての子どもに認められる権利として，生命への権利，名前・国籍を得る権利など基本的権利から始まっており，ごく基本的な権利も守られていない国があることがわかる。この他，親を知り養育される権利，意見表明権，表現の自由，思想・良心・宗教の自由，結社・平和的集会の自由，プライバシー・通信・名誉，情報・資料の利用，健康・医療についての権利，社会保障への権利，生活水準についての権利，教育についての権利，など，実に多様な権利が書かれています。このほか，障がいを有する子どもの権利や少数者・先住民の子どもの権利のように，一定の状況にある子どもの権利を記した部分もあります。

　この条約では，子どもには大人と同じようにさまざまな権利があることを認めると同時に，さまざまな場面で特別な配慮がなされるべきだとしています。権利は大人同様，さらに特別な配慮も受けられる。とすると，子どもは世界的に非常に大事にされているといえるでしょう。しかしこれは一方で，世界には最低限の権利（たとえば「生きる」という権利）すら確保されていない国もたく

さんあるということなのです。このような権利にかんする条約や法律は，それがなくても十分に権利が守られているなら，つくる必要などないのです。本来，保障されるべき権利が十分に，またはまったく保障されていないからこそ，条約や法律が必要となるのです。

🍀 子どもは何をしても許される？：日常に潜む犯罪行為

　それでは，子どもは何をしても許されるのでしょうか。ここからは大人と子どもの違いのなかでもとくに「他人に悪いことをした」ときの大人と子どもの違いについてみていきましょう（大人が犯罪行為をした場合にはどのような手続になっているかについては第6章を読んでください）。

　私たちが目にする行為のなかに，ときに犯罪行為がひそんでいます（刑罰の詳しい内容についても第6章を読んでください）。あなたは以下のような行為をした人をみたり，話をきいたことはありますか。

---

①本屋さんで本を万引きした。
②勉強のできるクラスメイトのノートをこっそり家にもち帰った。
③嫌いなクラスメイトの教科書を隠して捨てた。
④クラスメイトを脅して，お金をとりあげた。
⑤クラスメイトといい争いになり，殴った。
⑥お前は汚いから清めてやるといって，クラスメイトに塩を1袋かけた。
⑦⑤のケースで，殴られた人は歯を折ってしまった。
⑧クラスメイトのお父さんが刑務所に行っていたことがあると他のクラスメイト，先生や保護者にいいふらした。
⑨⑧のクラスメイトに向かって「犯罪者の子」とみんなの前でののしった。
⑩クラスメイトのお母さんが不倫をしていると知り，他のクラスメイト，先生や保護者にいいふらした。

　上の行為は，どれも立派な犯罪です。どのような犯罪でしょうか。

①窃盗罪：10年以下の懲役又は50万円以下の罰金。

②これは場合によりますが，もち帰って自分の勉強に使った場合は，やはり窃盗罪になるでしょう。
③器物損壊罪：3年以下の懲役又は30万円以下の罰金若しくは科料。
④恐喝罪：10年以下の懲役。
⑤暴行罪：2年以下の懲役若しくは30万円以下の罰金又は拘留若しくは科料。
⑥このようにけがをしないようなものでも，度が過ぎると暴行罪になる場合があります。バケツの水をかけるようなことも同じです。それによって風邪をひけば傷害罪になる可能性もあります。
⑦傷害罪：15年以下の懲役又は50万円以下の罰金。
⑧名誉毀損罪。
⑨侮辱罪。
⑩これも名誉毀損罪にあたります。

⑧から⑩は，内容が本当であれば犯罪にならないと思う人がいるかもしれません。しかし，これらの行為は内容が正しくても犯罪にあたる場合がありますし，インターネットの普及とも関係して大きな問題となっています（詳しくは第6章をみてください）。

①から⑩のような行為が学校のなかで起こるとき，やっている人も，みている人も，ときに被害にあった本人でさえも，それが犯罪だと気づいていないことがあります。犯罪のなかには，被害者が被害にあったと訴えて出ない限り，裁判にはしてもらえないものもあります（「親告罪」といいます）。ですから，当人たちが気づいていないと，たとえ犯罪行為であっても，表ざたにならないこともあるのです。しかし，私たちの日常には実は犯罪として規定されているような行為が潜んでいます。相手の権利を傷つけるようなことは犯罪となることがあるということを常に意識してください。

🍀 子どもは特別扱い？①：刑法

それでは，犯罪にあたる行為をすれば誰でも同じように罰されるのでしょうか。犯罪にかんしても子どもは特別扱いされています。どのような法律がある

かみてみましょう。

> 刑法第41条（刑事責任能力）
> 　14歳に満たない者の行為は，罰しない。

　この条文が，少年の犯罪にかんする最大の特別規定です。日本では，14歳未満の人については，「**刑事責任能力**」がないとして，どのような行為をしても「刑法上」犯罪は成立しません。しかし，ここで間違えないで欲しいのは，「法律上」犯罪は成立しませんが，犯罪をしたこと自体がなくなるわけでも，被害がなくなるわけでもないということです。とりわけ被害にあった人にとっては，相手が何歳であろうと関係がありません。

♣ 子どもは特別扱い？②：少年法

　子どもは別の面でもさまざまな特別扱いをされています。それを象徴するのが**少年法**という法律です。少年法は何を規定しているのでしょうか。

> 少年法
> 第1条（この法律の目的）
> 　この法律は，少年の健全な育成を期し，非行のある少年に対して性格の矯正及び環境の調整に関する保護処分を行うとともに，少年の刑事事件について特別の措置を講ずることを目的とする。
> 第2条（少年，成人，保護者）
> 　この法律で「少年」とは，20歳に満たない者をいい，「成人」とは，満20歳以上の者をいう。

　少年法においては20歳未満が子どもであり，これを「少年」と呼びます。これに対して20歳以上の人を大人として，「成人」と呼びます。少年法は，非行をした少年について，非行をする性格を直し，非行をしてしまうような環境をそうでなくなるように整えるために，少年に，大人とは違って「**保護処分**」というものを課します（刑罰は「科す」といいます）。大人と同様に刑罰が科される場合もありますが，その場合にも大人とは違うさまざまな措置が準備されているのです。少年法の目的は「**少年の健全な育成**」です。

　保護処分は，その名前からもわかるように，刑罰のように犯罪に対する罰と

して科されるものではありません。非行をした少年がそのままの環境にいては また非行をくり返してしまうと判断されるときに，少年の保護のために課される処分と考えられています。保護処分には，①**保護観察**，②児童自立支援施設等への送致，③少年院への送致があり，このほか，審判をしても最終的には何も処分を課さない「不処分」，審判自体を開始しない「審判不開始」があります。しかし，いくら「保護」処分といっても，自由を拘束されたりする場合もあり，人権を制限する側面をもっていることは間違いがありません。ですから，その少年が本当に非行をしたかどうかは慎重に調べられる必要があります。非行の内容が深刻な場合には，課される処分も大きくなりますから，大人の裁判に近いようなさまざまな措置が準備されています。

　それでは，どんな少年に少年法は適用されるのでしょう。まずは，20歳未満で，いわゆる「犯罪」をした人です。「**犯罪少年**」と呼ばれます。先ほど刑法の話をしましたが，14歳未満で犯罪にあたる行為をした場合，刑法上の犯罪は成立しませんが，少年法の適用はあるのです。この人たちを「**触法少年**」と呼びます。その他，保護者の正当な監督に服しない性癖がある，正当な理由がないのに家出などをする，暴力団関係者などとつきあったり，風俗街等に出入りしたり，自分や他人の徳性を害する行為をする性癖がある等，大人であれば自分の自由でしてもよいことについても，未成年であるために少年法の適用を受け，場合によっては保護処分になることもあります。これらの行為をした人たちを「**虞犯少年**」と呼びます。虞犯少年の話はまたあとでです。

　「犯罪少年」や「触法少年」は犯罪にあたる行為をしているわけですから，大人と同じように処罰されるのでしょうか（大人の刑事手続については第*6*章に詳しく説明してあります）。ここでは少年の場合についてみていきましょう。つぎの図をみてください（この図をあとで第*6*章の図と比べてみてください）。犯罪少年の場合は警察と検察庁で取調べがあることまでは同じです。その後，大人の場合は起訴するかどうかを検察官が決め，起訴されれば裁判所に行くことになります。しかし，少年の場合は検察庁で調べた事件はすべて「家庭裁判所」という特別の裁判所に送られます。これを「全件送致」といいます。家庭裁判所は少年の問題（「少年事件」といいます）と，離婚や相続といった家庭の問題（「家事事件といいます」）とを扱う特別な裁判所で，全国に本庁が50，支部が203，出

張所が77ヶ所あります。触法少年の場合は，犯罪少年と途中まで手続が違いますが，家庭裁判所に行く点では同じです。たとえば犯罪少年は成人と同様に「逮捕される」といいますが，触法少年は「補導される」といいます。現在，少年院には「おおむね12歳以上」が収容されます。

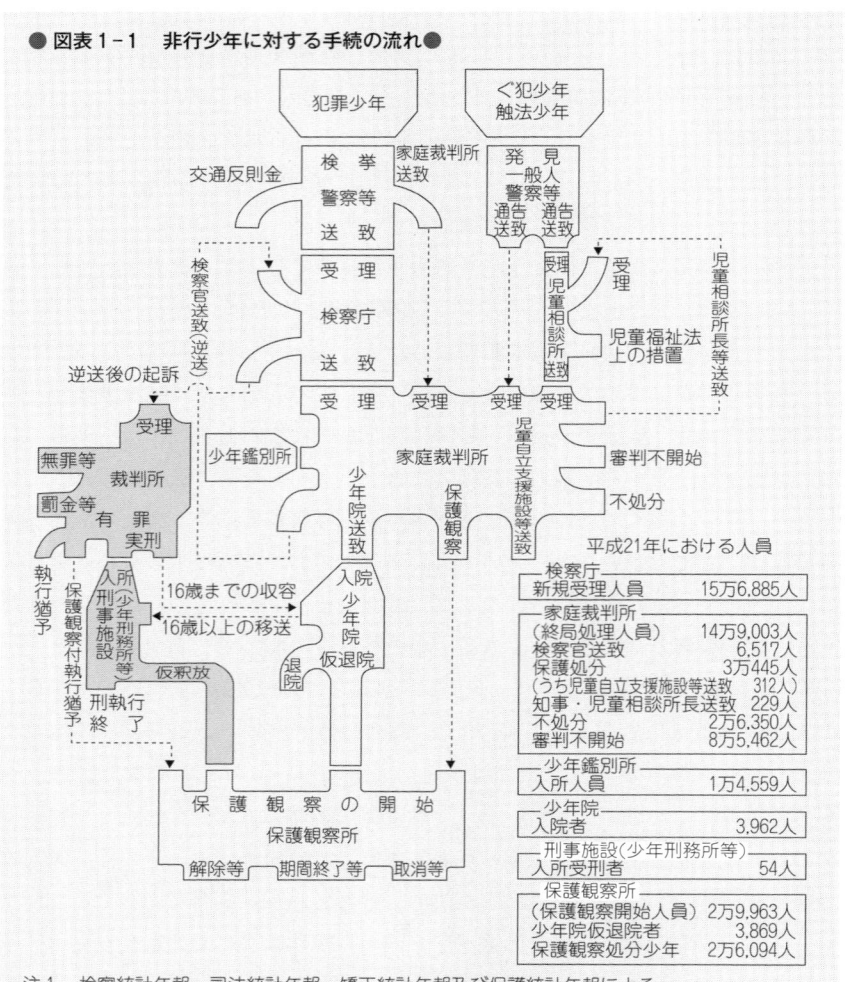

● 図表1-1　非行少年に対する手続の流れ●

注1　検察統計年報，司法統計年報，矯正統計年報及び保護統計年報による。
　2　「児童自立支援施設等送致」は，児童自立支援施設・児童養護施設送致である。
出典：平成22年版犯罪白書147頁

少年と成人ではどちらの犯罪が多いのでしょうか。成人と少年で警察に検挙された人の数をみてみましょう。数自体は圧倒的に成人が多くなっています。これは人口が多いので当然といえます。人口と検挙された人との割合でみてみると少年の方が多いことがわかるでしょう。

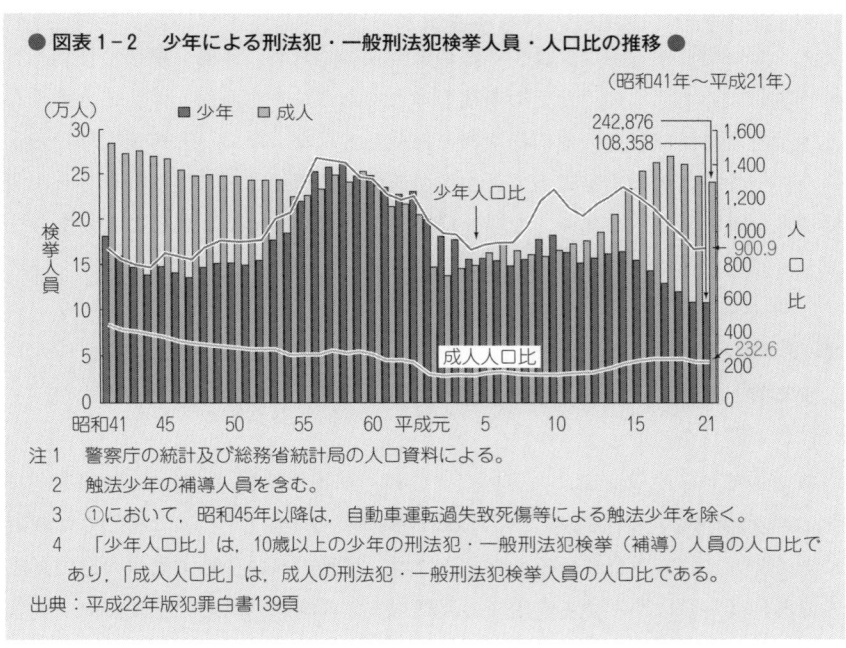

　犯罪をした少年は，殺人等，どんなに重大な犯罪をしても成人とは違う扱いを受けるのでしょうか。これは少年法第20条に規定があり，**死刑**，**懲役**または**禁錮**にあたるような犯罪をした少年について，家庭裁判所で調査をした結果，成人と同じように刑罰を科すべきだと考えられる場合には，もう一度検察官に戻され，成人と同じ裁判所に起訴されることがあります。また，犯罪をしたときに16歳以上で，わざと人を殺した場合には，基本的にこの扱いを受けることになります。これを，家庭裁判所から検察官に送り戻すので，「逆送」と呼びます。成人と同じ裁判所で執行猶予なしの禁錮や懲役の判決を受けた場合には，少年院ではなく「**少年刑務所**」というところに行く場合があります。逆送になって少年刑務所に行くことになった人は，2010年には29人でした。

犯罪をしたのが成人か少年かで，大きく異なることのひとつに「報道」があります。みなさんがテレビでニュースをみたり，新聞で事件の記事を読んだりすると，犯罪をした人について，名前や年齢，場合によってはおおまかな居住地域が報道されることを見聞きしたことがあると思います。しかし，犯罪をしたのが少年である場合にはAとかBとかと報道されるということを知っている人も多いでしょう。これは少年法の第61条に，氏名，年齢，職業，住居，容ぼう等によって，その人がその事件の本人であることがわかってしまうような記事や写真を新聞紙その他の出版物に掲載してはならない，と規定しているからなのです。この規定を破って，少年の氏名，住所，さらには顔写真等を出版物やインターネットに掲載した場合には，名誉毀損罪で罰されることがありますし，損害賠償請求をされることもあります。

♣ 少年院と刑務所はどう違う？

　少年院と**刑務所**は同じように強制的に国の施設に収容されるものですが，その性質も同じなのでしょうか。

　共通している点は，前にも書いたように，基本的に犯罪をして（少年院の場合は虞犯の少年もいるので必ずしも「犯罪」とは限りません），それに対して強制的に国の施設に収容されているという点です。移動の自由や職業選択の自由，成人であれば選挙にかんする自由等の人権をすでに制限されていますので，施設内でのそのほかの人権への配慮は重要です。収容者の**更生**（立ち直ること）や再犯の防止を目指している点は共通です。

　しかし実はこの２つの施設は異なる点が多いのです。まず施設自体のもつ性質がもっとも異なっています。刑務所は国家が定めた犯罪行為に対する「刑罰」の一種です。自分がしたこと，過去のことに対して罰を受けるという性格をもちます。施設内では作業が中心です。規則正しい生活を身につけることが目標とされます。資格を身につける職業訓練等もおこなわれています。現在では教科指導という教育，改善指導といういろいろなことを学ぶ指導の受講も義務づけられています。これに対して少年院は非行を原因として収容されますが，それは刑罰ではなく「保護処分」です。そこでは少年の改善更生のための「教育」が中核となっています。生活指導，職業補導（資格や免許の取得もできます），保

健・体育，特別活動として社会奉仕活動等もおこなわれます。義務教育が終了していない少年は，教科教育といって義務教育を受けることができるので，教育を受ける権利が侵害されることはありません。教育のほかに職業訓練も受けることができます。その他にもさまざまなことを学びます。少年院は少年の未来を考える施設なのです。みなさんは刑務所と少年院は同じようなものだと思っていませんか。実際はまったく違う物なのです。なかのさまざまなことを決めている法律も異なります。刑務所については「刑事収容施設及び被収容者等の処遇に関する法律」，少年院については「少年院法」に定められています。

❀ なぜ特別扱いなのか

なぜ，同じ犯罪にあたる行為をしても成人と少年の扱い，刑務所と少年院の性質はこんなに違うのでしょうか。それは少年には「可塑性（かそせい）」があると考えられているからです。可塑性とは柔らかくて，変形しやすいという意味です。つまり少年は成人に比べ精神が柔軟なので，教育をすることによって変わることができる，やり直すことができると考えているのです。ですから，犯罪を起こしても，名前や写真等を報道させなかったり，成人とは違う関係者しか入れない家庭裁判所の審判を受けさせたり，刑罰ではなくて保護処分を課したりするのです。刑務所と少年院はどちらも自由を拘束する施設収容という側面をもってはいますが，刑務所とは別に少年院という施設を設けたのは日本という国が少年の更生する力に期待をかけているからだともいえるのです。

どこの国も同じような制度をもっているのでしょうか。一定以下の年齢の者が犯罪をした場合には，どこの国でも多かれ少なかれ，おとなとは別の措置をとっているようです。日本やアメリカのように，少年法・少年のための特別な裁判所（日本では家庭裁判所）をもつような国，少年法も特別な裁判所ももたないけれども，刑法のなかに少年の刑罰にかんして軽減するための特別な条文を置き，基本的には少年の犯罪は福祉機関が対応する北欧の国々のような形式もありますが，少年を何らかのかたちで別に扱おうとする考えは共通です。日本やアメリカのように，少年に対して保護処分のような，刑罰とは違う，少年の利益になる対応をもつ国では，「虞犯」のように成人であれば犯罪にならないような行為も扱うという考えが出てきます。アメリカではこれを「Status Offence」，すなわち少年という地位とかかわる犯罪のひとつと呼んでいます。

🍀 考えなくてはならないこと

　少年法や少年院は本当に必要なのでしょうか。少年だからといって，本当に更生の可能性が高いのでしょうか。犯罪や非行にかんして，少年時代には多くの少年が非行をするけれども，そのうちのほとんどの少年は成人になっていくにつれ非行からは足を洗うといわれています（デヴィッド・マッツァ『漂流理論』）。個人に注目しているのではありませんが，町や学校が壊されたり，汚されたりしたら，放っておかずに，即座に対処すれば荒廃は進まないともいわれています（ジョージ・ケリング『割れ窓理論』）。非行をした少年を早い段階で手厚く処遇することが，その後の非行を防ぐであろうことは間違いないでしょう。

　しかし，最後に私たちは犯罪についてはもうひとつのことを考えなくてはなりません。それは犯罪の被害にあった人たちのことです。はじめの会話で美咲がいっているように，犯罪の被害にあった人にとっては，加害者の年齢は何の関係もないのです。①から⑩であげた日常に潜む犯罪行為を思い出してください。あのなかのどの行為の被害者にとっても，相手の年齢と自分の受ける被害には何の関係もありません。あまりに万引きが多くてつぶれてしまう本屋さんがあります。その本屋さんにとって，窃盗犯（万引きは間違いなく窃盗という犯罪です）が少年であろうと成人であろうと関係ありません。

　また，翔太と美咲が話題にしていたドラマで大けがをした人のことを考えてみましょう。この人が大学のバスケットチームの選手で，強いプロチームへのスカウトのかかった大事な試合に行くところだったとしましょう。けがをしたことについて，あとで周りは同情してくれるかもしれませんが，大事な試合を休んでしまえば，強いプロチームへの入団の道は途絶えてしまうでしょう。また，もしけがは治っても，バスケットができるほどには治らなかったらどうなるでしょうか。この人の一生はこの事件によってまったく変えられてしまいます。この人にとって相手が少年だとか，その少年が家庭や学校に問題があったかどうかはまったく関係がありません。

　犯罪をした人が少年である場合，この人の更生を考え，成人とは違う扱いをすることは非常に重要なことだと思います。また，少年でも成人でも自分の犯

してしまったことをきちんと受け止め，反省や謝罪をして，更生しようとする人のことは社会に受け入れ，応援するべきでしょう。しかし一方で，被害にあった人の苦しみについては，加害を与えた人が，たとえ少年であってもきちんと考えなくてはいけませんし，私たち社会も被害者の権利の確保や，私たちにできるサポートはないかなどを真剣に考えなくてはいけないでしょう。

練習問題

①少年法の必要性について，みんなで話し合ってみましょう。
②犯罪の被害にあうとどんなことが起こるのでしょうか。いろいろな場面を想定して考えてみましょう。

＊問題のための参考文献　地下鉄サリン事件被害者の会『それでも生きていく——地下鉄サリン事件被害者手記集』(三マーク出版，1998年)，後藤弘子『犯罪被害者と少年法』(明石書店，2005年)

3　女性と男性はどう違う？

あなたは将来何をしたいですか。つぎのある日の教室での会話を読んで，あなたはどう思いますか。

教　師　　　　：みなさんは将来何をしたいですか？
美　咲　　　　：私は理科や算数が大好きなので，うんと勉強して，将来ノーベル賞をとりたいです。
生徒1（女性）：美咲さんならできると思うな。でもうちでは女の人はあんまり勉強すると，男の人に嫌われて結婚できないといわれているので，私は勉強をほどほどにして，料理を練習してお嫁さんになりたいです。
生徒2（男性）：私も料理が得意ですが，男なので，将来はレストランを開いて有名シェフになりたいです。
生徒3（男性）：私は，料理は得意だけど，外で働くのは嫌なので，養ってくれる女性を探すつもりです。
翔　太　　　　：私は政治家になるつもりです。家のなかのことは女性に任せて，男は外で働いた方がいいんじゃないかな。

　女の人は大人になったら家事をして暮らすので，あまり勉強する必要がなく，男の人は外で働いて，競争社会で生きていかなくてはならないので，たくさん勉強しないといけないのでしょうか。また，女の人がやるべきこと，男の人がやるべきことというのは決まっているのでしょうか。
　日本では，男の人は外で働き，女の人は家庭を守るという考え方が強くありました（「**固定的性別役割分担意識**」といいます）。ですから，同じ料理をつくることでも，男性の料理は外でお金をとる料理と考えられていました。以前はレストランのシェフ・料亭の料理人・洋菓子のパティシエには女性はなることができませんでした（今でも事実上女性を受け入れていないところもあります）。一方，女性のつくるものは家庭の料理であり，お金をとるようなものではないと考えられました。「女性なら主婦，男性ならシェフ」といわれたりもしました。家庭で家族のために料理をつくることは男性のやるようなことではないということで「男子厨房に入らず」という格言もありました（この格言は中国からきたといわれていますが，元々の意味は日本で使っている意味とは違うようです）。同じスポーツ選手，たとえば同じプロサッカー選手であっても，女性の日本代表と男性の場合とでは経済的な状況がまったく違うというのも，こういったことと無関係で

はないのです。

　誤解してはいけないのは，男性が外で働き，女性が家庭を守る家庭があってはいけないということではないということです。それがお互いの合意のうえで，自分の能力をいかしていると双方が感じているならよいのです。単に男性であるから家事や子育てには参加せず，外で働くことだけを強制されたり，勉強や仕事に関する高い能力をもっているにもかかわらず，女性だからというだけで勉強したり働いたりする機会を奪われることは許されないという意味なのです。

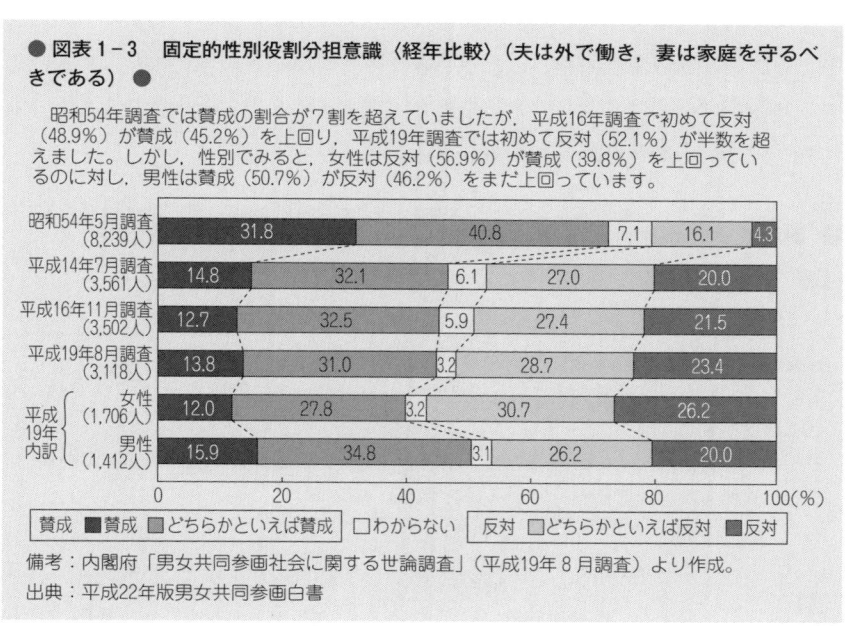

● 図表1-3　固定的性別役割分担意識〈経年比較〉（夫は外で働き，妻は家庭を守るべきである）●

昭和54年調査では賛成の割合が7割を超えていましたが，平成16年調査で初めて反対（48.9％）が賛成（45.2％）を上回り，平成19年調査では初めて反対（52.1％）が半数を超えました。しかし，性別でみると，女性は反対（56.9％）が賛成（39.8％）を上回っているのに対し，男性は賛成（50.7％）が反対（46.2％）をまだ上回っています。

備考：内閣府「男女共同参画社会に関する世論調査」（平成19年8月調査）より作成。
出典：平成22年版男女共同参画白書

　みなさんは生まれていなかったと思いますが，1979年には7割以上の人がこの考えに賛成していました。2004年調査で初めてこの考えに反対の人が賛成の人を上回りました。現在ではどうなっていますか。みなさんはどう思いますか。
　人権や教育に男女の違いはあるのでしょうか。この点，日本の憲法や法律ではどうなっているのかみてみましょう。

🍀 人権には女性も男性もない

　日本国憲法第13条にはこう書いてあります。この条文は憲法のなかでももっとも大事な条文といわれています。

> 日本国憲法第13条（個人の尊重，幸福追求権，公共の福祉）
> 　すべて国民は，個人として尊重される。生命，自由及び幸福追求に対する国民の権利については，公共の福祉に反しない限り，立法その他の国政の上で，最大の尊重を必要とする。

　すべての人は個人として尊重されるべきであり，そこに女性も男性もありません。このことは決して譲ることができない大切なことです。これはあなたのクラス全員にあてはまるのです。先生も同様です。この大前提を踏まえてさらにいろいろなことをみていきましょう。

🍀 教育を受ける権利は同じ

　2でみた日本国憲法第26条をもう一度みてみましょう。

> 日本国憲法第26条（教育を受ける権利・義務）
> 1　すべて国民は，法律の定めるところにより，その能力に応じて，ひとしく教育を受ける権利を有する。
> 2　すべて国民は，法律の定めるところにより，その保護する子女に普通教育を受けさせる義務を負ふ。義務教育は，これを無償とする。

　日本ではすべての国民は平等に教育を受ける権利をもっています。また，それが子どもの場合には，保護者にはその子どもに教育を受けさせる義務があります。ここでも女性，男性は違いありません。女の子であっても男の子であっても当然に教育を受ける権利をもちます。また一方で，保護者にも，自分の子どもが女性であろうと男性であろうと，自分が保護する子どもには教育を受けさせる義務があるのです。

　ただし，この条文にも実は問題があります。「子女」というのは子どものことなのですが，「子」は男の子，「女」は女の子を指します。つまり「子」というと原則は男性を指し，女性の場合には例外としてわざわざ女性と書かなくて

はいけないということです。このいい方自体が差別ではないかということは議論の余地があるでしょう。たとえば女性の医師を「女医」、女性の教師を「女教師」と呼ぶいい方があります。しかし男性の医師を「男医」、男性の教師を「男教師」とはいいません。これも，医者にしても教師にしても原則は男性を指すので，例外である女性の場合にはわざわざ女性であることをつけるのです。逆に固定的性別役割分担との関係で「女性の仕事」と決めつけられ，「看護婦」・「保母」など名称に女性が入っており，男性がつきにくかった仕事もあった。それらについては**男女雇用機会均等法**という法律が改正され，「看護師」・「保育士」と呼び方を改められている。本来性差にかかわらず保障しようという条文のなかにも差別が潜んでいるのです。

♣ 性別によって差別されないということは憲法に明記されている

日本国憲法の第14条第1項にはこう書いてあります。

> 日本国憲法第14条（法の下の平等）
> すべて国民は，法の下に平等であつて，人種，信条，性別，社会的身分又は門地により，政治的，経済的又は社会的関係において，差別されない。

この条文では，日本においてはすべての国民は平等で，差別されることはないということを明らかにしています。とくに，人種，考え方・信念，性別，社会的身分，家柄，政治的関係，経済的関係，社会的関係において差別されないということを例示しています（ここであがっているのは「例」であり，他の理由でも差別は許されません）。しかし，これはいい換えると，最初に述べたように，これまでの日本（日本だけではなく世界的に）において，とりわけここで例にあげていることを原因として差別がなされてきたことを意味します。現在の日本の憲法は，第2次世界大戦に日本が負けて，アメリカ人が起草することになったため，おしつけ憲法だといわれることもありますが，アメリカ本国の憲法にはここまで明確に平等をうたい，差別を禁止した条文はありませんし，性別による差別のことは書かれていません。この条文は日本のみならず，アメリカの歴史をも加味してつくられた理想を示す条文だといえるでしょう。

さらに，男女の平等を明確にうたったのが，日本国憲法第24条です。

> 日本国憲法第24条（家族生活における個人の尊厳・両性の平等）
> 1　婚姻は，両性の合意のみに基いて成立し，夫婦が同等の権利を有することを基本として，相互の協力により，維持されなければならない。
> 2　配偶者の選択，財産権，相続，住居の選定，離婚並びに婚姻及び家族に関するその他の事項に関しては，法律は，個人の尊厳と両性の本質的平等に立脚して，制定されなければならない。

　これは，当時，日本の女性が自分の意思ではなく，「家」の意思によって結婚を決められていたことに驚いたひとりの若いアメリカ人女性ベアテ・シロタ・ゴードン（彼女は新しい日本国憲法を起草するグループのメンバーでした）が，日本の女性も自分の意思で結婚を決めていいのだという思いを込めてつくられた条文です。

♣「義務」にも女性も男性もない

　ここまでは日本国憲法のなかの人権の部分をみました。それでは義務はどうなっているでしょうか。日本国憲法第30条には私たちの義務が書かれています。

> 日本国憲法第30条（納税の義務）
> 　国民は，法律の定めるところにより，納税の義務を負ふ。

　ここでも，女性と男性の違いはないようです。

4　女性と男性をめぐる世界の状況

♣ 教育にかんする男女の違い

　ここまで，「人権」，そしてそのなかの「教育を受ける権利」の点において，女性と男性は平等であることをみてきました。しかし，最初に述べたように，女性と男性は社会における役割（たとえば男性は外で働き，女性は家を守るべきだといった考え方）が違うと考えている人もいます。男の人の方が女の人よりも頭がよいのでしょうか。もし男の人だけが勉強や仕事に向いているのなら，男の人だけにそれをさせるのは「差別」ではないかもしれません。

　世界に目を向けると，この問題はどうなっているのでしょうか。ここからは女性と男性について，教育や仕事という側面から世界の状況をみていきましょ

う。日本では常識，あたりまえと思われていることが，世界をみると必ずしもそうではないことがあります。人間はひとりでは生きていけません。日本も1国では生きていけないのです。ですからつねに「世界のなかの1国である日本」という視点が必要です。ただ，世界の状況をみたとき，日本が世界のなかで特異な状態にあることがわかった場合，すぐに日本が間違っていると思う必要はありません。そこで日本と世界の情勢がなぜ違うのかをよく考え，日本が間違っていることがわかったら，早急に改善するようにすればよいのです。

　日本ではどれくらいの人が高等教育を受けているのでしょうか。そこに男女の違いはあるのでしょうか。あなたはどんな風に予想しますか。もちろん，高等教育に進む人だけが頭がよいとか，偉いとかというわけではありません。何か特別な仕事に就きたくて進学しない人もいます。しかし，もし，高等教育に進んで勉強を続けたいと思う人が，経済的な理由，自分の能力以外の理由で進学をあきらめることがあるとしたら，それはどんな理由なのでしょうか。

　次頁の図表1-4は，いろいろな国で，高等教育に在学している人の割合を男女別にみたものです。現在この表にある国々では，日本と韓国を除いて，女の人の方がかなり多く高等教育に進んでいることがわかります。これはあなたの予想とは違っていませんでしたか。日本と韓国の女の人は，他の国の女の人に比べて，高等教育に進める成績をとれないのでしょうか。そんなわけはありません。そこには何か他の理由があるはずです。

　私たちの住む日本という国は，他のどこの国とも陸続きではありません。また日本語は日本でしか使われていません。日本にいる分にはそれで不自由はないかもしれません。しかし，その分，他の国がどうなっているかをあまり知らないことがあります。他の国がみんな日本と同じとは限りません。とりわけ女性と男性の関係は，日本とは全然違う国も多いのです。

　あなたの得意科目は何ですか。あなたがもし大学に進学するとしたら，どんなことを勉強してみたいですか。女の人か男の人かで得意な科目が違うのでしょうか。女の人と男の人では脳が違うのでしょうか。

　人文科学には文学や史学（さまざまな歴史や地理），哲学等が含まれ，いわゆる「文系」といわれます。社会科学には法学，政治学，経済学，商学，社会学等が含まれます（専門の分け方については文科省ホームページを参照しています）。

4　女性と男性をめぐる世界の状況

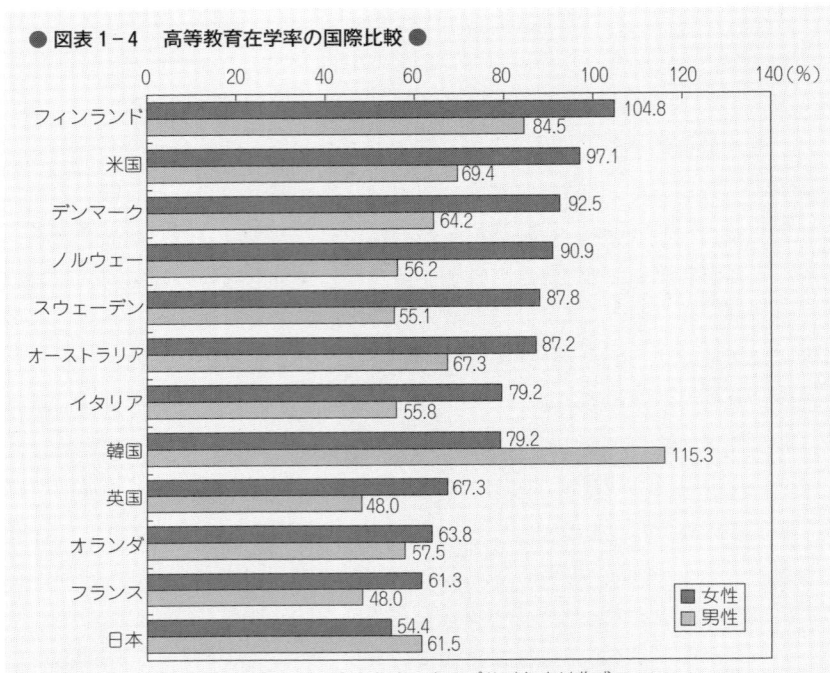

● 図表1-4　高等教育在学率の国際比較 ●

国	女性	男性
フィンランド	104.8	84.5
米国	97.1	69.4
デンマーク	92.5	64.2
ノルウェー	90.9	56.2
スウェーデン	87.8	55.1
オーストラリア	87.2	67.3
イタリア	79.2	55.8
韓国	79.2	115.3
英国	67.3	48.0
オランダ	63.8	57.5
フランス	61.3	48.0
日本	54.4	61.5

（備考）1．UNESCO Institute for Statistics ウェブサイトより作成。
　　　　2．在学率は「高等教育機関（Tertiary Education, ISCED 5及び6）の在学者数（全年齢）／中等教育に続く5歳上までの人口」で計算しているため、100％を超える場合がある。
　　　　3．原典は、Table14　Tertiary EducationのGross enrolment ratio. ISCED 5 and 6.
出典：平成23年版男女共同参画白書104頁

年を追うごとに差は縮まっていますが、全体の数が男性の方が多いという特徴のほか、人文科学には非常に女性が多く、教育も比較的多くなっています。また、工学には男性が非常に多いことがわかります。これはいわゆる「女性は文系、男性は理系」といわれることが正しいようにも思えます。また、男性の脳と女性の脳が違うと主張する研究者もいます。しかし、現在日本では理系分野に女性を増やそうという努力をさまざまなところでおこなっています（たとえば文科省は多くのとりくみに助成金を出していますし、日本学術会議、国立大学協会等もとりくんでいます）。各大学でもこのとりくみがなされています。これはやはり、女性の脳が理系に向いていないのではなく、社会の思い込みや環境が女性

● 図表1-5　専攻分野別に見た学生数（大学（学部））の推移（性別）●

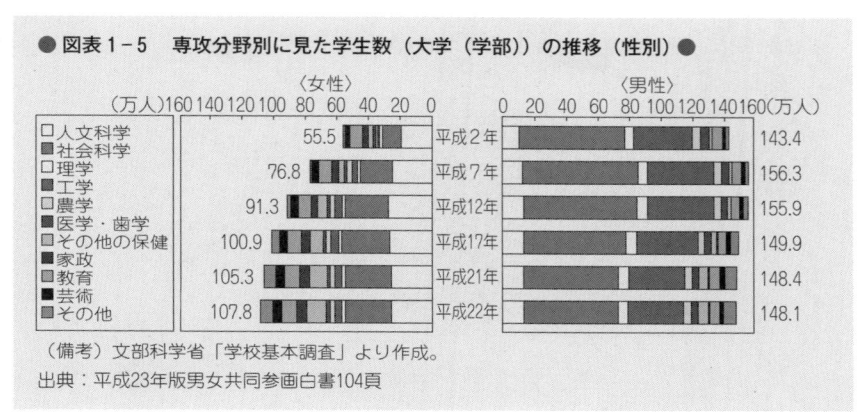

〈女性〉　　　　　　　　　　〈男性〉
（万人）160 140 120 100 80 60 40 20 0　　0 20 40 60 80 100 120 140 160（万人）

□人文科学
■社会科学
□理学
■工学
□農学
■医学・歯学
□その他の保健
■家政
□教育
■芸術
■その他

	女性		男性	
平成2年	55.5			143.4
平成7年	76.8			156.3
平成12年	91.3			155.9
平成17年	100.9			149.9
平成21年	105.3			148.4
平成22年	107.8			148.1

（備考）文部科学省「学校基本調査」より作成。
出典：平成23年版男女共同参画白書104頁

● 図表1-6　専攻分野別に見た学生数（大学院（修士課程））の推移（性別）●

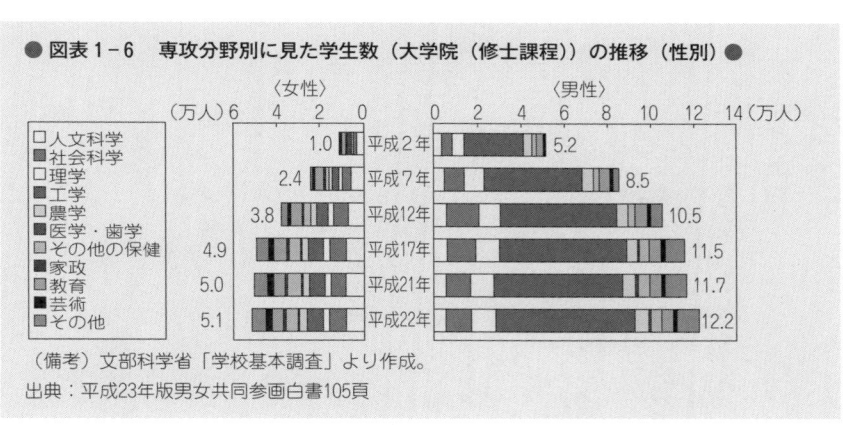

〈女性〉　　　　　　　　　〈男性〉
（万人）6 4 2 0　　0 2 4 6 8 10 12 14（万人）

□人文科学
■社会科学
□理学
■工学
□農学
■医学・歯学
□その他の保健
■家政
□教育
■芸術
■その他

	女性		男性	
平成2年	1.0			5.2
平成7年	2.4			8.5
平成12年	3.8			10.5
平成17年	4.9			11.5
平成21年	5.0			11.7
平成22年	5.1			12.2

（備考）文部科学省「学校基本調査」より作成。
出典：平成23年版男女共同参画白書105頁

に理系分野を選択させないような構造になっていると考えられているのです。

　高校を卒業すると，まず大学の「学部」といわれるところに進学します（詳しくは第2章）。多くの大学は4年制ですが，短期大学といって2年制の所もありますし，医学部や歯学部，獣医学部等は6年制です。この後，さらに大学に残って研究をしようとすると2年間の「修士課程（大学によっては前期博士課程と呼ぶところもある）」，さらに3年間の「博士課程（大学によっては後期博士課程）」へと進学します（学部が6年制の場合は，その後博士課程に進みます）。このように大学に残って研究することは男の人に適しているのでしょうか。女の人には適していないのでしょうか。

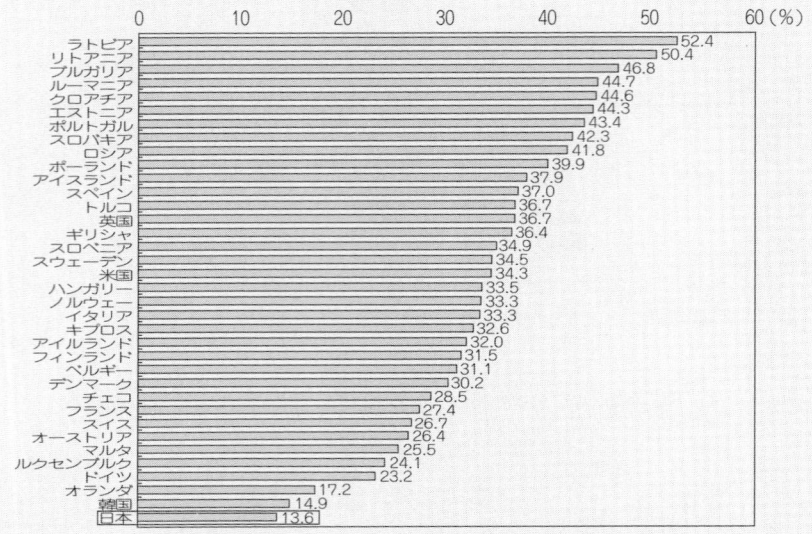

● 図表 1-7　研究者に占める女性割合の国際比較 ●

国	%
ラトビア	52.4
リトアニア	50.4
ブルガリア	46.8
ルーマニア	44.7
クロアチア	44.6
エストニア	44.3
ポルトガル	43.4
スロバキア	42.3
ロシア	41.8
ポーランド	39.9
アイスランド	37.9
スペイン	37.0
トルコ	36.7
英国	36.7
ギリシャ	36.4
スロベニア	34.9
スウェーデン	34.5
米国	34.3
ハンガリー	33.5
ノルウェー	33.3
イタリア	33.3
キプロス	32.6
アイルランド	32.0
フィンランド	31.5
ベルギー	31.1
デンマーク	30.2
チェコ	28.5
フランス	27.4
スイス	26.7
オーストリア	26.4
マルタ	25.5
ルクセンブルク	24.1
ドイツ	23.2
オランダ	17.2
韓国	14.9
日本	13.6

(備考)　1．EU諸国等の値は，EU「Eurostat」より作成．推定値，暫定値を含む．アイスランド，スロバキア，ロシア，チェコは2008（平成20）年．イタリア，フランスは2006（平成18）年．ギリシャは2005（平成17）年．スイスは2004（平成16）年．オランダは2003（平成15）年．他の国は2007（平成19）年時点．
　　　　　2．日本の数値は，総務省「平成22年科学技術研究調査報告」に基づく（2010（平成22）年3月31日現在）．
　　　　　3．米国の数値は，国立科学財団（NSF）の「Science and Engineering Indicators 2006」に基づく雇用されている科学者（scientists）における女性割合（人文科学の一部及び社会科学を含む）．2003（平成15）年時点の数値．技術者（engineers）を含んだ場合，全体に占める女性科学者・技術者割合は27.0%

出典：平成23年版男女共同参画白書106頁

　もう答えはわかっていると思います。それは個人の努力と，能力次第です。上のグラフをみてください。日本は世界のなかでも極端に女性の研究者の数が少ないことがわかります。これは日本の女性の能力が他の国々に比べて低いからでしょうか。そんなことはありえません。その理由は努力や能力以外のところにあるのです。

　頭の良い悪いや，成績の良い悪いは女性とか男性とかとは関係ありません。それは一人ひとりの能力や努力の問題なのです。みなさんの外見が一人ひとり違うように，能力も性格も一人ひとり違うのです。もしあなたが将来勉強して

● 図表1-8　女性研究者が少ない理由（性別）●

（備考）男女共同参画学協会連絡会「科学技術系専門職における男女共同参画実態の大規模調査」（平成20年）より作成。
出典：平成23年版男女共同参画白書107頁

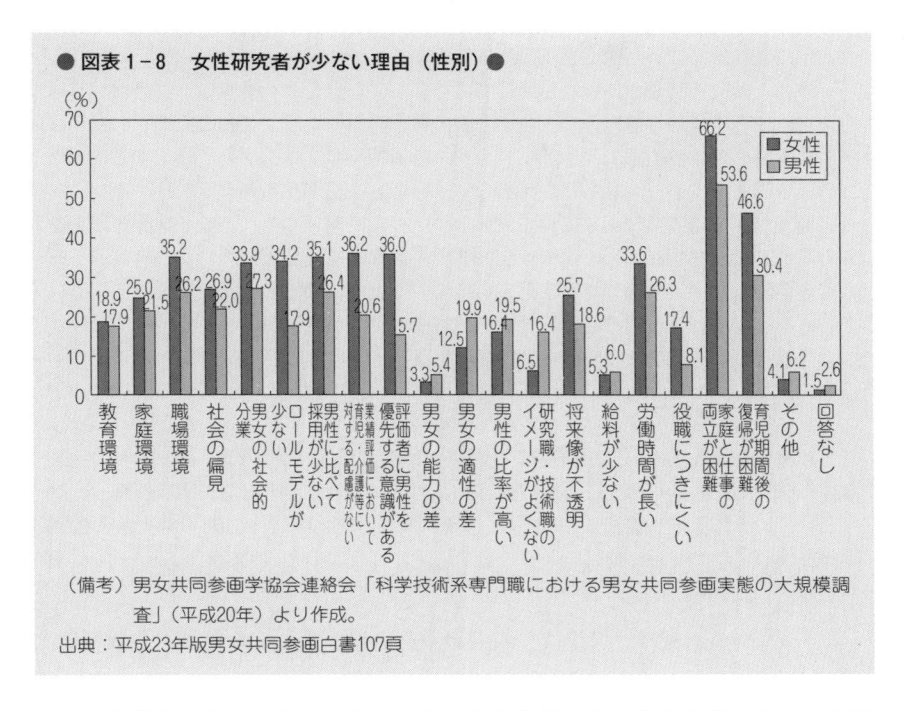

みたいと思うことが何かあるなら，あなたが女性であろうと男性であろうと関係ありません。あなたの未来は性別によって決まるものではありません。ただ努力あるのみです。

🌸 女性に対する差別についての世界の考え方

1979年12月18日，国際連合第34回総会で，「**女性に対するあらゆる形態の差別の撤廃に関する条約**（Convention on the Elimination of All Forms of Discrimination against Women）」が採択され，1981年に発効しました（日本政府の公式訳では「女子」の語がつかわれていますが，条約の趣旨に鑑み，本章では「女性」の語を使用します）。日本は1985年にこの条約を締結しました。「条約」とは国際連合という国の代表が集まる機関で決められる，ひとつの国だけではなく，多くの国で共通に守る約束のことです。この約束が正しくて，それに参加しても良いと思う国は，その条約に批准するのです。この条約の前文には以下のようなことが書かれています。

> 女性に対するあらゆる形態の差別の撤廃に関する条約　前文
> ……女性に対する差別が依然として広範に存在していることを憂慮し，女性に対する差別は，権利の平等の原則及び人間の尊厳の尊重の原則に反するものであり，女性が男子と平等の条件で自国の政治的，社会的，経済的及び文化的活動に参加する上で障がいとなるものであり，社会及び家族の繁栄の増進を阻害するものであり，また，女性の潜在能力を自国及び人類に役立てるために完全に開発することを一層困難にするものであることを想起し，…国の完全な発展，世界の福祉及び理想とする平和は，あらゆる分野において女性が男子と平等の条件で最大限に参加することを必要としていることを確信し，家族の福祉及び社会の発展に対する従来完全には認められていなかつた女性の大きな貢献，母性の社会的重要性並びに家庭及び子の養育における両親の役割に留意し，また，出産における女性の役割が差別の根拠となるべきではなく，子の養育には男女及び社会全体が共に責任を負うことが必要であることを認識し，社会及び家庭における男子の伝統的役割を女性の役割とともに変更することが男女の完全な平等の達成に必要であることを認識し，女性に対する差別の撤廃に関する宣言に掲げられている諸原則を実施すること及びこのために女性に対するあらゆる形態の差別を撤廃するための必要な措置をとることを決意して，次のとおり協定した。

　この前文から，女性と男性は平等であるべきで，そうなるようにさまざまな方策をとってきたけれども，「女性に対する差別」はいまだに世界的に存在する。しかし，国の完全な発展，世界の福祉および理想とする平和は，あらゆる分野において女性が男性と平等な条件で最大限に参加することを必要としているので，女性に対するあらゆる形態の差別を撤廃するための必要な措置をとるためにこの条約をつくった。ということがわかります。

　前文は，女性に対する根拠のない差別を生みだす原因のひとつに「（固定的）性別役割分担」という考え方があると指摘し，男女の完全な平等の達成のためにはこれを変えていく必要があるとしています。すでに述べたように日本ではまだ性別役割分担意識が根強くあります。締約各国の状況を定期的に調査している女性差別撤廃委員会（CEDAW）の2009年の日本への見解には「固定的性別役割分担意識の存続が，とくにメディアや教科書，教材に反映されており，これらが教育にかんする女性の伝統的な選択に影響を与え，家庭や家事の不平等な責任分担を助長し，ひいては，労働市場における女性の不利な立場や政治的・公的活動や意思決定過程への女性の低い参画をもたらしている」（男女共同参画局HP〔http://www.gender.go.jp/teppai/6th/CEDAW6_co_j.pdf〕）と指摘されています。

● 図表1-9　固定的性別役割分担意識〈国際比較〉●

固定的性別役割分担意識（夫は外で働き、妻は家庭を守るべきであるという意識）について、諸外国では、「反対」、「どちらかといえば反対」とする割合が高く、特にスウェーデンで顕著です。これに比べ、日本では賛成する割合が高くなっています。

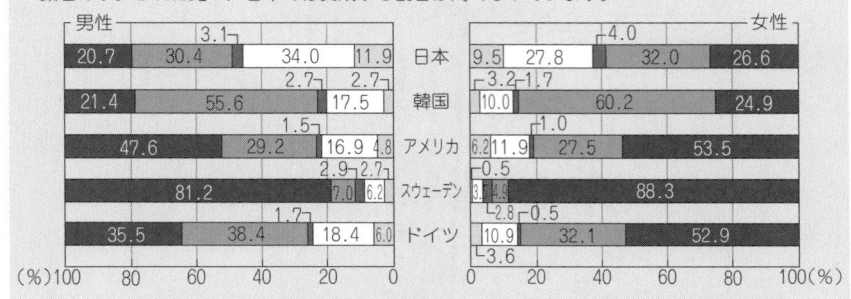

	男性 賛成	賛成	どちらかといえば賛成	わからない	反対	どちらかといえば反対	反対 女性
日本	20.7	30.4	34.0 / 3.1	11.9	9.5	27.8 / 4.0	32.0 / 26.6
韓国	21.4	55.6	17.5 / 2.7	2.7	10.0 / 3.2 / 1.7	60.2	24.9
アメリカ	47.6	29.2	16.9 / 1.5	4.8	6.2 / 11.9 / 1.0	27.5	53.5
スウェーデン	81.2	7.0 / 2.9	2.7	6.2	3.3 / 4.4	—	88.3
ドイツ	35.5	38.4	18.4 / 1.7	6.0	10.9 / 2.8 / 0.5	32.1	52.9 / 3.6

（備考）日本のデータは内閣府「男女共同参画社会に関する世論調査」（平成21年10月調査）、その他のデータは「男女共同参画社会に関する国際比較調査」（平成15年6月）より作成。
出典：男女共同参画局『男女共同参画社会の実現を目指して』11頁

　図表1-9で日本以外のデータは2003年のものであり、他の国でも固定的性別役割分担意識の考え方に反対する人はさらに増えている可能性が高く、国際的に見ても日本における固定的性的性別役割分担意識が根強いことがわかります。

　「女性差別撤廃条約」の批准のために、日本国内のさまざまな女性差別にあたるものが見直されました。そのなかに**「家庭科」の男女共修**という課題がありました。今、みなさんは女性も男性も家庭科が必修だと思います。しかし、以前は女性だけの必修でした。この条約では、女性を女性だというだけで家事に縛りつけることは伝統的な役割分担意識に基づくものであり、「女性に対する差別」だと考えられました。「家庭科」は正確には国語、社会、算数などと同様に「家庭」という教科のひとつです。小学校、中学校、高等学校に設置されています。第2次世界大戦後の1947年に学校制度も新しくなり、日本国憲法には男女平等が掲げられたため、家庭科の男女共修が主張されました。この時点で小学校には共修がとりいれられました。中学校では女性を念頭においた選択科目でした。これは1958年に改訂され男女の違いを設けた「技術・家庭科」が始まり、女性は被服、食物等「家庭」の部分を、男性は電気、機械等「技術」の部分を学ぶ男女別修となりました。高等学校では共修、選択科目としてスター

トしましたが、1973年に完全に女性の必修科目となったのです。しかし、これまでみてきたように、家庭科を女性だけに必修とするのは、問題があります。1974年には市川房枝らが中心となって、「家庭科の男女共修をすすめる会」が発足しました。その後この条約が採択され、日本がこれに批准するための準備をしなくてはならなくなったこともあり、家庭科の男女共修を進める運動がさらに展開されました。1975年に国際女性年世界会議が開かれたこと、1979年に国連が女性差別撤廃条約が採択されたことなどを受け、日本政府は同条約批准に向けて家庭科の男女共修にようやくとりくむようになりました。1993年には中学校で、1994年には高等学校で、家庭科は男女共修が実施されるようになりました（家庭科の男女共修をすすめる会編『家庭科、男も女も――こうして拓いた共修への道』）。ひとりの人間として生きていくために、家事を学ぶことは人間としてあたりまえのことなのです。

　現在の日本において、男性が外で働き、女性は専業主婦という家庭、男性も女性も働いている家庭（共働き家庭）ではどちらが多いと思いますか。

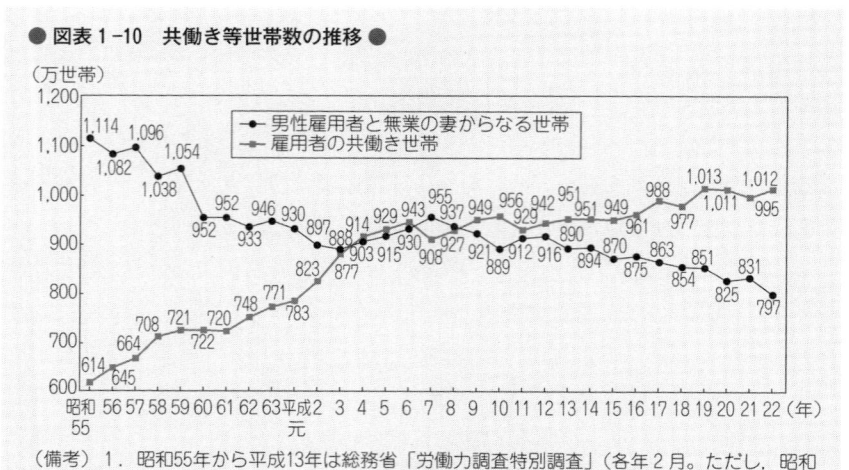

● 図表 1-10　共働き等世帯数の推移 ●

（備考）1．昭和55年から平成13年は総務省「労働力調査特別調査」（各年 2 月。ただし、昭和55年から57年は各年 3 月）、14年以降は「労働力調査（詳細集計）」（年平均）より作成。
　　　　2．「男性雇用者と無業の妻からなる世帯」とは、夫が非農林業雇用者で、妻が非就業者（非労働力人口及び完全失業者）の世帯。
　　　　3．「雇用者の共働き世帯」とは、夫婦ともに非農林業雇用者の世帯。
出典：平成23年版男女共同参画白書64頁

図表1-10をみればわかるように1996年以降，日本では共働き家庭の方が多くなっています。あなたの予想はどうでしたか。

　それでは，共働き家庭では家事は男女で分担されているのでしょうか。どうやらそうではないようです。

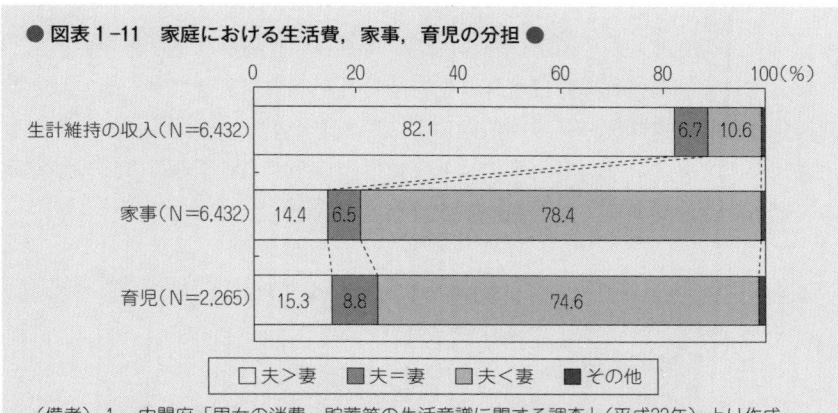

● 図表1-11　家庭における生活費，家事，育児の分担 ●

	夫＞妻	夫＝妻	夫＜妻	その他
生計維持の収入（N＝6,432）	82.1		6.7	10.6
家事（N＝6,432）	14.4	6.5	78.4	
育児（N＝2,265）	15.3	3.8	74.6	

（備考）1．内閣府「男女の消費・貯蓄等の生活意識に関する調査」（平成22年）より作成。
　　　　2．有配偶の人（N＝6432　内訳は男性＝3022, 女性＝3409）に尋ねたもの。
　　　　3．育児については，小学生以下の子どもがいる人（N＝2265, 内訳は男性＝1103, 女性＝1162）に尋ねたもの。
　　　　4．「夫＞妻」は，男性が自分：配偶者の負担の割合を「10：0」「9：1」「8：2」「7：3」「6：4」と回答した者と，女性が自分：配偶者の割合を「0：10」「1：9」「2：8」「3：7」「4：6」と回答した者の合計。
　　　　5．「夫＝妻」は，男性，女性ともに，自分：配偶者の負担の割合を「5：5」と回答した者。
　　　　6．「夫＜妻」は，男性が自分：配偶者の負担の割合を「0：10」「1：9」「2：8」「3：7」「4：6」と回答した者と，女性が自分：待遇者の割合を「10：0」「9：1」「8：2」「7：3」「6：4」と回答した者の合計。
出典：平成22年版男女共同参画白書23頁

　日本国憲法では男女の平等がうたわれ，日本も批准している「女性に対するあらゆる形態の差別の撤廃に関する条約」でも，それが国の発展にとって不可欠であることが示されています。しかし実際には，女性が働いていない家庭よりも働いている女性のいる家庭の方が多いにもかかわらず，家事はひとえに女性の負担になっていることがわかりました。この状況はどこからきているのでしょうか。

今の日本では，性別についてのこの考えに賛成する人と反対する人が大体半分くらいです。しかしたとえば女性差別撤廃条約ができた1979年には70％以上の人がこの考えに賛成していたことがわかります。この考えが，勉強や仕事に才能のある女性がその力を発揮することを阻害し，家族のために家事をしたりすることが好きで，激しい競争社会を望まない男性に無理な競争を強いてきたといえるでしょう。その結果，日本では，半分以上の家庭で女性が働き，その女性たちは男性と同様の教育を受けているにもかかわらず，仕事の場で高い地位につけなかったり，同じように働いていても給料が安かったりという現状を生み出しています。そして，この状況を世界のなかにおいてみると，日本が非常にひどい状況にあることがわかるのです。

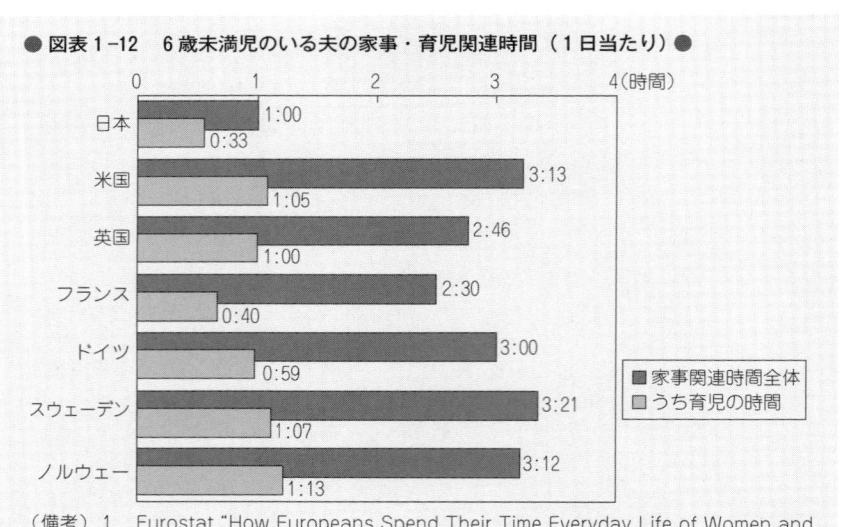

● 図表1-12　6歳未満児のいる夫の家事・育児関連時間（1日当たり）●

国	家事関連時間全体	うち育児の時間
日本	1:00	0:33
米国	3:13	1:05
英国	2:46	1:00
フランス	2:30	0:40
ドイツ	3:00	0:59
スウェーデン	3:21	1:07
ノルウェー	3:12	1:13

（備考）1. Eurostat "How Europeans Spend Their Time Everyday Life of Women and Men" (2004). Bureau of Labor Statistics of the U.S. "America Time-Use Survey Summary" (2006) 及び総務省「社会生活基本調査」（平成18年）より作成。
　　　　2. 日本の数値は，「夫婦と子どもの世帯」に限定した夫の時間である。

出典：平成23年版男女共同参画白書80頁

　図表1-12をみれば，日本では男性が家事をしている時間が少ないことがよくわかります。

🍀 男女の平等に特化して規定した法律

日本では，1999年に**「男女共同参画社会基本法」**という法律がつくられました。その前文にはこう書かれています。

> 男女共同参画社会基本法　前文
> ……男女が，互いにその人権を尊重しつつ責任も分かち合い，性別にかかわりなく，その個性と能力を十分に発揮することができる男女共同参画社会の実現は，緊要な課題となっている。
> 　このような状況にかんがみ，男女共同参画社会の実現を21世紀の我が国社会を決定する最重要課題と位置付け，社会のあらゆる分野において，男女共同参画社会の形成の促進に関する施策の推進を図っていくことが重要である。

男女共同参画社会とは，「男女が，社会の対等な構成員として，自らの意思によって社会のあらゆる分野における活動に参画する機会が確保され，もって男女が均等に政治的，経済的，社会的及び文化的利益を享受することができ，かつ，共に責任を担うべき社会」のことです。

憲法には，男性も女性もなく人権尊重されるとありますが，これまでみてきたように，実際に日本では男女平等は実現されていないため，このような法律がつくられることとなりました。

5　女性と男性とは？

ここまでは，社会のなかで「女性とはこうあるべき」，「男性とはこうあるべき」といった，社会のなかにおける男女のありようについて考えてきました。それでは，その女性や男性というのは何によって決まるのでしょうか。人間には身体的性別を決めるXとYの染色体があり，多くの女性はXX，多くの男性はXYという染色体をもっています。しかし場合によって3個以上の染色体をもつ人もいます。また，身体的特徴が男女いずれか判断しにくい状態の人もいます（インターセックスと呼ばれることがあります）。また，身体は明確に女性／男性であっても，心理的に自分が思う性別が身体の特徴と異なる人もいます。このような人達を**「性同一性障がい」**と呼ぶこともあります。

多くの人にとって，自分を男女のどちらかに分類することに，何の苦痛もあり

ません。ですから，私たちは安易にいろいろな場面で男女によって物事を分けようとします。たとえば女性か男性かを記入させるいろいろな書類です。また，日本のトイレの多くは男女別になっています。自分の性別について，何のためらいもない人にとってはこれらのことは何でもないことです。しかし，とりわけ，身体と，心理的に思う性別の違う人の場合にはどうしたらよいのでしょうか。

性同一性障がいにかんする法律

　日本では，身体と，心理的に思う性別の違う人について，2003年に「**性同一性障がい者の性別の取扱いの特例に関する法律**」という法律をつくりました（施行は2004年から）。この法律では，性同一性障がいを「生物学的には性別が明らかであるにもかかわらず，心理的にはそれとは別の性別（以下「他の性別」という）であるとの持続的な確信をもち，かつ，自己を身体的及び社会的に他の性別に適合させようとする意思を有する者」としています。これはつまり身体の特徴から判断される性と，心で思う自分の性が違うということを，短い期間ではなく，長いあいだそう感じ続けていて，医学的な手術によって，心で思う性に身体の特徴を合わせようと思う人のことを，性同一性障がいとしています。性同一性障がいの人が，20歳以上になったときに，いくつかの条件に適合し，かつ医学的な手術を受けて，心で思う性に身体を変更した場合，戸籍等の変更ができると定められています。

　しかし，身体の性的特徴を変える手術は大変大きな手術で，ときには命の危険をともないます。お金もかかりますし，長い間仕事や学校も休まなくてはなりません。誰もこのような手術を受けることを他人に強制することはできません。法律では手術をして身体の特徴を変えようとする人だけを規定していますが，実際には身体と，心理的に思う性別が違った状態のままで生活している人もたくさんいます。一方で現在の法律が20歳にならないと手続を認めないことを問題だと考える人もいます。たしかに20歳になるまで自分の心が思う性になれないのはつらいことかもしれません。それは，もしあなたが性同一性障がいではないとして，20歳になるまで無理やり自分の身体と違う性で生きることを強制されることを考えてみればわかるでしょう。ここには自分の命にかかわるような選択を一体何歳からできるのかという問題もひそんでいるのです。

それでは，日本に性同一性障がいの人はどれくらいいるのでしょうか。2004年の法律施行から，2007年末までに，医師の診察を受けた人は，全国の主要専門医療機関延べ7177人でした（日本精神神経学会・性同一性障がいに関する委員会〔中島豊爾委員長〕の調査速報値）。また，2007年末までに性別変更が認められた人は841人（最高裁判所速報値）でしたが，国内で手術を受けた人はわずかに220人で，多くの人が海外で手術を受けていることがわかりました（神戸新聞2008年4月22日）。

🍀 社会ができること

ここで私たちが確認しなくてはいけないことは，「数の多い人が正しい」，「数の多い人が偉い」などということは絶対にないということです。この社会において，XX，XYのいずれかの性染色体をもち，自分の身体の性的特徴と，自分で自分の性別だと思う性別が同じである。という人が，数のうえではたしかに多いかもしれません。しかし，そのことによって，自分たちだけが正しい等と思うのはとんでもないことです。もし，あなたが黄色人種だとします。そして，仮に世界には，他に白人しかいなくて，白人の方が圧倒的に数が多いとします。そのときに，黄色人種は数が少ないのだから，黄色人種は異常であり，すべて白人の基準に合わせろといわれたらどう思いますか。

たしかに男女については，2つに分けた方が便利な場面もあります。たとえば統計をとるようなときです。この章の1でみたように，女性と男性が社会的にどのように扱われているかといったことをみる場合には，男女に分けて調べる必要があります。しかし，とくに必要のない場面では，さまざまな人が困らないようなしくみをつくることが重要です。たとえば公共施設のトイレについて，男女で大きく分けるのではなく，個室のトイレをたくさん設置するといったことも考えられます。更衣室なども同じです。

📝 練 習 問 題

①女性と男性に着目すると，日本では女性が不利な状況に置かれていることがわかりました。この章では，主に教育面と，家事についてみましたが，仕事や政治の面ではどうなっているでしょうか。つぎの図表をみて，考え

てみましょう。

②政治の場面に女性を増やす対策のひとつとしてポジティヴ・アクションやクォータ制という制度があります。これについて調べてみましょう。

＊問題のための参考文献　平成23年版男女共同参画白書３頁以下（毎年新しいものが出ます），辻村みよ子『ポジティヴ・アクション──「法による平等」の技法』岩波新書（2011年）

男女共同参画局 HP（http://www.gender.go.jp/main_contents/category/positive_act/positive.html）

● 図表1-13　日本の GGI の内訳 ●

	女性	男性	女性／男性	各分野の数値	順位
GGI (Gender Gap Index)				0.645	101
経　済				0.549	108
労働力率（％）	61	84	0.72		83
同じ仕事の賃金の同等性			0.59		99
所得の推計値（PPP US＄）	18,334	40,000	0.46		100
管理職に占める比率（％）	10	90	0.1		109
専門職に占める比率（％）	46	54	0.86		77
教　育				0.985	84
識字率（％）	100	100	1		1
初等教育在学率（％）	100	100	1		1
中等教育在学率（％）	98	98	1		1
高等教育在学率（％）	54	62	0.88		98
健　康				0.979	41
新生児の男女比率			0.94		89
健康寿命	78	72	1.08		1
政　治				0.065	110
国会議員に占める比率	9	91	0.1		105
閣僚の比率	12	88	0.13		85
最近50年の国家元首の在任年数	0	50	0		41

（備考）世界経済フォーラム "The Grobal Gender Gap Report 2009" より作成。
出典：平成22年版男女共同参画白書11頁

GGIとは経済，教育，健康，政治の各分野の各種データから男女の格差を測る指標です。日本の総合順位は134ヶ国中111位です。日本の順位を下げている要因はどこにありますか（2011年は134ヶ国中98位でした）。

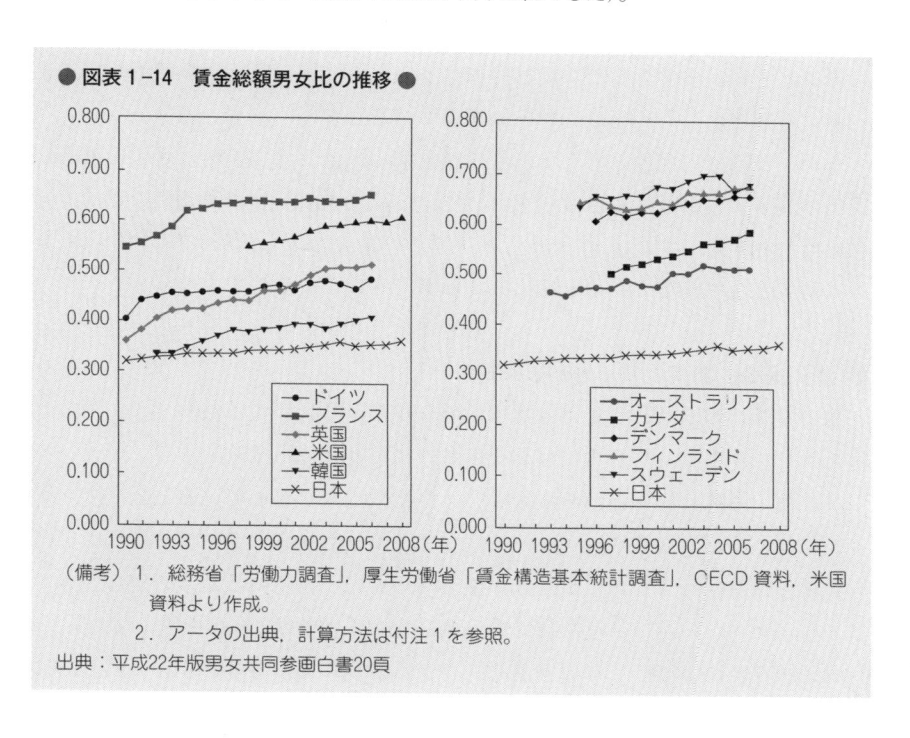

●図表1-14　賃金総額男女比の推移●

（備考）1．総務省「労働力調査」，厚生労働省「賃金構造基本統計調査」，OECD資料，米国資料より作成。
　　　　2．データの出典，計算方法は付注1を参照。
出典：平成22年版男女共同参画白書20頁

6　アルコール・煙草・薬物

♣ 薬物・中毒・依存

　薬物というと，麻薬，覚醒剤，コカイン，マリファナ，シンナー，中毒，犯罪，廃人，人格破壊，被害妄想，死など，非常に暗いイメージがつきまといます。しかし，薬物は，私たちのすぐ近くに存在しています。いつでも私たちの生活に静かに入り込んでくる危険のあるものです。ここでは，薬物にかんする知識を身につけることで，さまざまな危険から自分を守る術を身につけるようにしましょう。

まず，薬物は中毒を引き起こすものですが，中毒とは何でしょうか。中毒は一般的な用語ですが，医学的には依存と呼ばれているものです。依存には，**身体的依存**と**精神的依存**とがあります。身体的依存というのは，薬物を用いていて止めようとすると，手や指の震え，発汗，嘔吐，意識の混濁などの症状が現れることをいいます。また，精神的依存というのは，一度薬物を使用してしまうと，再び使用したくなるという欲求をもつことをいいます。

また，薬物には耐性という特徴もあります。耐性とは，薬物に対する反応が次第に減少するようになることをいいます。反応が減少しますので，以前と同じ程度の効果を感じるためには，より多くの量を服用しなければならなくなり，結果として薬物の濫用を抑えることができなくなるのです。

♣ 酒，煙草，お茶，コーヒーも薬物？

酒や煙草は嗜好品として，日常生活のなかでよく目にするものです。酒や煙草を飲んだり吸ったりする人もみなさんのまわりには数多くいるでしょう。ですが，酒・煙草も依存性のあるもので，薬物の性格をもっているときいて，驚きますか。また，お茶やコーヒーにはカフェインが含まれていて，これも神経を興奮させる作用をもち，その依存性が明らかにされているときいたらどうでしょう。薬物がいかに身近な物であるかがわかるのではないかと思います。

酒や煙草については，その害が認識されるようになっています。まず，酒についてですが，精神病院には，アルコール依存症者が多数入院しているといわれています。アルコール依存症というのは，主につぎのような症状(**コントロール障がい**)としてあらわれます。

- 飲酒を止めようとしたり少量で止めようと決意するが，そのとおりには実行できない。
- 普通の感覚からして，異常な時間や場所で，異常な量のアルコールを飲んでしまう（朝や昼間から飲酒，職場で飲酒など）。
- 毎日，飲酒をしてしまう。症状が悪化すると，目を覚ませば飲酒をして，酔っぱらうと寝る。それをくり返すようになってしまう（連続飲酒発作）。
- 医者やまわりから，これ以上飲むと命を失う，離婚だ，解雇だ，など，

さまざまな警告を受けても，飲酒を止めることができない。
・アルコールを飲まないと，震え，発汗，不眠，焦燥感などの離脱症状が出る。それを抑えるために飲酒してしまう。
・常にアルコールを準備している。周りにアルコールがないと不安で落ち着かなくなる。

　最終的には，肝炎など，消化器系の障がいに罹り，入院することになります。また，アルコールが原因でけんかになったりして他人に迷惑かけることもあることも考えれば，酒は個人の自由だとして放置することができないことも明らかでしょう。

　つぎに，煙草については，喫煙者に，がんなどの疾病の罹患率等が高いことが指摘されています。また，妊婦の喫煙には，流産などの発生率が高いことが指摘されており，妊娠中の喫煙が胎児の発育に悪影響をおよぼすことがわかっています。それに加えて，喫煙者本人だけでなく，喫煙者のまわりの人たちも煙を吸うことによる健康への悪影響が生じることが指摘されています。

　煙草の害から個人の健康を保護するため，すでに**健康増進法**が制定され，一定のとりくみがなされています。具体的には，事務所その他多数の者が利用する施設を管理する者に対しては，**受動喫煙防止対策**を講ずることが努力義務とされ，分煙の徹底化が進められてきています。

🍀 規制薬物の種類と特徴

　日本の法律により規制されている薬物の種類と特徴についてまとめてみましょう。薬物の効果により，興奮剤，抑制剤，幻覚剤とがあります。

　まず，興奮剤とは，服用すると興奮を覚え，気分爽快，疲労回復，快感などを感じる薬物をいいます。覚醒剤とコカインが該当します。コカインは濫用を続けることで幻覚等の精神障がいがあらわれ，さらに，大量に摂取すると呼吸困難から死亡に至ることもある薬物です。

　それ以上に気をつけなければならないのは，覚醒剤です。最初は，気分が高揚したり疲労感が消失したりして多幸感を感じます。しかし，薬が切れると，意気消沈，脱力感，倦怠感を感じるようになり，それを忘れるために再度覚醒

剤に手を出すようになります。その結果，依存状態になるのです。依存状態になると，幻覚，幻聴，被害妄想などの精神面での影響があらわれ，使用を止めようとしても，精神的緊張などをきっかけとして，それらの症状が再びあらわれる**フラッシュバック現象**も起きます。幻覚状態で重大な犯罪に発展してしまうこともあります。

　つぎに，抑制剤とは，服用することで，鎮痛，鎮静などを感じる薬物をいいます。あへん，向精神薬（睡眠薬や精神安定剤などに含まれる化学合成品）などです。あへんに含まれるモルヒネは，鎮痛効果に優れているのですが，薬物への強い依存性，耐性がみられ，中毒の原因とされているため，規制の対象となっています。また，向精神薬も一般に病院で処方される薬剤ではありますが，濫用すれば，感情の不安定，判断力の鈍化，歩行不調などの悪影響をもたらすため規制されています。さらに，有機溶剤（シンナー，トルエン，ボンドなど）も，集中力，判断力の低下を引き起こし，幻覚・幻聴の原因ともなるものです。しかも，歯を溶かし，脳も溶かして萎縮させて，後遺障がいを残し，場合によっては死に至らしめる薬物です。死亡事故が相次いで起こったため規制されるようになりました。

　最後に，幻覚剤とは，陶酔感や幻覚・幻聴を生じさせる薬物をいいます。これには，大麻（マリファナ，ハッシッシ），LSD，MDMA（エクスタシー，バツ），マジック・マッシュルームなどが幻覚剤です。

　以上の薬物は，麻薬及び向精神薬取締法，覚醒剤取締法，あへん取締法，毒物及び劇物取締法，大麻取締法で規制されています。

🍀 依存しない生き方

　前に述べたさまざまな法律に違反して逮捕され，刑務所などの刑事施設に収容された者には，今後，再び同じ犯罪をくり返すことがないよう，しっかりとした方策を施すことが必要となります。もちろん，覚醒剤などが出回って販売されること自体を厳しく取り締まることが必要です。でも，それに加えて，薬物に手を出してしまった者をどのように薬物依存から救出するのかが喫緊の課題となっているといえるでしょう。

　しかし，難しいのは，薬物も今の社会では簡単に入手できてしまうというこ

とです。一度，薬物依存症になってしまうと，完治することはありません。今日１日使わないで生活することができたこと，それをくり返すことが「回復」となるのです。そのため，薬物は使っちゃダメ，というだけでは問題の解決には結びつきません。それではどうすればよいのでしょうか。

　民間の試みとして注目されているのが，**ダルク（DARC）**です。ダルクとは，Drug（薬物）のD，Addiction（依存，濫用）のA，Rehabilitation（回復）のR，Center（施設）のCを組み合わせた造語で，覚醒剤，有機溶剤（シンナー等），その他の薬物依存からの回復を目指すためのプログラムを実施する民間の薬物依存症リハビリ施設です。施設は，全員が薬物依存症で，仲間の協力により薬物に再び手を出すことのない生活を目指すものです。施設では，１日２回のミーティング（グループセラピー），また，さまざまなレクリエーションを通じて，「薬物を使わないで生きる生活」をつづけることになります。

練習問題

①お酒で失敗した（物をなくした，友人に迷惑をかけたなど）という話をきくことがあります。また，アルコール中毒（アル中）の話もきくことがあります。なぜ，それでもお酒を飲むのでしょうか。飲酒のプラス面，マイナス面を考えてみましょう。

②もし，学校や近所で，違法な薬物を売っているところをみたら，あなたはどうしますか。また，あなたの友人が違法な薬物を服用していることを知ったら，あなたはどうしますか。

おすすめの文献

①池田さとみ「出口」『辻占売り（第３巻）』（ぶんか社，2004年）
　　今の社会では学校に行くのはあたりまえ。むしろ行きたくなくても行かなくてはならない場所になっているようです。しかし，もし学校に行きたくても行かれない時代に生まれても同じことを思うでしょうか……。

②池田さとみ「天使のキャンドル」『REVENGE』（小学館，2011年）
　　犯罪とは，責任とは何でしょう。自分が他人を傷つけてしまったときには，たとえ自分が何歳であっても，自分のしてしまったことに向き合わなくてはいけないのです。

③真保裕一『繋がれた明日』(朝日新聞社，2003年) 文庫も複数あり
　　自分が他人を傷つけてしまったときには，そのことと向き合わなくてはいけません。しかし，罪に向き合い，新たに歩き出そうとする人を，私たちは応援しなくてはいけないのではないでしょうか。
④ベアテ・シロタ・ゴードン，(平岡磨紀子構成／文)『1945年のクリスマス』(柏書房，1995年)
　　長い間日本では男性と女性は平等ではありませんでした。今の日本国憲法に男女平等がうたわれるようになった裏にはひとりの女性の奮闘の記録があります。
⑤名香智子「細君」『マダム・ジョーカー(第9巻)』(双葉社，2011年)(後編は第10巻に収録予定)
　　妻は何でも自分のいうことにしたがうものだと思っていると……夫婦は平等だと憲法にも書かれています。

2

私たちの学校

翔太と美咲は中学校3年生です。ということは，これまで小学校，中学校とおよそ9年間教育を受けてきたことになります。そして，翔太と美咲も，ほかの同級生と同様に高校受験が気になりますし，将来のことを考えると大学にも行かないといけないのかなと漠然と思っています。でも，実際にどんな種類の高校があるのか，また大学ではどんなことが学べるのかよくわかりません。

　そもそも，なぜ学校へ行くのでしょうか。学校は何のためにあるのでしょう。

　ふたりは考えてみました。

1　私たちの暮らしと学校

🍀 学校との長いかかわり

　学校は，私たちにとってとても身近な制度です。おそらく，学校にかかわったことのない人はこの社会にはいないのではないでしょうか。あなたが小さな子どものときには，あなたは幼稚園児や小学生として，あなたが少し大きくなると中学生として，あるいは高校生として，それから大学生として，学校で学ぶことでしょう。また，あなたが大人になって結婚して子どもができると，あなたは今度は親として学校にかかわることでしょう。子どもが卒業したあとも，あなたは地域の住民として学校とかかわることがあるかもしれません。

♣ 学校のない社会?

　私たちの社会では，子どもが学校に行くことはとてもあたりまえのことだと思われています。

　でも，もしも学校がなかったら，私たちの社会はいったいどうなるのでしょうか。ためしに学校のない社会を想像してみてください。学校のない社会で，子どもたちはどのようにして必要な知識を身につけ大人になるのでしょうか。また，学校のない社会で子どもたちは毎日どのようにして暮らすのでしょう。案外，当の子どもは毎日が夏休みだといって喜ぶかもしれませんね。しかし，学校がないということは，友だちと毎日顔を合わせている場所がなくなるということでもあるのです。また，毎日毎日，やることが決まっていない生活が9年間も続くのです。

　では，高校生や大学生といった青年期の人びとにとってはどうでしょうか。学校のない社会では，人はどのようにして就職すればよいのでしょうか。世の中にはどのような仕事があって，どうすればその仕事に就けるのかといった情報を，いったいどこで，どのようにして手に入れることができるのでしょう。学校はないけれど就職試験はあるのでしょうか。そもそも就職に必要な能力の習得は，一人ひとりに委ねられたままなのでしょうか。

　大人にとってはどうなのでしょう。学校のない社会では，子育てはいったいどのようにしておこなわれるのでしょう。また，子どもが学校へ行かないということは，誰かが一日中子どもの世話をしていなければならないので，親の働き方にも変化をもたらすのでしょうか。

📝 練習問題

　もしも学校がなかったら，私たちの社会はいったいどうなるか考えてみましょう。そして，みんなで話し合ってみましょう。

② 日本の学校制度

　これから日本の学校制度について簡単にみていくことにしましょう。あなたにとって，知っていることもあれば，きっと知らなくて驚くこともあることで

しょう。私たちの学校という制度を再確認してみましょう。

　この節では，とくに断らないかぎり，2008年度のデータを参考にしています。

🍀 保育所と幼稚園の違い

　私たちは通常，学校の始まりは小学校からだと考えています。もちろん，それは間違いではないのですが，子どもたちが家族と離れて毎日一定の時間を年齢別に編成された集団で生活するという体験は，保育所や幼稚園から始まるともいえます。

　保育所も幼稚園も同じように思うかもしれませんが，実は制度の本質がまったく違っています。

　さまざまな理由から保護者が子どもを保育することが困難な場合に，その子どもを預かって保育するのが保育所であるのに対して，幼稚園は子どもの保育と心身の発達のための場であると，それぞれ別々の法律によって規定されています。保育所は夕方までありますが，幼稚園は基本的にお昼までです（もっとも，現在ではいろいろな幼稚園が増えてきているので，一概にはいえませんが）。保育所の保育士になるためには保育士資格証明書が，幼稚園の先生になるためには幼稚園教諭免許状が必要です。でも，最大の違いは，保育所が厚生労働省の管轄で，幼稚園は文部科学省の管轄だということです。

　今日では保育所と幼稚園を一体として捉えること（**幼保一元化**）の必要性が叫ばれています。

🍀 幼　稚　園

　あなたが幼稚園児だったころは，毎日楽しく遊んでばかりいませんでしたか。幼稚園教育のねらいや内容，留意点については『幼稚園教育要領』にまとめられています。全国の幼稚園はこの方針に沿って運営されているのです。

幼稚園教育の内容には，心身の健康にかんする領域（**健康**），人とのかかわりにかんする領域（**人間関係**），身近な環境とのかかわりにかんする領域（**環境**），言葉の獲得にかんする領域（**言葉**），感性と表現にかんする領域（**表現**）があります。幼稚園教育では，こうした内容が幼稚園における生活の全体を通じ，幼児がさまざまな体験を積み重ねるなかで相互に関連をもちながら次第に達成に向かうものであると捉えられています。

　小学校入学前の2～3年間が幼稚園の期間にあたりますが，沖縄県のように1年間が普通となっているところもあります。また，沖縄県では通常，小学校の敷地の中に幼稚園が併設されていて，園長先生も小学校の校長先生が兼ねていることが一般的です。

　日本にある幼稚園の数はおよそ1万3450園で，内訳は国立が約50園，公立が約5200園，私立が約8200園となっています。日本の幼稚園は私立幼稚園が全体の60％以上を占めています。

🍀 小 学 校

1）小学校の特徴

　日本の学校制度では，1年は4月に始まり3月に終わります。日本の子どもたちは7歳になる年度の始まる4月を迎えると，住んでいる地域ごとに定められた小学校に入学します。これが，6年間の小学校生活の始まりです。

　幼稚園とは違い，小学校では国語や算数といった教科の「勉強」をするようになりますし，毎日の時間割も決まっていて，たくさんの「他人」と一緒に学校生活を送るようになります。つまり，小学校に入学するということは，それまでの家庭生活から部分的に離れ，「**学習**」と「**集団生活**」の場に入っていくことを意味するのです。小学校1年生が「お勉強が好き」で「学校が大好き」だと無邪気に答えるのは，彼らにとって小学校に行くということが，

● 図表2-1
都道府県別小学校数（2009年度）●

(単位：校)

北海道	1,284	滋賀	235
青森	354	京都	445
岩手	412	大阪	1,042
宮城	456	兵庫	824
秋田	258	奈良	223
山形	337	和歌山	291
福島	530	鳥取	149
茨城	573	島根	253
栃木	404	岡山	431
群馬	344	広島	577
埼玉	828	山口	350
千葉	855	徳島	269
東京	1,373	香川	198
神奈川	895	愛媛	352
新潟	552	高知	277
富山	204	福岡	775
石川	233	佐賀	189
福井	211	長崎	401
山梨	213	熊本	436
長野	395	大分	342
岐阜	382	宮崎	267
静岡	538	鹿児島	601
愛知	990	沖縄	281
三重	429	合計	22,258

出典：学校基本調査（文部科学省ホームページより）（一部改変）

「お兄ちゃん」「お姉ちゃん」になったという成長の証だと思えるからなのかもしれません。

2) 小学校にかんする「数字」あれこれ

では、日本中に小学校はいったい何校あると思いますか。なんと2万2000校以上もあるのです（図表2-1参照）。そのうち98.7％はその小学校のある市町村がつくった公立学校で、私立小学校は全体のおよそ1％です。そしてこの2万2000校以上ある小学校に706万4000人の子どもたちが毎日通っています（男子361.5万、女子344.9万）。700万人という数字は、日本国民のおおよそ5％にあたり、20人に1人が小学生だということになります。そして、彼ら／彼女らを教えるために、日本中で実に42万人（正規採用された教員のみ）の教師が小学校で働いているのです。

1クラスの子どもの数は40人以下と決まっていますが、実際の数は学校によって、あるいは同じ学校でも学年によって異なっているのが現状です。小学校の1学級あたりの児童数は統計上は25.4人となっていますが、地域によってはいまだに40人学級が存在しているところもあれば、子どもの数が少なくてわずか10人ほどで学んでいるような学級もあります。

小学校の6年間と、中学校の3年間をあわせた9年間は義務教育と呼ばれています。義務教育の9年間は授業料を払う必要がありません（義務教育の無償）。

給食費や教材費，PTA会費などは払わなければなりませんが，誰もが義務教育を受けられるように，経済的な負担を免除しようという考えがここにはあります。義務教育についてはあとでもう少し詳しく説明したいと思います。

❀ 中 学 校

1）中学校の数と中学生の数

13歳となる年度の4月からは中学生となります。中学校も義務教育で，地域の公立中学校へ進学するのが一般的ですが，なかには私立や国立の中学校に通う人もいます。

全国の中学校の総数は1万864校で，そのうち92.5％にあたる約1万校が市町村立の公立学校です。私立学校は745校（6.9％），国立の中学校が75校（0.7％）です（図表2−2参照）。この1万校以上の中学校に通っている中学生の数は2008年度では全国で360万人でした（ちなみに，男子中学生は183万9千人，女子中学生が176万1千人）。

この360万人の中学生を25万1千人（正規採用された教員のみ）の教師たちが毎日教えています。小学校の場合，先生といえば圧倒的に女性が多いのですが，中学校では逆に男性教員のほうが多くなっています（図表2−3参照）。

● 図表2−2
都道府県別中学校数（2009年度）

（単位：校）

北海道	684	滋賀	107
青森	173	京都	204
岩手	195	大阪	532
宮城	226	兵庫	398
秋田	134	奈良	119
山形	128	和歌山	142
福島	246	鳥取	65
茨城	244	島根	108
栃木	179	岡山	174
群馬	178	広島	282
埼玉	448	山口	180
千葉	406	徳島	96
東京	817	香川	86
神奈川	480	愛媛	144
新潟	244	高知	139
富山	84	福岡	379
石川	105	佐賀	103
福井	85	長崎	211
山梨	103	熊本	193
長野	202	大分	143
岐阜	201	宮崎	147
静岡	293	鹿児島	272
愛知	438	沖縄	163
三重	184	合計	10,864

出典：学校基本調査（文部科学省ホームページより）（一部改変）

● 図表2-3　小学校・中学校の教員の男女比 ●

	教員の総数	男性教員		女性教員	
		人数	%	人数	%
小学校	41.9万人	15.6万人	37%	26.3万人	63%
中学校	25.1万人	14.6万人	58%	10.5万人	42%

出典：2009年度学校基本調査より

2）中学校は部活動が盛ん

　中学校からは部活動が盛んになります。野球部、サッカー部、バスケット部、バレーボール部、テニス部などの体育系の部活動や、吹奏楽部や演劇部、放送部などの文科系の部活動などで、中学生の彼ら／彼女らは自分たちの目標に向かって毎日一生懸命頑張っています（図表2-4参照）。

　日本の中学生にとってスポーツといえば学校単位でおこなう部活動がイメージされますが、外国では地域のクラブチームでスポーツを楽しむ中学生・高校生もたくさんいます。

● 図表2-4　中学校・高等学校における運動部への所属率 ●

（2006年）

区分	運動部所属率（％）		
	男子	女子	計
中学校	76.4	55.0	66.0
高等学校	53.2	26.6	40.1

出典：平成18年版　文部科学白書

高等学校

1）多様な高等学校

　高等学校のシステムは小学校や中学校とはだいぶ異なっています。まず高等学校はどのような形態で学ぶかによっていくつかの種類に分けることができます。小学校や中学校と同様に朝学校に登校して夕方まで学ぶ形態は**全日制課程**と呼ばれています。全日制の高等学校には322万8千人の高校生が在籍していますが、夕方から夜にかけて学校に通って勉強する**定時制課程**の高等学校も

あって，そこでは11万1千人が学んでいます。定時制高校に通う高校生には，昼間は働いて夜学校に通って勉強する人も多いようです（図表2-5参照）。またそのほかにも，基本的には通信教育で勉強し，学校には定められた回数だけ登校すればいいという**通信制課程**の高等学校も全国には205校存在しています。

● 図表2-5　高等学校（全日制・定時制）の都道府県別学校数（2008年度）●

単位：校

	合計	全日制	定時制	併置		合計	全日制	定時制	併置
北海道	315	264	12	39	滋賀	58	51	3	4
青森	88	76	3	2	京都	105	90	7	8
岩手	87	76	3	8	大阪	272	244	11	17
宮城	107	92	9	6	兵庫	218	190	16	12
秋田	63	56	1	6	奈良	53	44	3	6
山形	68	63	1	4	和歌山	54	41	5	8
福島	114	107	5	2	鳥取	31	27	2	2
茨城	135	121	3	11	島根	49	45	1	3
栃木	80	72	2	6	岡山	91	79	12	―
群馬	81	67	2	12	広島	135	113	3	19
埼玉	203	171	4	28	山口	90	76	1	13
千葉	189	171	―	18	徳島	42	36	1	5
東京	438	345	21	72	香川	43	30	1	12
神奈川	238	211	2	25	愛媛	71	57	4	10
新潟	108	98	8	2	高知	49	34	4	11
富山	58	52	5	1	福岡	168	144	5	19
石川	63	56	5	2	佐賀	44	37	―	7
福井	39	31	3	5	長崎	83	75	2	6
山梨	45	37	2	6	熊本	85	76	―	9
長野	108	85	4	19	大分	64	57	1	6
岐阜	82	71	3	8	宮崎	59	53	2	4
静岡	145	121	2	22	鹿児島	99	97	―	2
愛知	222	189	3	30	沖縄	66	58	1	7
三重	78	65	4	9	合計	5,183	4,451	192	540

※「併置」とは，全日制と定時制の両方の課程を設置している学校をいう。
出典：学校基本調査（文部科学省ホームページより）（一部改変）

小学校や中学校の場合，公立学校といえば市町村が設立する学校をさしますが，高等学校の場合，公立とは県立学校のことを意味します。そして，小学校・中学校では公立学校が全体の90％以上を占めていたのに対して，高等学校では依然公立学校が多いものの，私立学校の割合も高まっています。2008年度には全国の高等学校の数は5183校で，そのうち公立が3846校（74.2％），私立が1321校（25.5％），国立が16校（0.3％）となっています。

２）学ぶ内容によって学校が違う

　また，高等学校は学ぶ内容の違いによっていくつかの種類に分けられます。一番生徒の数が多いのが普通教育をおこなう**普通科**なのですが，それ以外にも，**工業科**や**商業科**，**農業科**，**家庭科**，**看護科**，**福祉科**，**水産科**，**情報科**など多様な専門教育に応じた学校があります。また近年，普通科の新しいかたちとして**総合学科**というのも誕生し，2008年には全体の５％を占めるまでになっています。

　したがって，高等学校で学ぼうと思う人は，学ぶ形態（全日制か定時制か通信制か），学ぶ内容（普通科か，それともそれ以外のどの専門か），そして公立学校か

● 図表２-６
高等学校（全日制課程）学科別生徒数

学科名	生徒数（人）	割合
普　通	2,354,153	72.6％
農　業	85,844	2.6％
工　業	252,919	7.8％
商　業	214,141	6.6％
水　産	9,458	0.3％
家　庭	42,762	1.3％
看　護	12,950	0.4％
情　報	2,548	0.1％
福　祉	9,972	0.3％
その他	101,129	3.1％
総合学科	158,167	4.9％
計	3,244,043	100.0％

出典：平成22年度学校基本調査（速報）より

● 図表２-７
高等学校（定時制課程）学科別生徒数

学科名	生徒数（人）	割合
普　通	77,040	66.4％
農　業	1,854	1.6％
工　業	13,750	11.8％
商　業	7,231	6.2％
水　産	―	―
家　庭	666	0.6％
看　護	340	0.3％
情　報	236	0.2％
福　祉	37	0.0％
その他	981	0.8％
総合学科	13,932	12.0％
計	116,067	100.0％

出典：平成22年度学校基本調査（速報）より

私立学校かを決めなければなりません。でもこのことは、それだけ多様な可能性が目の前に広がっていて、高校という制度はその可能性の実現を手助けするためにあるのだということの証でもあるのです（図表2-6・図表2-7参照）。

通信制課程の学校数は全国に205校（協力校も406校）あり、18.6万人が学んでいます。通信制課程を含めた高等学校等進学率は、実に97.9％に達しているのが現状です。

また、高等学校へ行かなくても、専修学校で学ぶという方法もあります。専修学校では、医療関係、文化・教養関係、工業関係、衛生関係、商業実務関係、教育・社会福祉関係、服飾・家政関係、農業関係などが学べます。

✿ 大学・大学院

１）大学の数と大学生の数

2008年度には106.4万人もの生徒が高校を卒業しました。そしてそのうち57.3万人が大学へと進学しました。これはこの年の高校卒業者全体の53.9％にあたります。つまり、高校卒業者の半数以上が大学へと進学していることになります。大学はそれだけみなさんの身近な学びの場となっているのですね。

大学は全国に773校存在し、その内訳は国立大学86校、公立大学92校、私立大学595校となっています（通信教育のみをおこなう私立学校6校を除く）。国立大学というのは古い名称で、現在は正式には国から独立した国立大学法人が運営する大学ということになっています。ただ、一般的にはいまだに国立大学と呼ばれることが多いので、本章でも国立大学という名称を使用します。

２）大学にあるいろいろな学部

大学は専門的な知識を深く学ぶところです。大学はいくつかの学部から構成されていて、一般的な学部としては文学部、法学部、経済学部、教育学部、理学部、工学部、農学部、医学部、歯学部、薬学部などがあります。また、専門性の多様化から、現代コミュニ

ケーション学部，図書館情報学部，観光学部，環境科学部，生命科学部，生物資源科学部，看護福祉学部，スポーツ科学部などもあります。さらには，マンガ学部や映画学科といった大変ユニークな学部・学科もあります。

3）大学を卒業してもまだ学べる

勉強があまり好きではない人がいる半面，世の中には大学を卒業してもさらに専門的な知識を学びたい，研究をもっと進めたいと思う人もいます。大学を卒業した後にいく「大学」もあるのです。それが**大学院**です。

大学院には2種類あって，大学を卒業してさらに2年間通う**修士課程**と，修士課程修了後にさらに3年間の**博士課程**があります。最近は修士課程に進む学生も増えています。2008年度には，およそ6.8万人が大学院等へ進学しました。これはその年度の大学卒業者数の12.2％にあたります。

また近年では，科学技術の進展や社会・経済のグローバル化にともない，社会的・国際的に活躍できる高度な専門職業人の養成を目的とした専門職大学院も誕生しました。研究に重点をおく修士課程とは少し異なり，専門職大学院では高度で専門的な職業能力を育成するという実践的な関心が強調されています。弁護士・裁判官・検察官を養成する法科大学院や，教員養成を目的とする教職大学院のほかに，ビジネスや会計，公共政策，公衆衛生などの分野でも設置されています。

大学院博士課程まで修了する人は一体何年間学校に通うことになるのでしょうか。小学校6年間，中学校3年間，高等学校3年間，大学4年間，大学院修士課程2年間，大学院博士課程3年間を合計すると，21年になります。長いですね。

練習問題

図表2-1・図表2-2を用いて，あなたの都道府県の小・中学校の数を確認してみましょう。また，図表2-6・図表2-7を参照して，高等学校で何を学びたいか考えてみましょう。

3 義務教育は何のために

翔太も美咲も自分たちの通っている中学校が大好きです。でも，翔太は学校の勉強が好きというよりも，友だちと遊ぶことが好きなので，なぜ学校に行かなければならないのか，実はよくわかりません。学校に行かないと将来困るかもしれないということは想像できても，なぜ学ばなければならないのかときかれると，ちゃんと答えることができないのです。あなたはどうですか。

❀ 義務教育は誰の義務？

義務教育という言葉はみなさんもよく知っていることでしょう。小学校・中学校の合計9年間の学校教育は，社会に出ていくために最低限必要なことを学ぶことを目的としていて，そのために授業料は無料となっています。だから，すべての子どもたちは学校へ行って勉強する義務がある，と思っていませんか。

ところが，子どもには「学校へ通う義務」はないのです。義務教育の「義務」とは子どもの義務をさしてはいないのです。では，誰の義務か。それは大人（親・保護者）が子どもに「**教育を受けさせる義務**」なのです。日本国民には3つの義務があるといわれています。それは勤労の義務と，納税の義務，そしてこの教育を受けさせる義務であり，義務教育はこの「教育を受けさせる義務」，つまり親の子どもに対する義務からきている名前だったのです。

では，子どもに対しては義務ではなくて何があると思いますか。「**教育を受ける権利**」があるのです。しかもこの権利は日本国憲法によって保障された権利なのです。もう一度くり返しますね。子どもにあるのは「教育を受ける権利」です。

義務教育はなぜ無償なのか

　すべての子どもがこの「教育を受ける権利」を行使できるためには何が必要でしょうか。

　たとえば，小学校へ通うのに毎月1万円の授業料が必要になったら，どうなるでしょう。毎月1万円の授業料を払える家庭もありますが，経済的に貧しい家庭には負担となります。それに，もし兄弟が3人いれば毎月の授業料は3万円となってしまいます。そうすると，経済的な理由で学校へ通えない子どもがでてきてしまいます。これでは，すべての子どもがもっている「教育を受ける権利」を実現することはできませんね。だから，家庭の経済状況にかかわらず，すべての子どもが教育を受けられるように，義務教育の9年間は授業料が**無償**となっているのです。

　ただし，実際には，給食費やPTA会費，教材費，遠足や修学旅行の費用などはかかるため，9年間まったくお金がかからないわけではありませんし，こうした費用が負担になる家庭があることも事実です。

義務教育の目的

　義務教育の目的は，一言でいえば，一人前の大人にする（なる）ことです。つまり，将来社会に出て働き，家庭をもち，社会活動に参加し，私たちの国や社会を支えていく国民・市民となれるように，最低限の知識や文化をすべての子どもたちに身につけさせることが，小・中学校の目的なのです。

　この目的にはつぎのような意味が込められています。小・中学校段階の子どもたちにとって，自分がどのような仕事に就くのか，そしてどのように人生を暮らしていくかということはまだ漠然としていて，はっきりとしたイメージは持ちにくいはずです。また，どのような仕事に就きたいか，どのような家庭を築きたいか，そしてどのような人生を送りたいかということは，人それぞれです。だから，そういう個別のビジョンとは別に，「すべての人に共通する大切なこと」を学校で教えるのです。

学校の勉強はなぜつまらないのか

　でも，学校の勉強がつまらないと感じる人もいるかもしれませんね。実は，

学校の勉強がつまらないと感じる理由のひとつは，この義務教育の目的のせいだといったら，驚きませんか。

たとえば，ピアノ教室に通うのはピアノが上手になるためですし，珠算教室に通うのはそろばんが上手になるためという目的がはっきりしています。でも，「すべての人に共通する大切なこと」という義務教育の目的は，具体的なイメージをもちにくく，そのめざすところがあいまいになりやすいのです。

それに，ピアノ教室や珠算教室に通う人は，ピアノやそろばんがうまくなりたいという動機をもってやってきます。また，そういった教室では嫌になればやめることもできます。でも，小・中学校は行きたいから行っているのでもなければ，やめたいと思ってもやめることはできません。だから，学校で「なぜ私がこれを勉強しなければならないの」と思う人がいても，それは当然のことなのかもしれません。

❀ 義務教育の意義

では，一人ひとりが目的意識をはっきりとは持ちにくいこの義務教育制度は間違いなのでしょうか。

いいえ，そうではありません。義務教育が特別な能力や特別な仕事に就くための教育ではないというのは，人間という存在がそもそも**本質的に自由で潜在的な可能性に満ちあふれた存在**であるという事実に由来しているのです。

人間は「大人になったらこうなる」という将来があらかじめ定まってはいない存在です。つまり，将来が決まっていないという意味で，子どもは何にでもなれる**「可能性の塊」**なのです。それが子どものもっている人間の本質的な自由なのです。もちろん，人は誰もがなりたい仕事に就いたり自分の望む人生を歩めるわけではありません。しかし，生まれながらに「この仕事にはつけない」とか「こうした人生は送れない」と決まっている未来はないのです。そういう意味で，みなさんの前には可能性という未来が開けているのです。

✎ 練 習 問 題

小・中学校の義務教育の目的は，社会に出ていくために最低限必要なことを学ぶことだと述べました。ここでいう「社会に出ていくために最低限必要なこ

と」とは，具体的にはどのような内容をさしていると思いますか。みんなで討論してみましょう。

4 不登校について

🍀 「学校へ行くのはあたりまえ」はあたりまえ？

この章の最初でも触れたのですが，私たちの社会では，子どもが学校に行くことはとてもあたりまえのことだと思われています。でも，子どもが学校へ行くことがあたりまえのことになったのは，ここ100年ちょっとのあいだのことなのです。

日本の近代学校制度が初めて整備されたのが1872年，学制という法律の制定によります。その後，日本の学校は文明開化や富国強兵といった明治という時代の原動力となっていくのですが，それでも小学校の就学率が90％を超えるようになるのは，1900年になってからなのです。

🍀 不登校の統計上の実態

文部科学省の調査によると，2009年度の不登校者数は小学校２万2000人，中学校10万人で，合計12万2000人となっています。世間やマスコミでは不登校が年々増加していると危機感を募らせていますが，統計上はここ10年近くは横ばいという状況が続いているのが実情です。それというのも，定義上，年間30日以上の**長期欠席者**のうち，病気や経済的な理由による欠席を含まないものが不登校と分類されるため，30日未満の欠席者は統計上は不登校とは呼ばれないことが，学校関係者の実感とズレを生じさせているのかもしれません。

不登校に比べてあまり知られていませんが，病気が原因で年間30日以上欠席している児童生徒が小学校・中学校で６万人程度存在しています。不登校の子どもたちだけでなく，こうした子どもたちへの学習機会の保障も本来は重要な課題なのです。

🍀 もしも，不登校になってしまったら……

もしも学校へ行くのが嫌になったり，学校へ行きたくても行けなくなったり

したらどうしたらよいのでしょうか。

　大丈夫です。お父さん，お母さん，おじいちゃん，おばあちゃん，兄弟や友だち，先生，あなたの周りの人たちのなかに，きっとあなたの話をきいてくれる人がいるはずです。

　もし，話のできる人があなたの周りにいなかったら，カウンセラーに相談してみてください。多くの学校にはスクールカウンセラーという人がいて，あなたの話をちゃんときいてくれて，あなたの心をしっかりと受けとめてくれるはずです。

　また，不登校の子どもたちに柔軟に対応するために，教育委員会は「教育支援センター」（適応指導教室）の設置を進めています。ここでは，学校復帰に向けた指導・支援がおこなわれています。

✿ 学校だけが学ぶ場ではない

　でも，学校へ復帰することだけが不登校の「解決」なのではありません。2003年に出された報告書「今後の不登校への対応の在り方について」では，不登校の解決の目標は子どもたちの将来的な「社会的自立」であり，「その意味においても，学校に登校するという結果のみを最終目標にするのではなく，児童生徒が自らの進路を主体的にとらえ，社会的に自立することを目指すことが必要である」とあります。

　正確な数はわかりませんが，日本にもフリースクールやフリースペースと呼ばれて，不登校の子どもたちを受け入れてくれる居場所が数百ケ所あるといわれています。ここでは，日本でもっとも有名なフリースクールである「東京シューレ」を紹介しましょう。

　もし，子どものための教育機関が「学校」以外にも多様にあれば，子どもは自分に合った教育の場でいきいきと育つことができるでしょう。東京シューレはこういった思いから，学校以外の多様な教育の場のひとつとなることをめざして設立されたそうです。

　だから，東京シューレでは誰もが安心していられる居場所であることを第一に考え，そのなかで子どもたちがやりたいことを自分たちで決めて企画し実現することが大切にされているといいます。フリースクールというと自由放任と

いうイメージもありますが、子どもたちは自己決定を尊重され自由が大切にされると同時に、それにともなう責任も学ぶのだそうです。

また、高校を卒業していなくても、**高校卒業程度認定試験**に合格すれば高校卒業の資格が得られます。この資格を取得すれば、大学入学試験も受験することができるようになります。

このように、学ぶ意欲さえあれば、学校以外にも学ぶ機会はたくさんあるのです。

練習問題

「学校へ復帰することだけが不登校の『解決』なのではありません」と本文で述べていますが、それはなぜですか。

5 入　試

　　試験が好きな中学生はあまり多くないでしょう。翔太と美咲もそうです。ふたりは時々、「高校入試なんてなければいいのに」と話しています。そのうえ、せっかく高校入試が終わっても、また3年後には大学入試に苦しまなければならないなんて……。そう考えると心が暗くなってしまいます。入試なんてなくなってしまえ！あなたもそう思いますか。

❀ 大学入試センター試験

　大学へ入学するためには、入学試験を受けて合格しなければなりません。入学試験には、大学入試センターがおこなう**大学入試センター試験**と、各大学が独自に問題を作成し実施する試験があります。大学入試センター試験は、大学入学志願者の高等学校段階における基礎的な学習の達成の程度を判定することを主たる目的としています。試験科目には、国語、数学、理科、地理歴史、公民、外国語があり、受験する大学が指定した科目を受験します。ほとんどの受験生は外国語として英語を受験しますが、英語以外にもドイツ語、フランス語、中国語、韓国語を選択することもできます。

　大学入試センター試験は1月に2日間かけて実施されます。近年では、毎年50万人以上の受験生がこの試験を受けています。

❀ 入試はなぜ加熱するのか

　日本という社会では、大学入試という一度の選抜が人生のなかで非常に大きな意味をもつ社会であるように捉えられています。だからこそ、大学入試に失敗しないように早い時期から準備することが必要だという考えも自然に生まれてきます。そこで、大学入試に成功するためには大学入試に有利な高校への進学が鍵を握ると考えた人びとの間で、こういった高校への入学競争が過熱していきます。そうなると、そういった高校へ入学するために有利な中学校で学ぶことが必要だとか、進学に有利な中学校へ進むために評判のいい小学校へ、場合によってはそのための幼稚園、乳幼児教室へといかなければ……と、大学入試を最終目標とした進学競争の連鎖が生まれてしまうのです。

　しかも、すべての人に必要なことを教えるという普通教育の目的は、逆に、何のために（何になるために）学ぶのかという学ぶ目的をみえにくくしてしまいます。そんななかで、進学のため、試験でいい成績をとるために学ぶというのが学ぶ目的となってしまっているのは、皮肉なことかもしれません。

❀ 入試は民主的？

　こうした理由から、「試験」という言葉はみなさんにとってあまり気持ちのいい言葉ではないのでしょうね。でも、それでは試験のない世界だったらみなさんは幸せに暮らせるのでしょうか。

　たとえば江戸時代には試験という制度はほとんど必要とされてはいませんでした。なぜなら、学問を修めるために藩校へ入学したり、藩の重要な仕事に就くためには、試験においてよい成績を収め有能さを証明することではなく、身分や家柄や性別が重要だったからです。どのような身分・家柄・性別に生まれたかということを重視する考え方を**属性主義**といいます。それに対して、その人が示した能力や業績を重視する考え方を**能力主義**や**業績主義**と呼びます。日本の社会で能力主義や業績主義が採用されるようになったのは明治時代になってからでした。

　能力主義や業績主義は、人びとが生きてきたなかで努力して身につけたことや成し遂げたことが評価されます。しかし、属性主義では、生まれたときにその評価がすでに決まっていて、本人が努力するかどうかは評価と無関係です。

殿様になるためには藩を治める能力ではなく，殿様の家に男として生まれることが必要だったのです。

　想像してみてください。こういった制度がもし今の社会にあって，みなさんの将来も生まれたときにすでに決まっていたら，あなたはどう思いますか。そういった意味では，試験のある社会は平等で民主的だということもできるのです。

　ちなみに，こうした属性主義は平等の観点から日本国憲法においても明確に否定されています。憲法ではつぎのように記されています。「すべて国民は，法の下に平等であって，人種，信条，性別，社会的身分又は門地により，政治的，経済的又は社会的関係において，差別されない」。

🍀 大学はみんなの学ぶ場

　2010年度には現役・過年度生を含めて，56.8％の人が大学（4年制）・短期大学（2年制）へと進学しました。つまり，同世代の半分以上がこうした大学へと進む時代となったのです。さらにいえば，大学・短大に専門学校を加えた高等教育機関への進学率はほぼ80％に達しています。こうした傾向は，大学などの高等教育機関が「選ばれた人のための教育機関」から「みんなのための教育機関」へと社会的な位置づけが変化してきていることを意味しています。

📝 練習問題

　高校入試や就職が属性主義によって決定されるとしたら，一体どうなるでしょうか。また，能力主義や業績主義ではどのような問題が生じるでしょうか。

6　学校で学ぶことの意味

🍀 人間は学習によって成長する

　「人間はなぜ学ばなければならないのか」。これはとても難しい問題です。完璧な答えではないかもしれませんが，つぎのように考えてみてはどうでしょうか。

　人間の赤ちゃんはほかの動物と比べて，無力な存在として生まれてきます。たとえば子馬が生まれてすぐに立って歩けるのに対して，人間の赤ちゃんが立

てるようになるのはだいたい1歳ごろです。人間の赤ちゃんは生まれたとき，自分ではご飯も食べれないし，おむつを替えることももちろん無理です。赤ちゃんはひとりでは生きていけないのです。

動物の赤ちゃんが生まれてすぐに立つことができるのは，遺伝というかたちで親からその能力を受け継いで生まれてきたからだと考えられます。一方，人間は，遺伝よりもむしろ学習によって，つまり生まれた後の人生のなかでの努力によって，その能力を高めていきます。しかも，人間の能力，とりわけ知能は馬よりも高いといわれています。ということは，人間は子馬よりも能力的に劣る無力な存在として生まれてくるにもかかわらず，馬よりもはるかに高度な知能を身につけて大人になることが求められます（図表2-8参照）。このような能力の発達を可能にするのが学習なのです。つまり，学習とは，人間の本質的な特性なのだということができるのです。

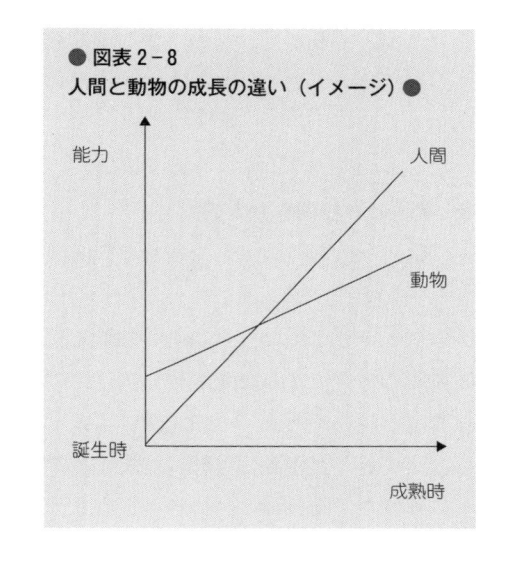

● 図表2-8
人間と動物の成長の違い（イメージ）●

🍀 学習と自由な人生

「必要な能力を遺伝で獲得できたら，学習なんてしなくてすむから楽なのになあ」。そう思っている人はいませんか。たしかに遺伝ならば生まれたときにすでに獲得されているので本人の努力は必要なくなるのですが，それは逆にいえば，未来の姿が生まれたときにすでに決まっていて，本人の夢や希望，努力によってもそれは変わらないということにもなります。学習によって成長する可能性があるということが，人生を自由に選んで成長していく自由を支えているのです。つまり，学習の可能性が人生の可能性を広げてくれているのです。

また，大人になるということはすべての子どもに求められます。だから，すべての子どもが大人になれるように，彼らの学習をサポートする制度が必要と

なります。それが学校なのです。義務教育制度が整備され，小・中学校の授業料が無償なのも，すべての人が一人前の大人になることをサポートするためなのです。

🍀 学習の一般的なかたち

では，一人前の大人になるために必要な学習とはどのようなものなのか考えてみましょう。

学習というと通常，学ぶべき知識を教師が教え，子どもがそれを理解して暗記することを意味します。そして，その理解や暗記が確実になされたか確認することが試験であり，その試験によってどの程度理解できたか，暗記できたかを測定することが評価と呼ばれます。

こうした考え方には，つぎのような前提が存在しています。

①こうした知識はいつまでも変わることなく重要である（それを一度身につければ大人になってもずっと変わらず役に立つ）。

②こうした知識の習得とはそれを暗記しているということである（頭のなかに入った知識を紙のテストのうえで再現できなければ，習得したとはいえない）。

たとえば，掛け算の九×九が頭のなかにしっかりと入っていなければ計算するのに時間がかかります。

🍀 これから重視される学習の形態

でも，科学は進歩します。社会のしくみも時代とともに変わっていきます。だから，学校を卒業した後でもそうした新しいことを自分で学ぶ力が必要なのです。今後社会がどのように変わるか誰も正確に予測することなどできません。だから，未来の社会でどのような問題が発生し，その解決のためにどのような知識や能力が必要となるのか，わかりません。また，未来では社会がどのような考え方を基盤にしてどのように変化していくのかも未知数です。

これは明るい未来の話ばかりでもありません。今から40年ほど前の1970年代，石油資源の枯渇や自然の乱開発，公害などが環境問題としてすでに注目されていましたが，それでも未来は今よりも科学が進歩し，社会は発展し，人び

との生活はより幸せになるだろうとみんなが思っていました。でも，40年先の未来が今よりも幸せでいられるかどうか，本当のところわからないという不透明な時代が現代だともいえます。こうした状況では，既存の考え方を大量に知っているだけでは不十分で，これまで以上に自分たちで新しく考え出す能力が求められているのです。

🍀 批判的な思考力を身につけよう

　もちろん，過去の知識を学ぶことが無意味だといっているのではありません。この不透明な時代では，自分たちで新しく考え出す能力が求められていると書きましたが，私たちはいかなる知識も存在しない「無」の状態から新しい知識を創造することは不可能です。過去の知識や文化を学ぶことを通して，それがどのような社会的・歴史的背景のなかで登場したのか，それはどのような便利さとどのような問題を生み出してきたのか，そしてそこからどのように飛び立って新しい地平を切り拓いていくか，考えることができます。私たちは，過去の知識「を」学ぶのではなく，過去の知識を「通して」学ぶべきなのです。

　こうした学びのスタイルをここでは**批判的な思考力**と呼ぶことにします。批判的な思考力とは，教科書に書かれている知識を重要な知識だからといって片っ端から暗記してテストで書けることよりも，教科書に書かれている知識はなぜそうなのか，またそれはなぜ学ぶ必要があるのか，自分の頭で考えて理解して，自分のものにすることを意味します。そのためには，「教科書の知識だから正しい」「重要な知識だ」と鵜呑みにするのではなくて，本当にそうなのか疑ってみることも必要となってきます。

　それは決して，今ある知識や常識をすべて否定しなさいといっているのではありません。今の社会の常識を疑ってみたものの，やはりそれは重要であると自分なりに理解したならば，それも批判的な思考だといえるのです。

🍀 自律した人間になる

　考えてみれば，今私たちが住んでいる社会も，この世界も，欠陥がひとつもない完璧なものではありえません。どのような考え方，法律，社会のしくみであれ，望ましい効果を発揮するとともに，望ましくない作用や状況も引き起こ

してしまいます。だから私たちは前の世代からこの社会を受けとって、そっくりそのまま何ひとつ変えずにつぎの世代へと引き渡せればよいわけではありません。問題は改善し、この社会をよりよいものへと近づけていかなければなりません。それが、社会の構成員の責務なのではないでしょうか。だから、批判的な思考力が必要なのであり、それを身につけて自分の頭でしっかりと考え判断し行動できる人間、すなわち**自律した人間**を育てることが、教育の目的だとされるのです。

練習問題

批判的な思考とは何でしょうか。そして、それはどのようにしたら身につくでしょうか。考えてみましょう。

7 学校は何のためにあるのか

♣ 学校はあなたと世界をつなぐ

先ほども述べたように、人間は生まれたときには将来何になるか決まっていないという未確定な存在であり、子どもの未来は「何になりたいか」という自由な世界に開かれています。しかし、当の子どもは「何になりたいか」という未来を抱くために必要な情報、すなわち「世界がどうなっているか」ということさえよく知りません。大人になるためには世界を知る必要があるのです。

人間は自分が育った環境から大きく影響を受けて成長します。それはとても大事なことなのですが、半面、生活していた世界を飛び出して広く世界を知ることも必要となります。

学問に興味のある人があなたの周りにいなくて、学問に触れる機会が生活のなかにありそうもない人でも、学校教育のなかで学問に触れることができます。

文学に興味のある人があなたの周りにいなくて、文学と出会う機会が生活のなかにありそうもない人でも、学校教育のなかで文学と出会うことができます。

楽器に興味のある人があなたの周りにいなくて、楽器を演奏する機会が生活のなかにありそうもない人でも、学校教育のなかで楽器を演奏する機会があります。

　そのほかにも学校では、外国に行ったことがなくても、外国のことを知り、興味をもつことができるし、スポーツが苦手でも、いろいろなスポーツを体験することができます。

　学校は、さまざまな世界へと通じている「扉」なのであり、学校はあなたとさまざまな世界をつなぐのです。

　学校で学ぶ知識が生活で役に立たないという批判も、このことに関係しています。自分の生活で実際に役に立つ知識とは、自分の生活している世界に関する知識です。それに対して、実際の生活で役に立たない知識というのは、自分が生活している世界を超えて、広い世界にあなたを誘う知識なのです。

🍀 社会には子どもが必要

　最後にもう一度、本章の冒頭の問いに戻りたいと思います。なぜ学校のない社会がイメージできないほど、社会は学校を必要としているのでしょうか。

　特殊な才能を伸ばし、社会に貢献するためならば、一握りのエリートのための学校があればそれでいいはずです。なぜ、みんなが学校へ通って勉強するという今の学校制度が必要とされているのか。それは、すべての子どもが将来、一人前の市民としてこの社会を担っていくべきだと考えられているからなので

す。学校はあなたを社会へと導いていく制度であり，あなたと社会をつなぐ「扉」なのです。

では，この社会を将来担うということは，どういうことを意味するのでしょうか。今のこの社会の伝統や文化，文明をそのまま継承し，それを次世代へと伝承すればよいのでしょうか。答えは「ノー」です。今の社会をそのまま継続するだけなら，そこに進歩や発展はありません。あなたがこの社会を担うということは，この社会を今以上によりよいものへと改善していくということなのです。

今の社会には良い面がたくさんあります。でも，良くない面，まだまだ良くなる面，もっともっと良くしなければならない面もあります。このような今の社会をつくったのが大人ならば，それを改善することが適任なのは，そのような大人とは異なる次世代の子どもたちではないでしょうか。つまり，今の社会の大人とは異なる異質な他者が社会の発展には必要なのであり，その異質な他者である子どもたちを社会へと導くのが大人の役割であり，学校の役割なのです。子どもたちには，今までの社会の構成員とは異なる視点からこの社会をよりよく改善していくことが期待されているのです。

練習問題

あなたにとって，学校はどのような世界とあなたをつなぐ「扉」だといえますか。学校は，あなたをどのような世界とつないでいますか。

おすすめの文献

① 奥地圭子『不登校という生き方——教育の多様化と子どもの権利』（日本放送出版協会，2005年）
　　わが国の不登校の歴史もたどりながら，著者の奥地さんは不登校や学校制度に向けられるまなざしの転換の必要性を訴えています。彼女が代表を務める「東京シューレ」の紹介も交えて，本書では学校への復帰にこだわらず，「学校へ行かない生き方」の可能性が示唆されています。

② 黒田恭史『豚のPちゃんと32人の小学生——命の授業900日』（ミネルヴァ書房，2003年）

この本の著者である黒田先生が大阪の小学校で実践した2年間の記録。黒田先生は1990年に自分のクラスで「豚」を飼育することになった。餌やりと掃除など毎日大変なこともあるが，クラスの子どもたちに支えられて「Pちゃん」と名づけられた豚は文字通り大きく育っていく。そして，卒業を間近に控えた子どもたちに，「Pちゃんをどうするか」という難問が立ちはだかる……。命の教育の難しさを改めて感じるとともに，小学生の考える力，議論する力をみくびっていた自分に気づかされた。「ブタがいた教室」というタイトルで2008年に映画化もされています。

③「学校」（山田洋次監督，1993年，日本）
　夜間中学校を舞台に，西田敏行さん扮する教師と，そこに通うそれぞれに悩みや痛みをかかえて必死で生きている生徒たちが織り成す人間ドラマがとても感動的な映画です。この映画を観終わったあとには，「学校っていいところだなぁ」と思えることでしょう。でも，夜間中学校に通う生徒たちの苦労や痛みを直視すれば，学校教育が決して見逃してはならない問題もみえてくるはずです。「学校Ⅱ」(1996年)，「学校Ⅲ」(1998年)，「十五才　学校Ⅳ」(2000年)と続編もあります。

④「陽のあたる教室」（スティーブン・ヘレク監督，1995年，アメリカ）
　音楽教師の半生を描きながら，彼の教える高校生たちがさまざまな世界へと羽ばたいていく姿と，そこにかかわる教師の姿を描いた作品です。多少ドラマティックに描かれてはいますが，教師っていいもんだなあと感じさせる映画だと私は思います。学校を「未来の仕事場」として捉えるきっかけになるかもしれませんね。主人公の音楽教師が，耳の不自由な息子のためにジョン・レノンの「ビューティフル・ボーイ」を演奏するシーンは感動します。

3

私たちの経済

1 経済とは何か

① 翔太は，毎月25日発売の音楽雑誌を購入するために，学校の帰りに美咲と一緒に書店に立ち寄った。雑誌の値段は毎号定価1000円であった。ところが，今月号は彼のお気に入りのバンドの特集号で，特別定価1800円となっていた。翔太はお目当ての雑誌を片手に，何か悩んでいる様子だった。

美咲：買わないの？
翔太：財布には2000円しか残ってないんだ。来月にならないと，お小遣いももらえないし……。
美咲：2000円ならその雑誌を買えるじゃない。
翔太：明日，クラスの仲間と数人でカラオケに行く約束をしてるんだ。だから，これを買ってしまうと，カラオケに行くのは無理かなと思って……。

② 美咲は，お母さんとお兄さんとの3人で，温泉旅行に行く計画を立てている。お母さんは，旅行費用を貯める必要があるから，会社の人たちと食事に行く機会を減らすという。

兄　：バイト代の一部を旅行費用に使ってくれていいよ。
美咲：本当は，お小遣いの金額をあげてほしいなと思っていたんだけど……。温泉には行きたいし，我慢するね。

🍀 あなたの経済

あなたは，雑誌や衣服を購入するときに，または，音楽鑑賞やスポーツ観戦のためにチケットを購入するときに，それらの代金となるお金をどこから手に

入れて支払うでしょうか。家族からお小遣いとしてもらったお金や，親戚からもらったお年玉を使って，さらには，アルバイトをして得たお金を使って，それぞれの代金を支払うことになるかもしれませんね。

　私たちは，衣食住に必要とされるものや，趣味や余暇を楽しむためのものなど，多くのものを消費しながら暮らしています。お金で買うことができるのは，衣服や食料品，自動車や建物といった，目に見えるかたちのある**財**と，病院で治療を受けたり，映画館で映画を観たり，カラオケボックスでカラオケをしたりするような，かたちのない**サービス**に分けることができます。

　私たちが日々の生活のなかで財やサービスを手に入れ，そしてこれを消費するためには，まずこれらの財やサービスが生産されなければなりません。もちろん，私たちは自給自足の生活を送ることができる環境にないかぎり，財やサービスについてすべて自分の手で生産することはできません。そこで，他人が生産したものについて，私たちはお金（貨幣）と引換えに**売買**をおこなうことで，財やサービスを消費することが可能となります。このように，財やサービスの生産，流通および消費のしくみ全体のことを**経済**といい，そのような財やサービスを交換する場のことを**市場**といいます。

　財やサービスがつくられ（生産），販売され（流通），消費されることで成り立つ人間の活動を**経済活動**といいます。あなたが，たとえば「財布にあるお金」という限られた条件のもとで，そのお金をどのように使おうかと取捨選択をくり返しながら行動することが，経済活動の基本となります。どうしても欲しいものであれば，そのような財やサービスをなんとかして手に入れたいという欲求は誰にでもあることでしょう。しかし，あなたの使えるお金の額はかぎられています。お金を使うためには，このような無限の経済的な欲求のなかから，この欲求ができるかぎり満たされる財やサービスを，あなたは選択しなければなりません。

🍀 あなたの家族の経済

　家族の一員であるあなたの経済は，あなたの家族の経済によって支えられています。その意味で，あなたの経済は，あなたの家族の経済に大きく依存しているといえます。あなたが，家族や個人として，消費生活を営む経済活動の単

位のことを**家計**（かけい）といいます。ひとつの国の経済は，家計，企業，そして政府（国や地方公共団体）という，3つの経済主体によって形成されています。これらの3つの経済主体が，お金，人，財やサービスといった限られた資源のなかから，どのように使えばよいかについて取捨選択をくり返しながら，お互いの関係を深めていくことになります。その結果として，ひとつの国の経済が形成されることになります。これを**国民経済**といいます。

家計は，家族のなかで働き手となる人が，企業に雇われて労働力を提供し，その対価として，企業から賃金としてお金を受け取ることになります。そして，受けとったお金を使って，衣服や食料品といった生活に必要な商品（財やサービス）を手に入れるために，企業に対して商品の代金を支払うことになります。また，政府に対して税金や社会保険料を支払うことで，政府から公共サービス（教育，警察，道路，公園など）の提供や社会保障を受けることができます。

さらに，所得のうち残ったお金を，自動車やマイホームを買うときのために，あるいは交通事故や病気，災害に遭ったときに必要となる費用を確保しておくために銀行口座に預ける，つまり**貯蓄**（ちょちく）することもあります。

他方で，企業もまた政府に対して税金を支払うことで，政府から公共サービスを受けたり，補助金による支援を受けたりすることができます。人が労働力を失ったり，企業が倒産したりする場合には，そのような政府のサービスや支援が不可欠となります。

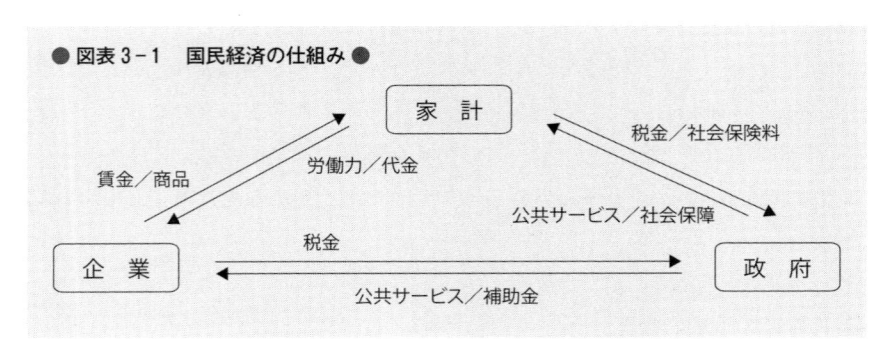

● 図表3-1　国民経済の仕組み ●

```
              家 計
         ↗         ↖
    賃金／商品    労働力／代金    税金／社会保険料
         ↖         ↗
                        公共サービス／社会保障
    企 業 ←――― 税金 ―――→ 政 府
         公共サービス／補助金
```

🍀 家計の収入と支出

家族に入る収入のことを家計の**所得**といいます。所得にはいくつかの種類が

あります。たとえば，家族（世帯主など）が，会社などで働くことで得られる給与が所得となります。もちろん，個人で農業や商店，工場などを営んで所得を得ることもあります。このほかに，家族が所有している財産，たとえば土地を他人に貸して，地代を借主から定期的に受けとることで所得を得ることもあります。また，お金を銀行等に預けることで得られる利子や，株式などの配当といったかたちで所得を得ることもあるでしょう。このほかに，公的年金や雇用保険といった政府から支給される所得もあります。家計がどのような項目に，どれだけのお金を使うかは，所得の多さ，家族の人数と年齢構成，生活の仕方などによって変わることになります。

家計の収入は，**実収入**と実収入以外の収入に分けることができます。前者は，賃金や事業収入，年金などをいいます。後者には，預貯金の引き出しや，借入金が含まれます。

また，家計の支出は，**実支出**と，実支出以外の支出に分けることができます。前者は，生活費となる**消費支出**と，税金や社会保険料などの**非消費支出**に分けることができます。後者には，預貯金や保険料，住宅ローンの返済などが含まれます。

● 図表3-2　家計の収入と支出 ●

1世帯（二人以上の世帯のうち勤労者世帯）当たり
1か月間の収入と支出（2011年4月）
世帯人員　3.41(人)　有業人員　1.66(人)　世帯主の年齢　47.3(歳)

【家計の収入】

実収入	454,433
世帯主収入	353,406
世帯主の配偶者の収入	46,461
他の世帯員収入	9,580
その他	44,986
実収入以外の受取（預貯金引出，借入金など。繰入金を除く）	401,774
繰入金	60,516

（単位円）

【家計の支出】

実支出	403,847	交通・通信	47,793
消費支出	324,744	教育	32,474
食料	64,758	教養娯楽	30,988
住居	21,072	その他の消費支出	72,189
光熱（電気・ガス）・水道	23,396	非消費支出（税金，社会保険料など）	79,103
家具・家事用品	9,184	実支出以外の支払（預貯金，借入金返済など。繰越金を除く）	455,270
被服および履物	12,695	繰越金	57,605
保健医療	10,195	黒字	50,585

（単位円）

出典：総務省「家計調査」

給料などの実収入から，税金など非消費支出を差し引いた残金を**可処分所得**といいます。いわゆる「手取り」といわれるものがこれにあたります。このなかから，食費や光熱費など，生活に必要な支出（消費支出）を差し引いた残りが，家庭にとって自由に使えるお金となります。

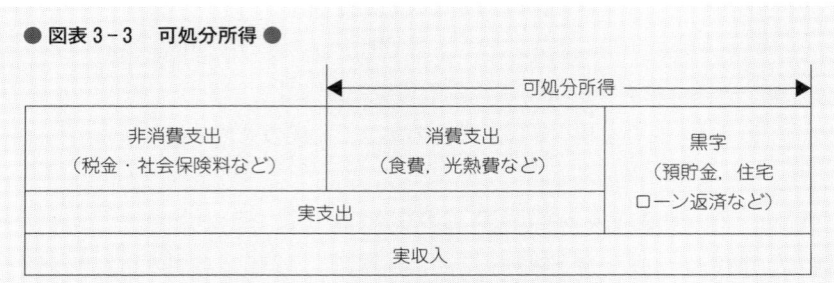

● 図表 3-3　可処分所得 ●

非消費支出 （税金・社会保険料など）	消費支出 （食費，光熱費など）	黒字 （預貯金，住宅 ローン返済など）
	←────── 可処分所得 ──────→	
←────── 実支出 ──────→		
←────────── 実収入 ──────────→		

＊2010年の勤労者世帯（サラリーマン世帯）の1か月の平均収入（実収入）は1世帯あたり52万692円。このうち，世帯主の収入は41万7281円で，実収入の約80％を占めています。実収入から，税金や社会保険料など世帯の自由にならない支出（非消費支出）を除いた，手取り収入（可処分所得）は42万9967円です。手取り収入のうち31万8315円が，食料や住居費などの生活費（消費支出）に使われ，その残り（黒字）の11万1653円が預貯金や生命保険金の掛け金のほか，住宅ローンなどの借金の返済に充てられています。

出典：総務省『家計簿からみたファミリーライフ』〔2011年8月〕

どのような家計のやりくりがおこなわれているかは，世帯の人数（単身世帯か二人以上の世帯か）や世代によって，ずいぶん異なります。

たとえば，2人以上の世帯の場合，世帯主が30歳未満である世帯ほど，家賃への支出が住居費の大半を占めています。これに対して，世帯主の年齢が高くなるほど，持家（マイホーム）率の割合が高くなってきます。

また，世代別の特徴としては，世帯主が30歳代の世帯の家計では，幼児関連費の割合が高くなります。子どもを出産したあとには，粉ミルクや紙おむつなど，育児に必要な費用や，保育所や幼稚園に通うための費用を用意する必要があるからです。世帯主が40歳代の世帯の家計では，子どもの成長とともに，授業料や教材への支出といった，教育費の割合が高くなっています。

練習問題

翔太の家族の家計簿をみると，収入より支出が多く，赤字になっています。翔太の家族の家計簿は，家計の収支と支出のバランスをどのように考えれば，美咲の家族の家計簿のように，収入が支出より多い黒字になるでしょうか。

翔太の家族の家計簿（父，母，翔太，妹）			
収入	給与	父	395,550
		母（パート）	85,000
	収入　計		480,550
支出	食料費		94,220
	水道・光熱費		24,880
	被服（ひふく）費		16,850
	保健衛生費（薬代など）		7,710
	教育費		30,000
	教養・娯楽費		24,650
	交際費（お祝いなど）		15,000
	交通・通信費		30,000
	小遣い（4人の合計）		40,000
	ローン返済（家）		65,000
	生命保険		35,550
	火災保険		6,000
	銀行の定期預金		30,000
	税金や社会保険料など		78,887
	その他		12,443
	支出　計		511,190
残高			−30,640

（単位円）

美咲の家族の家計簿（母，兄，美咲）			
収入	給与	母	335,540
	収入　計		335,540
支出	食料費		70,240
	水道・光熱費		16,225
	被服（ひふく）費		12,400
	保健衛生費（薬代など）		8,910
	教育費		25,000
	教養・娯楽費		14,050
	交際費（お祝いなど）		10,000
	交通・通信費		20,000
	小遣い（3人の合計）		25,000
	ローン返済（自動車）		10,000
	生命保険		25,285
	火災保険		5,000
	銀行の定期預金		15,000
	税金や社会保険料など		55,638
	その他		9,553
	支出　計		322,301
残高			13,239

（単位円）

2 物を買う

① 翔太は，朝，学校に行く途中にお店に寄って，昼食のおにぎりを購入した。昼休みにおにぎりをとり出した翔太は，がっかりした表情を浮かべていた。

　　美咲：どうしたの？
　　翔太：これを見てよ。中身が腐っていたんだ。
　　美咲：表示シールの日付はどうなっているの…… あら，賞味期限が切れてるじゃない。
　　翔太：お店で，ちゃんとしたものと交換してもらいたいけど，お店までの行き帰りの移動で昼休みの時間は終わってしまうし，何より，お腹ペコペ

コでそんな気分にもならないよ……。

② 美咲は，お母さんの誕生日プレゼントを買うために，お兄さんと買い物に出かけた。

　　兄　：そのネックレス素敵だね。プレゼントにいいんじゃない？
　　美咲：値段をよく見てよ。私のお小遣いで買えるわけないじゃない。
　　兄　：僕の財布にあるお金でも足りないね。クレジットカードで支払うことにするよ。代金は，来月25日に，銀行口座から自動的に引き落とされることになってるんだ。

🍀 契約とは何か

　私たちは，企業に労働力を提供する代わりに手に入れたお金を使って，企業が生産する財やサービスを購入し，これを消費する生活を送っています。このとき，さまざまな人との間で，さまざまな**契約**を交わすことで，このような経済のしくみが成り立っています。

　契約は単なる約束とは異なります。たとえば，美咲が，買い物につきあってもらうために，放課後に学校の正門で待ち合わせることを，翔太と約束していたとします。ところが，翔太はこの約束をすっかり忘れてしまい，美咲を学校に残したまま，クラスの友人とカラオケに行ってしまったとしましょう。

　翔太は，約束を破ったことについて，あとで美咲から怒られることでしょう。翔太は美咲に機嫌を直してもらうために，お詫びのしるしとして，彼女に何か買ってあげるかもしれません（その「何か」を選択するときにもまた，財布のなかに残っているお金の額で決まることになるかもしれません）。でも，このような翔太のうっかりミスについて，国家が，翔太に対して何か特別な制裁を加えるかというと，そのようなことはありませんよね。ところが，契約の場合には少し事情が異なります。この点について，つぎにお話しすることにしましょう。

🍀 物を買う契約：売買契約

　あなたは，日常生活を送るなかで，さまざまな財（以下では「物」という用語を使うことがあります）やサービスを利用し，消費しています。それらのほとんどすべてが，他人によって生産され，所有されていたものです。この点は，すでにお話ししたとおりですね。また，財のみならず，労働や役務といったサー

ビスについても，他人からそのようなサービスを得ることで大きな恩恵を受けています。つまり，他人から物を手に入れ，他人の物を利用し，他人のサービスに助けられることなしには，あなたの生活も成り立たないことになります。

では，あなたが他人の財やサービスを手に入れるために，どのような方法を考えることができるでしょうか。もっともなじみのある事例は，①他人の物を**買う**場合です。あなたが実際にいま手にもっている物や，これまでに受けとった物の大部分は誰かから買ったものである，といえます。

たとえば，翔太が昼食のおにぎりを購入するときには，お店とのあいだで売買契約を，（より正確には，お店の店員を通じて）交わしていることになります。このときの，**売主**がお店，**買主**が翔太，ということになります。

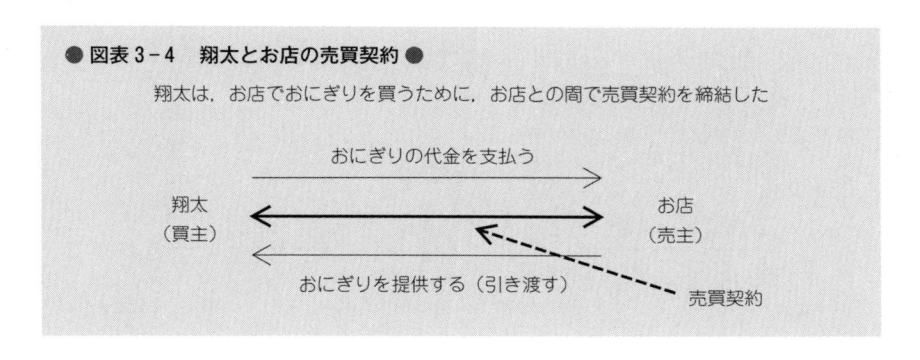

● 図表 3-4　翔太とお店の売買契約 ●

翔太は，お店でおにぎりを買うために，お店との間で売買契約を締結した

```
翔太　　　おにぎりの代金を支払う　　　　お店
（買主）←─────────────────→（売主）
　　　　おにぎりを提供する（引き渡す）
                          ↖ 売買契約
```

この他にも，②自分の物を他人の物と**交換する**，③自分の物を他人に**贈る**（これを「贈与」といいます），④他人から物を**借りる**といったこともあります。また，他人のサービスを手に入れようとするときには，⑤他人を**雇う**場合もあれば，⑥家の建築を**請け負わせる**，という場合もあります。さらに，⑦事務手続を**委任する**，という場合もあります。あなたは，さまざまな契約を通じて日常生活を送っていることになります。

＊翔太とお店とのあいだには，約束ごとを書いた書面も必要ありません。単なる口約束（口頭）だけで売買契約は成立することになります。もちろん，あとでトラブルが起きた場合に「言った，言わない」の水掛け論になってしまうと困ります。マイホームや自動車といった大きな買い物をするときに，**契約書**を作成したうえで，契約を交わす場合もあります。

🍀 契約から生じる義務

さて，賞味期限が切れたおにぎりを買ってしまった翔太は，お店に対して，どのような行動をとることができるでしょうか。

先ほどの待合わせの約束とは違って，単に文句を言うだけではありません。お店に対して，賞味期限が切れたおにぎりと新しいおにぎりを交換するように，ということもできますし，昼食をすぎてしまえば，おにぎりを買った意味がなくなってしまうわけですから，そのおにぎりを返して，支払った代金を返してもらうこともできます。

売買契約が締結されると，お店（売主）は，翔太（買主）に対して，商品を提供する（引き渡す）義務を負います。他方，翔太は，お店に対して，その商品の代金を支払う義務を負います。このように，商品の引渡しや，代金支払いといった，売主と買主がそれぞれ実際に義務を果たすことを**履行**といいます。

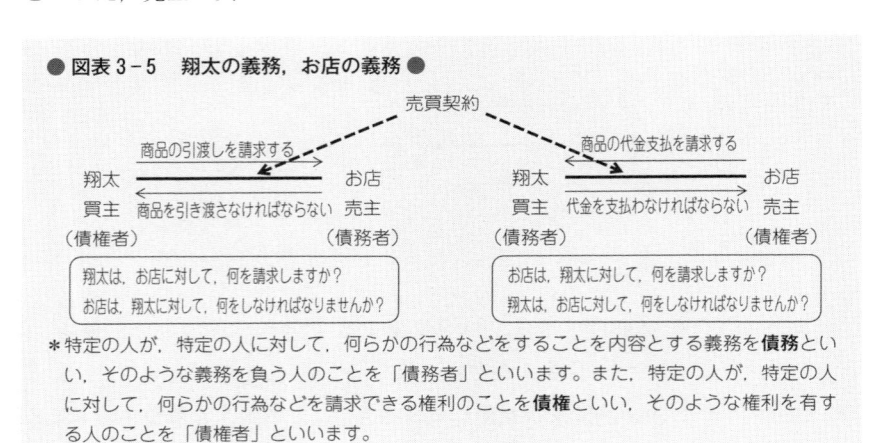

● 図表3-5　翔太の義務，お店の義務 ●

```
                    売買契約
        商品の引渡しを請求する          商品の代金支払を請求する
翔太 ←──────────── お店      翔太 ←──────────── お店
買主  商品を引き渡さなければならない 売主  買主  代金を支払わなければならない 売主
（債権者）            （債務者）  （債務者）           （債権者）

 翔太は，お店に対して，何を請求しますか？    お店は，翔太に対して，何を請求しますか？
 お店は，翔太に対して，何をしなければなりませんか？  翔太は，お店に対して，何をしなければなりませんか？
```

＊特定の人が，特定の人に対して，何らかの行為などをすることを内容とする義務を**債務**といい，そのような義務を負う人のことを「債務者」といいます。また，特定の人が，特定の人に対して，何らかの行為などを請求できる権利のことを**債権**といい，そのような権利を有する人のことを「債権者」といいます。

売買契約では，売主が商品を引き渡してくれないといったトラブルが生じることがあります。このとき，商品を引き渡す義務を負っている売主の債務が履行されていません。このような場合のことを**債務不履行**といいます。他方，買主が代金を支払わないというトラブルも考えることができます。これは，代金を支払う義務を負っている買主の債務が履行されていない，債務不履行の状態にあるといえます。

また，売主から商品は渡されたのだけれども，商品が不良品であった（この

ような場合を，難しい言葉ですが瑕疵といいます）というようなトラブルが考えることができます。これはまさしく翔太のおにぎりのケースです。

　最初にかわした契約の内容どおりにことがうまく運ばないときのトラブルの対処方法として，（商品を引き渡してくれないので）契約の**解除**や（商品の瑕疵により損害を被った場合の）**損害賠償**といった制度が，**民法**という法律には用意されています。

＊民法では，空間の一部を占める形ある物である「有体物」から，さらに，土地や建物といった「不動産」と，不動産以外の「動産」とに区別しています。しかし，ここではその区別をせずに，ひとまとめに「物」として説明します。

　民法は，あなたの日常生活にかんするルールを定めており，きわめて重要な法律であるといえます。

　たとえば，翔太の抗議に対してお店が素直に応じてくれるのであれば，とくに問題はありません。ところが，お店が「すでに売ってしまったのだから，後から文句を言われても知らない」といわれるとどうでしょう。

　もちろん，翔太が泣き寝入りする必要はありません。翔太は，お店に対して，たとえば，損害賠償を求めるといったことを内容として，裁判所に訴訟を提起することができます（このときの訴訟を訴える側のことを**原告**，訴訟を訴えられる側のことを**被告**といいます）。そして，そこで訴えるときの根拠となる法律が，上に述べた民法という法律になります。

🍀 さまざまな支払方法

　私たちが物やサービスを手に入れるときには，現金で支払うことが多いと思います。ところが，一度に支払うだけの現金を今もちあわせていないものの，どうしても買いたいというときには，ひとつの方法として，買主が月賦，つまり分割払いでの支払いを考えることができます。これを**割賦販売**といいます。

　買主にしてみれば，一度に代金を支払わずに物やサービスを手に入れることができるわけですから，割賦販売を利用するメリットは大きいといえるでしょう。ところが，売主としては，代金は一度に，全額すぐに支払ってほしいと思うことでしょう。また，買主がちゃんと期日を守ってくれるかどうかといった，分割払いによるリスクも売主が負担しなければならないことになりそうです。

2　物を買う

そこで，このような問題を解消するために，**クレジットカード**による支払いという方法を考えることができます。

　クレジットカードを利用してある商品を販売店で購入する場合には，その代金は，その販売店が加盟しているカード会社が立替払いをして，あとで，カードの持ち主の銀行口座から引き落とされることになります。

　たとえば，美咲のお兄さんは，ネックレスを買うお店でカードを利用することができるのであれば，これをお店に提示し，特殊な機械に暗証番号を押し，最後に，自分の名前を署名することで，その場で現金を払うことなく商品を手に入れることができます。一方，お店も，カード会社から代金全額の支払いを即時に受けることになります。そして，カード会社は，後日お兄さんの口座から立て替えた金額を引き落とすことになります。その際，分割払いの回数によって，利息を含めて支払いを要求することができます。

　このように，お兄さんとお店との関係に，カード会社と銀行というふたつの金融機関が介在することによって，お兄さんは現金をもたずに買い物することができます。しかし，利息を支払う必要がある場合もありますし，クレジットカードに頼りきってしまって，お金を使いすぎてしまいやすいといった問題もあります。

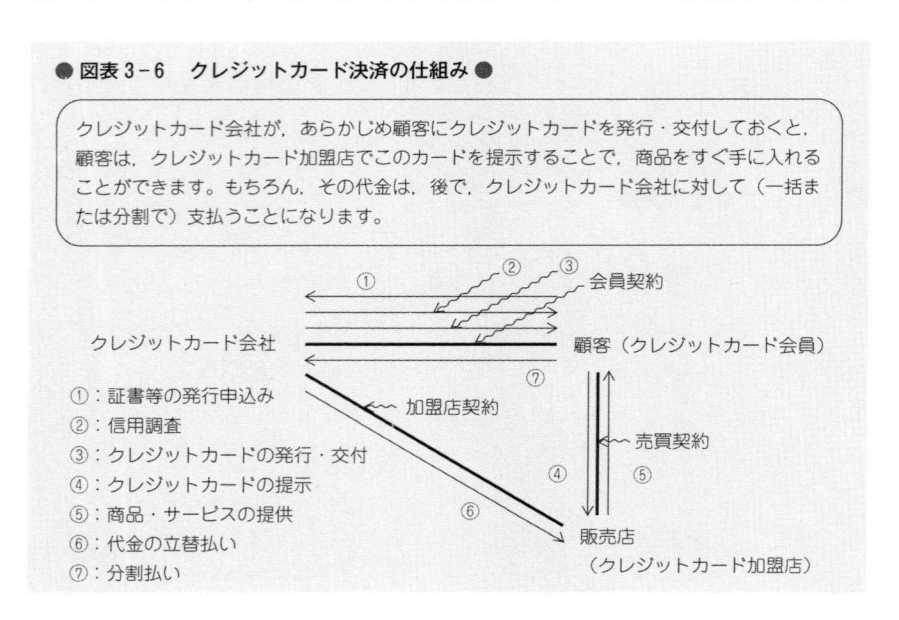

● 図表3-6　クレジットカード決済の仕組み ●

クレジットカード会社が，あらかじめ顧客にクレジットカードを発行・交付しておくと，顧客は，クレジットカード加盟店でこのカードを提示することで，商品をすぐ手に入れることができます。もちろん，その代金は，後で，クレジットカード会社に対して（一括または分割で）支払うことになります。

①：証書等の発行申込み
②：信用調査
③：クレジットカードの発行・交付
④：クレジットカードの提示
⑤：商品・サービスの提供
⑥：代金の立替払い
⑦：分割払い

＊最近は**プリペイドカード**による前払いの方法もあります。電車に乗るたびに切符を買うのではなく，あらかじめお金をプリペイドカードに貯めて（チャージして）おいて，実際に乗るときに，自動改札機にそのカードをかざすだけで，乗車することが可能な制度も生まれています。

また，インターネットによる売買も増えてきました。その支払方法もクレジットカードを利用したものがあります。また，携帯やパソコンを介した**インターネット・オークション**と呼ばれるものも増えつつあります。売主と買主が直接会わなくても，物の売買が可能となるという点で，非常に画期的な手法といえますが，同時に，購入した商品や落札した品物に問題があったのに契約を解除できない，といった問題が最近では非常に増えています。

練習問題

① あなたが，日常生活で「契約を交わしている」と考えることができるのは，どういった場面か考えてみましょう。

② クレジットカードによるメリットは何でしょうか。本文中に挙げたお兄さん（買主），お店（売主）のメリットだけではなく，カード会社のメリットについて考えてみましょう。

③ 次のような状況に遭遇したときには，どのような手段をとることができるか考えてみましょう。
　(a)「この商品は健康にいいから」と言われて，天然水のペットボトルを20本購入したが，ただの水道水だった。
　(b)「この商品を買わないと家に帰さない」と脅され，高額な絵を購入したが，その絵は贋作（にせもの）だった。
　(c)「英会話教材を買うにはパソコンもあわせて買ってください」と言われて，教材とともにパソコンを購入したものの，いつまでたっても商品が届かない。高額な商品だったのでクレジットカードで購入したところ，商品が届かないにもかかわらず，月々の支払いとしてカード会社から支払請求がやってくる。

3 物を借りる

① 美咲のお兄さんは，来春から社会人として，会社の近くにアパートを借りて，一人暮らしをしたいと考えている。

兄：本音を言えば，お風呂とトイレが別々になっているタイプの部屋を借りたいんだ。

美咲：でも，そのぶん家賃が高くなるんじゃない？

兄：そうなんだよ。だから，お風呂とトイレが一緒になったタイプの部屋を借りようと考えているんだ。部屋によっては毎月の家賃のほかにも，契約を結ぶときに「敷金」というものを大家さんに支払う必要があるみたいで，引越しの際には引越代以外にもずいぶんお金が必要になるんだろうな……。

② 翔太は，学校の帰りに，高校受験のための参考書を購入するために，美咲と一緒に本屋に立ち寄った。ところが，翔太は何やらあわてている様子。

美咲：どうしたの？

翔太：財布を家に忘れてしまった……。今日は，「参考書を買うから」と言ってお金もお母さんからもらってきたのに……。

美咲：しょうがないわね。私が立て替えておくから，あとで返してよね。

🍀 部屋を借りる契約：賃貸借契約

　美咲のお兄さんは，アパートの大家さんと**賃貸借**契約を交わすことになります。このとき，お兄さんが**借主**，大家さんが**貸主**といいます。この契約を交わすことによって，貸主である大家さんは，お兄さんに対して，アパートの一室を貸す義務が発生します。他方，借主であるお兄さんは，大家さんに対して，月々の部屋の代金（家賃）を支払わなければなりません。もちろん，アパートを借りる期間が過ぎる前（ケースにもよりますが，およそ2ヶ月前）に，アパートを出る（契約を終了する）か，このままアパートを借り続ける，すなわち更新するかどうかについて，大家さんに伝える必要があります。

　ある日，大家さんが，突然家賃の値上げをいい出したり，美咲のお兄さんがどうしても家賃の支払日に支払えなかったからといって，いきなり追い出されたりすると，お兄さんは困ってしまいます。実際，そのような賃貸借をめぐるトラブルは非常に多く，民法以外にも**借地借家法**という**特別法**によって一定

のルールが定められています。もちろん、そのような法律によってもなおトラブルを解決できない場合には、裁判を通じて決着がつけられることになります。

● 図表3-7　賃貸借のしくみ ●

美咲の兄は、部屋を借りるために、大家さんとの間で賃貸借契約を締結した

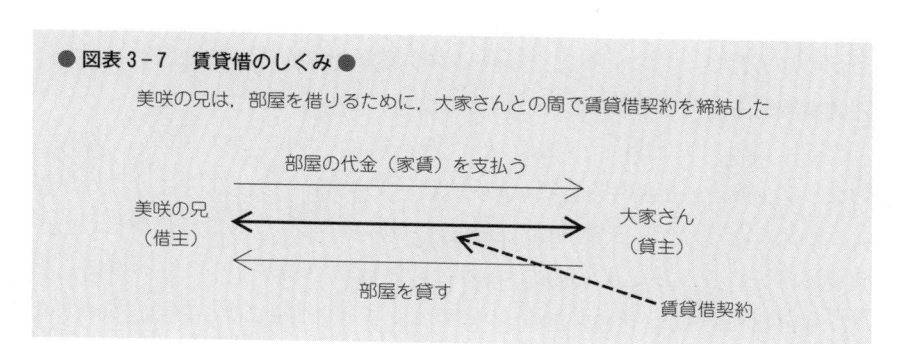

美咲の兄　　　　部屋の代金（家賃）を支払う　　　　大家さん
（借主）　　　←──────────────→　　　（貸主）
　　　　　　　　　　部屋を貸す　　　　　　　　　賃貸借契約

● 図表3-8　一般法と特別法との関係 ●

＊一般法の場合、この法律が適用される範囲は広く、特別法の場合、それよりも限定された部分にしか適用されませんが、これらの区別は相対的なものです。

　たとえば、民法は人一般・取引一般に適用されるのに対して、商法は商人や商取引に適用されます。したがって、民法が一般法であるのに対して、商法は特別法であることになります。ただし、会社に適用される法律である会社法と商法との関係では、商法が一般法であるのに対して、会社法は特別法であることになります。

　法律を適用する際には、特別法が一般法に優先して適用されることになります。たとえば、会社に適用される問題については、会社法・商法・民法という順で適用されます。ただし、特別法に規定がなければ一般法の規定が適用されます。

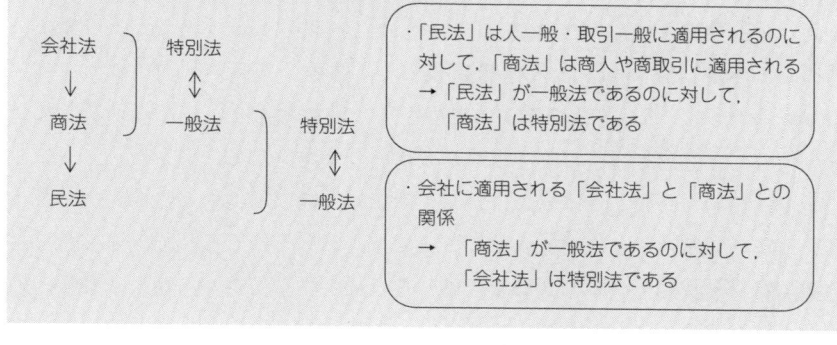

会社法　｜特別法
　↓　　｜　↕
商法　　｜一般法　｜特別法
　↓　　　　　　　｜　↕
民法　　　　　　　｜一般法

・「民法」は人一般・取引一般に適用されるのに対して、「商法」は商人や商取引に適用される
　→「民法」が一般法であるのに対して、「商法」は特別法である

・会社に適用される「会社法」と「商法」との関係
　→「商法」が一般法であるのに対して、「会社法」は特別法である

　地域によっては、居住用の建物における賃貸借契約の締結にあわせて、敷金や更新料について特約が結ばれることがあります。前者は、入居時に家賃2ヶ

月分（地域によっては家賃6，7ヶ月分）のお金を支払い，退去時に，全額または一部が返金されるというものです。後者は，賃貸借契約を更新する際に，借主が家賃の1，2ヶ月分の料金を更新料として，貸主に対して支払うというものです。敷金や更新料についての特約の効力をめぐって，とくに借主が消費者である場合には，このような賃貸借契約は**消費者契約**であることから（4），**消費者契約法**に違反しないかが裁判例で争われています。

　最近，このような特約の効力について最高裁判所の判決があいついで現れています。①敷金や更新料の総額が契約書に明記されていて，②借主がこれを明確に認識したうえで，賃貸借契約を締結した場合には，③敷金や更新料の額が賃料の額等に照らして高額にすぎるなどの特段の事情がない限り，原則として，敷引特約や更新料特約は民法の定める基本原則（信義則）に反して借主の利益を一方的に害するものということはできない，としています。

🍀 お金を借りる契約：消費貸借契約

　翔太は美咲から参考書の代金として「借りる」わけですから，美咲からお金を「もらう」わけではありません。美咲から，お金をもらうのであれば（このような場合には，2で少し触れたように「贈与」契約が結ばれたことになります），翔太は美咲にお金を返す必要はありません。

　しかし，この場合に，翔太は，美咲から借りたお金の金額分を利用，すなわち消費することができるものの，後日，たとえば「明日返すように」といった決められた期間までに，その金額相当分のお金を，美咲に返す必要があります。このような貸し借りのことを**消費貸借**といいます。賃貸借契約とは異なり，借りた物（お金）それ自体を返すのではなく，借りた物をいったん消費して，その消費した分に相当する物を返す必要があります。

　すでにお話ししましたように，日常生活では，翔太は他人とのあいだでさまざまな契約を結ぶことになります。ここでは，お金を借りる契約，すなわち，**金銭消費貸借契約**というお金の貸し借りを目的とする契約が，翔太と美咲とのあいだで結ばれたことになります。

　個人が親戚や知り合いとのあいだでおこなうお金の貸し借りをはじめとして，個人が住宅ローンや教育ローンとして銀行からお金を借りたり，貸金業者

からお金を借りたり（消費者金融），あるいは，企業が事業資金を調達するために銀行からお金を借りたりするように，消費貸借はさまざまなところで幅広く利用されています。

　消費貸借の場合，貸主から借主に物（お金）が交付されると，その所有者は貸主から借主に移ります。所有者は，都市計画法や建築基準法などの法律によって制限される場合を除いて，自由にその所有物の使用，収益および処分をする権利（所有権）を有することが民法で定められています。たとえば，パソコンの所有者はこれを自由に**使用**し，他人に貸して賃料をもらうかたちで**収益**することができます。さらには，他人に売却して**処分**することもできます。

　これに対して，賃貸借の場合，物（部屋）が貸主から借主に交付されたあとも，その物の所有者は貸主のままです。つまり，その所有権は依然として貸主のところにあります。借主は，物を使用収益できるにすぎず，その物自体を返還しなければなりません。

　なお，消費貸借の場合，借主は，交付を受けた物を消費したうえで，その物と種類，品質および数量の同じ物を貸主に返還すればよいことになります。売買契約のように，売主と買主とのあいだの口頭で成立する場合とは異なり，通常，物をいったん受けとらなければ契約は成立しません。

♣ 利息とは何か

　お金を借りる人（借主）は，お金を貸す人（貸主）に対して，利息を支払う必要があるでしょうか。もちろん，友人同士や家族間のお金の貸し借りのように，貸主が，わざわざ利息を要求することもない場合もあります。しかし，一般的に，取引でおこなわれる消費貸借の場合には，借主は，貸主に対して利息を支払う必要があります。ただし，貸主は借主から利息を無制限にとれるわけではありません。利息をいくらまで払わなければならないのか，という点については**利息制限法**などの法律によって定められています。

　利息制限法は，金銭消費貸借について，**元本**（がんぽん）（利息を生じる貸金のこと）の額にあわせて，利息の上限が定められています。

　仮に，貸主と借主が，金銭消費貸借契約のなかで，利息の上限を超える利息を定めたとしても，その超過する部分は無効となります。具体的には，元本10

万円未満の場合は年20％，元本10万円以上100万円未満は年18％，元本100万円以上は年15％の利息が上限金利とされ，それを超過する部分は無効となることが利息制限法によって定められています。

　2010年の日本の銀行の普通預金の金利は0.05％です。10万円を預ければ，1年後には50円の利息がつきます。他方，10万円を借りると，利息制限法によれば，1年後には合計1万8000円（実際には，月々の返済金として払う必要があります）の利息を支払わなければならず，お金を借りた場合の利息はとても高いことがわかります。

🍀 グレーゾーン金利とは何か

　最近，個人向けの消費者金融において，借主が返済時に払いすぎたお金の返還を貸主に対して求める訴訟（過払金返還請求訴訟）の件数が急増しています。**グレーゾーン金利**と呼ばれる，貸主と借主とのあいだで定めた金利のうち，利息制限法に定めた利息の上限金利を超える部分が争いの中心となっていました。

　たとえば，貸金業者が個人に10万円未満の貸付けをおこなった場合，利息制限法により20％を超える利息は無効となります。しかし，**出資法**という法律によって29.2％までは刑事罰の対象とならなかったことから，貸金業者はこの間（20％〜29.2％）の金利を利息として返済を求めていました。

　もっとも，**貸金業法**という法律が改正されることになり，グレーゾーン金利は撤廃されることになりました。改正貸金業法が2010年6月18日に完全施行されるにあたって，貸金業者の参入条件が厳格にされ，1人あたりの総借入金額につき年収の3分の1を超える貸付けが原則として禁止されました。また，貸金業法の改正にともない，利息制限法や出資法もあわせて改正され，上限金利が年20％に統一されることになりました。

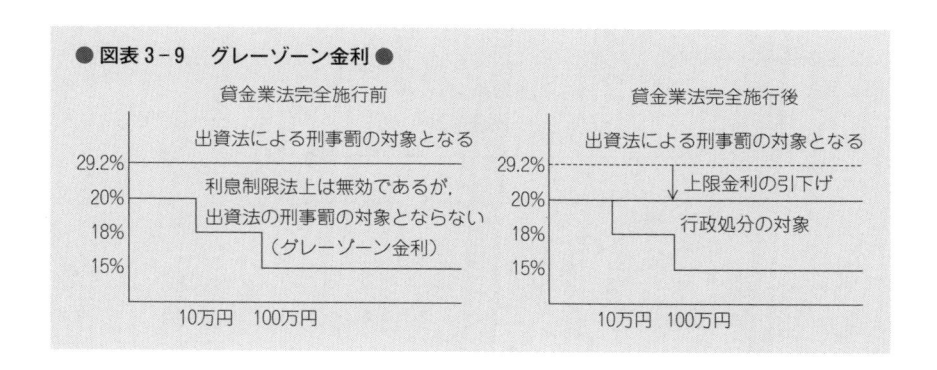

● 図表3-9　グレーゾーン金利 ●

貸金業法完全施行前
- 29.2%　出資法による刑事罰の対象となる
- 20%
- 18%　利息制限法上は無効であるが、出資法の刑事罰の対象とならない（グレーゾーン金利）
- 15%
- 10万円　100万円

貸金業法完全施行後
- 29.2%　出資法による刑事罰の対象となる
- 20%　↓上限金利の引下げ
- 18%　行政処分の対象
- 15%
- 10万円　100万円

保証人をたてる

　お金を貸す人，すなわち，貸主の立場からしますと，借主に貸したお金が返済期限までに戻ってこない（返済不能）のであれば，そもそもお金を貸そうとは思わないでしょう。お金を貸す際には，貸与する金額が高ければ高いほど，借主の返済能力についてより入念な調査がおこなわれることになります。そのうえで，貸主は，借主をいわば「信用」してお金を貸すことになります。しかし，それでもなお上述のような返済不能という事態が生じることもあります。では，どのようにすれば貸主は借主の返済不能のリスクを回避できるでしょうか。

　たとえば，AがBからお金を借りるとき，新たにCを**保証人**にするとしましょう。このとき，Cは，AがBから借りたお金を返さないときに，Aに代わってお金をBに返済しなければならないことが民法で定められています。また，そのことを，Bは保証人であるCに対して直接にお金を返すよう請求することができます。このような方法を**人的担保**（じんてきたんぽ）といいます。また，CがAの代わりにお金を返済した場合，CはAに対して，Aの代わりに返済した分のお金をCに支払うよう求めることができます。

　原則として，保証人は，借主がお金を返済しないときになってはじめて履行の責任を負います。ところが，**連帯保証**の場合，連帯保証人は，借主より先に自分が請求を受けても弁済しなければなりません。民法によれば，連帯保証人であるDは，保証人Cと異なり，Aが返済不能になった場合，即座にBからお金を返してくださいとの請求を受けることになります。実際の取引では，このような連帯保証が多く利用されています。貸主にとっても有利だからです。

● 図表3-10　保証のしくみ ●

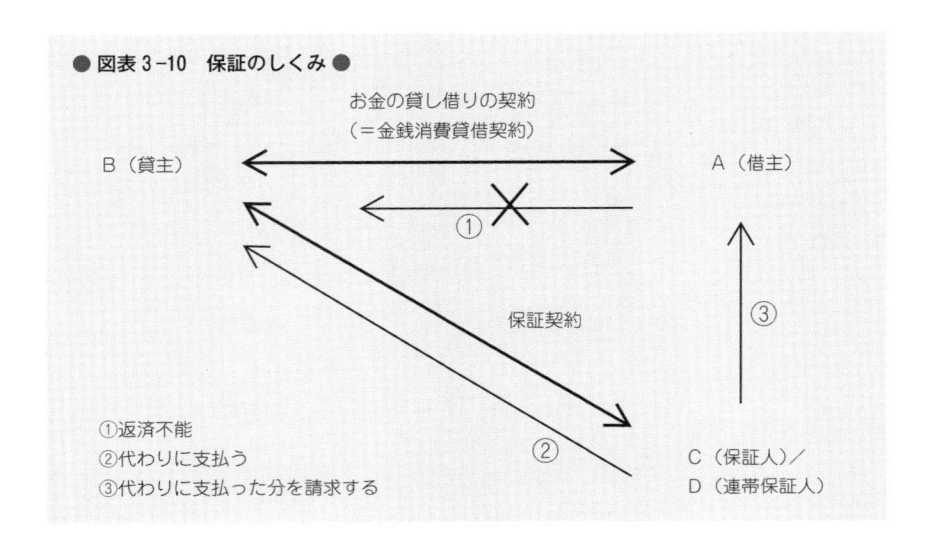

```
                お金の貸し借りの契約
               （＝金銭消費貸借契約）
   B（貸主） ←――――――――――――――→ A（借主）
         ↖  ←―――×―――                    ↑
          ↖       ①                      │
           ↖                              │ ③
            ↖      保証契約                │
             ↖―――――――――――→              │
                         ②         C（保証人）／
①返済不能                          D（連帯保証人）
②代わりに支払う
③代わりに支払った分を請求する
```

練習問題

なぜお金を借りる必要があるのか，1で学んだこととの関係で，考えてみましょう。

4　消費者としてのあなた

　美咲は，昨日部活の帰りに街を歩いていたときに，見知らぬ人に声をかけられたことを翔太に話している。

美咲：「君，中学生？　英会話に興味ない？　今あそこのお店で英会話教室のキャンペーンをやってるんだ。ちょっと寄ってみない？」って……。

翔太：それでどうしたの？

美咲：突然声をかけられたからびっくりしちゃって……。野球部のキャプテンが，私と同じような文句で勧誘されたって話，知ってる？

翔太：えっ，ほんとに？　それで，キャプテンはどうしたの？

美咲：英会話教室かと思って行ってみたら，とても高そうな電子辞書を買わされそうになったので，慌てて逃げ帰ったんだって。だから，私は「興味ありません」と言って断ったわ。

翔太：それが一番よかったかも。万が一，電子辞書を買ったとしても，何日か以内であれば解約することもできる，って聞いたことがあるけど……。

美咲:「クーリング・オフ」よね? でも,クーリング・オフが認められないケースもあるそうだから,気をつけないとね。

🍀 消費者問題とは何か

あなたは,これから大人になって社会のなかで生活していくためには,自己責任にもとづいて判断する賢明な消費者にならなければなりません。たんに商品の性質について理解するだけではなく,リサイクルなどのしくみに対する十分な知識を得る必要があります。

政府は,情報の入手という点で弱い立場に立つ**消費者**を守り,公正な社会を実現するために,医薬品や建物の安全基準を定めたり,消費者を保護するための法律を制定することなどを通じて,悪質な商法を規制したりしています。

たとえば,1968年に**消費者保護基本法**が施行され,消費者の権利を守るための政府の方針が定められました。この法律をもとに,消費者保護のための新しい法律や条令が制定されたり,それまでにあった法律が改正されたりしました。

消費者保護基本法の制定後,国民生活センターや,地方公共団体の機関である消費生活センターなどが設立され,商品やサービスなど消費生活全般に関する苦情や問合せなどの相談を相談員が受け付けて,公正な立場で処理にあたっています。2004年に消費者基本法に改正された後,2009年9月1日に,**消費者庁**という新たな行政機関が発足することになりました。

さらに,**製造物責任法(PL法)**では,消費者が商品の欠陥によって身体や財産に損害を受けたときには,消費者が製造業者の過失,つまり,製造業者が

どの製造過程でミスを犯して，それがどのようにして被害の原因になったかを証明しなくても，損害賠償を請求できるようになりました。

🍀 消費者契約におけるさまざまなトラブル

あなたが日々の生活のなかで交わされる契約には非常にさまざまなものがありますが，とくに消費者であるあなたが，お店のような事業者とのあいだで締結した契約のことを**消費者契約**といいます。

一般的にいえば，事業者は，消費者と比べて情報も多くもっており，交渉能力も長けています。したがって，あくまで契約というのは，お互いの自己責任に基づいて交わされるものですが，一方が他方と比べて有利な立場を利用して契約を交わす場合には，それに対してある程度の保護を加える必要があります。

たとえば，2001年には，**消費者契約法**が施行され，事実と異なる説明や，「絶対もうかる」というような断定的な説明など，事業者の不適切な方法で消費者が契約をしてしまった場合に，契約を取り消すことができる制度ができました。これは，民法で定められている制度に比べて，より消費者にとって有利な制度となっています。

また，訪問販売などによって，消費者が意に添わない契約をしてしまった場合には，一定の期間内であれば，無条件でその契約を取り消すことを事業者に対して要求できる制度は，**特定商取引法**という法律によって定められています。これが，いわゆる**クーリング・オフ**と呼ばれるものです。訪問販売や電話勧誘販売であれば8日間のクーリング・オフ期間（法律に定める契約書面が交付された日から8日以内）が，マルチ商法のような連鎖販売取引であれば，20日間のクーリング・オフ期間が定められています。

もっとも，このクーリング・オフについては，法律で定められているものは限定されており，さらに，事業者が独自の制度としてクーリング・オフを認めていることもあって，必ずしもすべての取引についてクーリング・オフが認められているわけではありません。また，そのことを理由に，どのような取引にも広く適用されるべきである，と主張する見解もあります。

＊特定商取引法は，①訪問販売，②通信販売，③電話勧誘販売，④連鎖販売取引，⑤特定継続的役務

提供，⑥業務提供誘引販売取引という6つの取引類型を対象としています。②を除く各取引についてクーリング・オフの期間が定められています（①，③，⑤については8日間，④，⑥については20日間）。

②については，クーリング・オフは認められていません。通信販売は，消費者がお店に行って商品を実際に手にとって確認することなく，広告を見て自らすすんで申込みを行う取引であるからです。ただし，事業者は，返品の可否などについて広告に記載することが義務づけられており，この義務に違反する場合には，商品受取後，8日以内に消費者は返品することができます（返品にかかる送料は消費者側が負担する）。もっとも，返品を受け付けないという選択の余地も事業者側に残されており，返品にかかる条件も事業者側で変更できる点には注意する必要があります。

♣ 消費者団体による訴訟

あなたが，たとえば悪質な消費者被害にあったとして，裁判を起こそうと考えても，それにかかる費用や時間を考えると，思い切ってそのような行動をすることができないかもしれません。また，悪質な消費者被害というのは，その多くが大勢の被害者があらわれて被害が拡大する傾向にあります。

そこで，現在では，国から認可を受けた消費者団体などの組織（**適格消費者団体**）が，そういった被害者に代わって，悪質な業者に対して訴訟を起こすことが可能となりました。これを消費者団体訴訟制度といいます。2007年に消費者契約法が改正されて，これが施行されるとともに，この制度がスタートすることになりました。景品表示法や特定商取引法に定める不当な行為にも適用されています。具体的には，消費者被害を未然に防いだり，消費者被害の拡大を防ぐために，事業者による不当な行為の差し止めを求めることが可能となりました。

✏ 練 習 問 題

消費者として健全な生活が保障されるためには，あなたはどのような意識をもって日常生活を送る必要があると考えますか。

5 消費者と広告

① 翔太は，お気に入りのバンドが新曲を発表したことや，その曲を収録したCDや音楽DVDの発売日等，テレビのCMやパソコンのインターネットを通じて情報を欠かさずチェックしている。

美咲：また新しい曲が出たの？
翔太：インターネットでCDを買おうと思って，このサイトを見てるんだ。
美咲：CDを購入すると抽選で「メンバー直筆サイン入りTシャツ」が10名に当たる，って書いてあるわよ。
翔太：でもさぁ，これがどう見ても本物に思えないんだよね……。

② 翔太と美咲は，表示や広告のある商品のトラブルについて話し合った。
翔太：この前，テレビで報道されていたけど，国産有名ブランド牛であるかのように表示していた牛肉がスーパーで販売されていて，結局，それがブランド牛ではない国産牛肉であることがわかったんだって。
美咲：私たちには何が本物かわからないから，表示は正しくして欲しいわね。お母さんがこの前ダイエット食品を購入したんだけど，利用者の体験談やアンケートがねつ造されたもので，効能の実証データも根拠のないものであったことが新聞で報道されていてショックを受けていたわ。
翔太：数年前，家族が「安心保証5年」と表示された電子レンジを購入したけど，全額保証は最初の1年間だけで，その後は一部の修理が有料となっていたんだ。ひどいよね。
美咲：お兄さんも，フレーム＋レンズ一式で「メーカー希望小売価格の半額」と表示していた眼鏡を購入したんだけど，実際のところは，メーカー自身はメーカー希望小売価格を設定していなかったそうよ。

🍀 広告のメリット

　翔太は，CDや音楽DVDの購入を検討するにあたって，テレビのCMやパソコンのインターネットを通じて提供される広告を参考としています。

　一般に，私たちが購入を検討している商品について，その現物を見るまでは，その詳細について知ることはできません。さらに，科学技術の発展によって，その商品の構造やしくみが複雑化すればするほど，現物を手にとって見ただけでは，まったく理解できないことも多いでしょう。たとえば，携帯音楽プレーヤーが，どうしてあのような小さなものから音楽が出てくるのか，その内部構造について手にとるだけではわかりません。そこで，企業がそのような商品の情報を提供し，これを私たちに具体的に説明することの媒体となるものが広告や表示です。

　私たちは，対象となる商品の宣伝広告をみて購入のきっかけとすることがあります。新聞の折込チラシを見て，スーパーの特売をチェックすることだってあるでしょう。また，有名人が宣伝対象とされている商品を使用していて，そ

の体験談をテレビやインターネットを通じて聞かされると、思わず購入してみたくなるかもしれません。もちろん、明らかに詐欺まがいと思われるような広告もあって、それに手を出さないようにすることはいうまでもないことですが、少なくとも広告が私たちの生活にとって非常に重要な役割を果たしていることは間違いありません。

● 図表3-11　日本の広告費 ●

業種＼広告費	広告費（千万円）		
	2008年	2009年	2010年
1．エネルギー・素材・機械	4,874	3,272	3,429
2．食品	30,145	28,850	28,804
3．飲料・嗜好品	24,685	22,701	21,786
4．薬品・医療用品	18,367	16,333	14,597
5．化粧品・トイレタリー	29,380	27,591	28,792
6．ファッション・アクセサリー	11,582	9,312	10,129
7．精密機器・事務用品	4,080	3,073	2,942
8．家電・AV機器	8,188	7,056	7,337
9．自動車・関連品	19,228	13,456	13,163
10．家庭用品	6,105	5,899	6,506
11．趣味・スポーツ用品	16,925	14,200	12,314
12．不動産・住宅設備	14,753	11,268	10,294
13．出版	11,414	9,451	9,267
14．情報・通信	24,145	20,338	22,091
15．流通・小売業	21,064	19,139	18,226
16．金融・保険	21,296	15,144	15,383
17．交通・レジャー	26,944	23,352	21,118
18．外食・各種サービス	14,425	13,487	13,867
19．官公庁・団体	4,558	4,766	4,082
20．教育・医療サービス・宗教	10,016	8,546	8,177
21．案内・その他	7,776	5,586	5,186
合計	329,950	282,820	277,490

出典：業種ごとの1年間の広告費（電通ホームページ「日本の広告費」より）
http://www.dentsu.co.jp/books/ad_cost/index.html　（2011年12月16日取得）

📝 練 習 問 題

　あなたが，商品を売る立場になって，人びとに購入したいと思わせるような広告をつくってみましょう。その際，どのような広告であれば，商品を買いたくなるかを考えてみましょう。
　①何を商品として宣伝するか。
　②宣伝する対象（購入者の年齢・性別）を決める。
　③商品を売るためのポイント（健康・安さ・安全・長持ち）を決める。
　④宣伝する媒体（新聞・雑誌・テレビ・ラジオ・インターネット）を決める。
　⑤商品の宣伝文句（キャッチコピー）を考える。

❀ 広告規制・表示規制の意義

　前に述べたことのほかに，企業がわざわざお金をかけて広告や表示といった活動をおこなうのには，もうひとつ理由があります。マーケティングとは，消費者の目的を満たすような商品やサービスを生み出すために，生産者が商品・サービスの考案から，価格設定，販売促進，そして流通に至るまで計画し，実行する一連の活動のことをいいます（小峰隆夫編『経済用語辞典〔第4版〕』）。企業による広告・表示活動は，そうしたマーケティングの中心的な活動といえます。企業が自社の商品やサービスを他社のそれと差別化するために，このような活動が必要とされるからです。

　他社の商品やサービスとの差別化をはかるためには，自社の商品やサービスが優良であることや，他社よりも有利であることを強調する必要があります。他方，企業にとって不利な情報や，消費者にとって重要な危険回避のための情報などは，必ずしも十分に提示されない可能性もあります。場合によっては，企業は，自己に不利な情報をわざと表示しないこともあるでしょう。また，有利な情報を大げさに表示したり，事実とは異なる情報を表示したりすることだって考えられます。私たちは，1で指摘したように，かぎられた資源のなかから，取捨選択をくり返しながら財やサービスを手に入れるわけですから，広告や表示が正しいものでなければなりません。そこで，広告や表示を規制する必要が生まれることになります。

🍀 広告・表示に関する規制①：一定の表示を義務づける場合

広告や表示に関する規制には，大きく分けて，①一定の表示を義務づける場合と，②誇大広告や虚偽表示などの不当表示を禁止する場合があります。

①については，表示を義務づける一般的な法律はありません。商品やサービス，あるいは事業分野ごとに，表示の目的に応じて法律が定められています。たとえば，農林物資の規格化及び品質表示の適正化に関する法律（JAS法）や工業標準化法（JIS法），特定商取引法，割賦販売法，食品衛生法，薬事法がこれにあたります。

● 図表3-12　JASマークとJISマーク ●

JASマークが付けられている製品は，一定の品質や特色をもっています。そのため，消費者が商品を選んだり，事業者間で取引をするときに，JASマークを目安とすればよいことになります。

JASマーク：このマークは，品位，成分，性能等の品質についてのJAS規格（一般JAS規格）を満たす食品や林産物などに付されます。

有機JASマーク：このマークは，有機JAS規格を満たす農産物などに付されます。有機JASマークが付されていない農産物と農産物加工食品には，「有機○○」などと表示することができません。

生産情報公表：生産情報公表JAS規格を満たす方法により，JASマーク　給餌や動物用医薬品の投与などの情報が公表されている牛肉や豚肉，原材料や製造過程などの情報が公表されている加工食品等に付されます。

出典：農林水産省（http://www.maff.go.jp/j/jas/jas_kikaku/index.html〔2011年12月16日取得〕）

JIS（日本工業規格）の基準を満たしていることを示すJISマークは，さまざまな鉱工業品に表示されており，企業間の取引や消費者の購買などの指標として活用されています。

鉱工業品　　　加工技術　　　特定側面

出典：経済産業省『JISマーク表示制度』

♣ 広告・表示に関する規制②：不当表示を禁止する場合

②の不当表示に関する規制については，前に述べた個別の法律のなかで禁止されている場合も数多くありますが，一般法として，不当景品類及び不当表示防止法（**景品表示法**）があります。

過大な景品類の提供や，商品やサービスの内容や取引条件について詐欺まがいの広告や表示による不当な顧客誘引行為は，**独占禁止法**によって「不公正な取引方法」として禁止されています。しかし，景品類の提供や広告表示は短期間で実施され，これが波及する影響も大きいといえるでしょう。そこで，これらを規制するために，より迅速で簡便な処理が求められてきました。

従来から，独占禁止法の特例法として景品表示法が存在していましたが，2009年9月1日に消費者庁が発足にともなってこの法律が改正され，消費者法としての性格が備わるようになりました。また，この法律の運用権限も，公正取引委員会から，内閣総理大臣とその権限委任を受けた消費者庁長官に移管されることになりました。

以上のように，不当な景品類の提供をおこなったり，不当な表示をおこなったりして顧客を引きつける行為を「一般消費者による自主的かつ合理的な選択を阻害するおそれのある行為」として制限または禁止するのが，景品表示法です。

この法律の対象となる表示は，商品や容器，包装になされた表示，テレビやインターネット，新聞による広告など，現在おこなわれている表示や広告はほとんど網羅されています。不当表示とは，①商品やサービスの品質，規格などについて，実際のものよりも，または競争関係にあるほかの事業者のものよりも著しく優良であると一般消費者に対して示す表示（優良誤認。ブランド牛やダイエット食品のケース），②商品やサービスの価格や取引条件などについて，実際のものよりも，または競争関係にあるほかの事業者のものよりも著しく有利であると消費者に誤認される表示（有利誤認。電子レンジや眼鏡のケース）があり，このほかにも，③一般消費者に誤認される表示で，不当に顧客を誘引し，一般消費者による自主的かつ合理的な選択を阻害するおそれがあると認めて内閣総理大臣が指定するものがあります。③については，たとえば，「無果汁の清涼飲料水」について指定されていますが，これによりますと，果汁の入っていない飲料水は「無果汁」の表示が必要となります。

＊このほかにも，景品表示法には，何が不当表示であるかを具体的に説明し，不当表示をやめさせるための措置命令（消費者庁は，景品類の制限や禁止規定に違反し，または不当な表示をした事業者に対し，その行為の差止めや，その行為が再び行われることを防止するために必要な事項またはこれらの実施に関連する公示その他必要な事項を命ずることができます）や，都道府県知事の指示の権限（都道府県知事は，不当な景品類の提供や不当な表示があるときは，違反行為者に対し，その行為をとりやめるべきこと，違反行為の再発を防止するために必要な事項またはその他必要な事項について指示をすることができます）について定めています。

さらに，事業者団体の自主規制ルールとしての**公正競争規約**（2011年4月末現在，表示に関する公正競争規約67件，景品に関する公正競争規約37件）などについて，景品表示法は定めています。公正競争規約の運用機関である公正取引協議会等が，公正競争規約にしたがって適正な表示をしていると認められているものに「公正マーク」が貼られている商品もあります。

● **図表3-13　表示に関する公正競争規約が設定されている業種（太字は公正マークあり）2010年9月末現在** ●

〔食品一般（37件）〕
1飲用乳　2はっ酵乳・乳酸菌飲料　3殺菌乳酸菌飲料　4チーズ　5アイスクリーム類及び氷菓　**6はちみつ類**　**7ローヤルゼリー**　8辛子めんたいこ食品　9削りぶし　10食品のり　11食品かん詰　12トマト加工品　13粉わさび　**14生めん類**　15ビスケット類　16チョコレート類　17チョコレート利用食品　18チューイングガム　19凍豆腐　20食酢　21果実飲料等　22コーヒー飲料等　23合成レモン　24豆乳類　25マーガリン類　**26観光土産品**　27レギュラーコーヒー等　**28ハム・ソーセージ類**　**29食肉**　30包装食パン　31即席めん類等　**32みそ**　33ドレッシング類　34しょうゆ　35もろみ酢　36食用塩　37鶏卵

〔酒類（7件）〕
1ビール　2輸入ビール　3ウイスキー　4輸入ウイスキー　5単式蒸留しょうちゅう　6泡盛　7酒類小売業

〔身の回り品（2件）〕
1帯締め及び羽織ひも　2眼鏡類

〔家庭用品（2件）〕
1家庭電気製品製造業　2家庭電気製品小売業

〔医薬品・化粧品等（5件）〕
1化粧品　2化粧石けん　3洗剤・石けん　4歯みがき類　5防虫剤

〔自動車等（4件）〕
1自動車　2二輪自動車　3タイヤ　4農業機械

〔不動産（1件）〕
1不動産

〔サービス業（3件）〕
1募集型企画旅行　2銀行業　3指定自動車教習所

〔その他（6件）〕
1ペットフード　2釣竿　3ピアノ　4スポーツ用品　**5電子鍵盤楽器**　6記録メディア製品

5　消費者と広告

● 図表3-14 食品一般に表示される公正マークの例 ●

牛乳　　　生めん類　　　食用塩　　　ハム・ソーセージ類

出典：社団法人全国公正取引協議会連合会『マンガでわかる表示と規約』

練習問題

① 身のまわりにある物に本文でとりあげた以外の「公正マーク」が貼り付けてられていないか，探してみましょう。
② いわゆる「トクホ」と呼ばれるマーク（特定保健用食品の許可証票マーク）がどのようなものであるのか，調べてみましょう。

おすすめの文献

① 高橋勉『「公民」が苦手だった人のための現代経済入門講義〔第2版〕』（法律文化社，2012年）
　　本のタイトルにあるように，中学「公民」が苦手だった大学生や社会人のための経済の入門書であるため，中学生以上のみなさんにもわかりやすく，経済について解説されています。
② 潮見佳男・中田邦博・松岡久和編『18歳からはじめる民法』（法律文化社，2010年）
　　民法は私たちの日常生活と深くかかわる法律ですが，この法律が機能する場面を具体的にイメージすることが難しい法律かもしれません。本書は，民法のイメージをつかめるよう，設問から考えることができるように配慮しています。
③ 星野英一『民法のすすめ』（岩波新書，1998年）
　　民法学の第一人者である筆者が，格調高い文章で民法の基本理念と役割についてわかりやすく解説されています。民法の全体像を知るうえで欠くことのできない1冊といえます。

4

私たちの地域・地方自治

1 自治って何？

　中学生3年生，野球部に所属する翔太と美咲は，6月のはじめにおこなわれた中学最後の大会で早々に負けてしまい，練習と勉強の両立のためにがんばってきたのに，気が抜けてしまいました。県庁所在地である中心市の校外にあるこの町は，もともと農村地帯で，古くからある農村集落が次第に都市化し，今では人口の半分近くがこの30年に引っ越してきた住民からなります。子育て世代が多く一戸建てを校外に建設して入ってきた新住民も，以前からの住民と比較的良好な関係で定住しました。今ふたりが住んでいる地域も，もともと古い集落で現在は，新旧住民のほとんどが加入している住民自治の組織，自治会があります。

　自治会には，小学生をメンバーとする子ども会があり，町立の児童館を拠点として，放課後や土曜日に集まって高学年の子どもがリーダーとなりいろいろな活動をしています。また，青年会は，高校卒業の年齢以上を対象として，自治会の集会場広場を活動拠点として青年会に伝わる伝統的な芸能など，集落の伝統行事を担っており，また，自分たちで率先して共有地の清掃作業や樹木の伐採や，人手のいる仕事，力仕事などで積極的に地域貢献をおこなっており，地域の方々に頼りにされています。青年会では，そのお礼や親睦会でお酒を飲む機会も多く，高校生以上の未成年者は見習い会員として一部の事業に参加することはできますが，青年会の正式な会員として参加できない状況です。

　ふたりは，一生懸命，学校のクラブ活動を行っていて気がつかなかったのですが，地域には自分たちの居場所がない，中学生や高校生が集まり活動する場がない，ということをあらためて感じました。ふたりは自分たちで問題を解決しようと考えました。

　まず，小学校まで自分たちが活動していた子ども会が一番身近な存在でした。そこで子ども会の世話係をしている自治会の子ども会育成部の部長さんに，相談に行きました。

　　美咲：中学生や高校生がいっしょに集まってなにかやる場所がないんです。行くと

　　　　ころがないので，コンビニとか公園とか，ゲームセンターに集まって……
　　部長：たしかに地域には中高生の居場所ってないね。だけど，なにやるつもりなの？
　　　　勉強でもやるの？
　　翔太：いや……それは，……何か自分たちが楽しいこと，……
　　部長：そんな自分たちばっかり楽しいことのために，地域や自治会になにか要求し
　　　　ても，答えてくれないよ。何か地域のためになることじゃないとね。

　ふたりは，がっかりしながら，考え込んでしまいました。つぎは自治会長にお願いに行くことになっていたのですが，良い考えが浮かびません。「勉強……か，地域のためになること……だけど自分たちが楽しめなかったら意味ないよな，そんなところいかないし……」。

　良い案がないままの生徒たちの訪問を受けた自治会長は，子どもたちが集まって何をやりたいのか，やっぱりわかりませんでしたが，中学生高校生の居場所をつくること，そして横のつながりをつくることについては，なるほどと思いました。小学生以下も青年会以上も，同世代の横のつながりがあり，地域の他の世代との交流や協働もあるのに，この世代だけ何もないのです。

　しかし，自治会の予算は一世帯で毎月1000円の自治会費から成り立ち，できることが限られています。そのなかで自分たちができることは何か，いつも議論しながら決めて行っているのです。

　自治会の集まりのなかで，会長は生徒たちから居場所作りの要求があること伝え，何か自分たちでできることはないか，相談しました。すると，自治会集会所のすぐ近くに住むある住民から，3年ほど会社の人事移動で別の県に赴任するので，自宅が空き家となる，その間，無料で貸してもいい，という提案が出されました。しかし，心配なのは，むちゃくちゃな使い方をされたり，少年非行の温床となったり，無秩序で規律のない，だらしない中高生のたまり場となることです。

　そこで，自治会では，生徒たちに自分たちで会費を集めて「少年会」をつくって，自分たちで清掃して自分たちで光熱水費を出して，つまり，自分たちで少年会とその住宅を管理することを条件にその住宅を「少年の家」としていいということになりました。

　ふたりは大喜び。早速仲間を集めて，少年会の結成に動き出しました。使い

道の規則をつくるのは，大変でしたし，守ってもらうことも大変でした。自分たちの家，自分たちがきちんと管理すれば自分たちが自由に使える家，それは大きな魅力でしたので，会員はどんどん増えていきました。

自分たちの居場所をようやくつくることができました。

……が，半年もたつと次第に人が集まらなくなってきました。どうしてでしょうか。翔太と美咲は考えました。

「普通の民家じゃあ，やること，できることが，やはり限られているから」。勉強っぽくて楽しいところ……それは隣の中心市にある県立博物館がそうでした。今は恐竜展と地元出身の漫画家の特別展をやっているため，連日大賑わいです。また，この町には図書館がありませんが，隣の中心市の図書館は，子ども向けの本やビデオがたくさんあり，また地域の歴史や風土にかんする本や資料もたくさんありました。夏休みの自由研究や課題図書感想文の時は隣の市まで出かけて利用し大いに役に立ったものです。

もっと本格的な居場所，中高生が利用できる地域の図書館と地域の博物館を兼ね備えた施設ができないか，ふたりの考えはまたまたふくらんでいきました。

練習問題

① 翔太と美咲，その仲間たちが，「少年の家」づくりと「少年会」の立ち上げるにあたって，成功の最大の要因は何だったとあなたは思いますか。
② 「少年の家」に次第に人が集まらなくなった理由は何でしょう。「少年の家」やそれと類似した施設が長期にわたってうまくいくためには，何が必要だとあなたは思いますか。討論してみましょう。
③ あなたが今住んでいるところで，中学生や高校生のために何が欲しいですか。グループで一致する意見はあるか，クラスで一致する意見はあるか，探してみましょう。その実現のためには何に重点をおいた方がいいのか考えてみましょう。

2 自治体の成り立ち

日本には，約1700の基礎的自治体と47の広域的自治体があります。この2種類，合計約1750の自治体を，法律上は「地方公共団体」といいます。

基礎的自治体は，一般に人口区分で，「市」「町」「村」という名称がつけられており，あなたもどこかの市町村に住んでいます。また，広域的自治体は，「都」「道」「府」「県」のいずれか名称を使っています。「県」が基本ですが，特別な理由や歴史的経緯で4つの広域自治体だけが都，道，府（2つ）を名乗っています。

　もっとも大きな市で，横浜市（神奈川県）の350万人，もっとも小さな村で，青木村（長野県）の約200人です。人口5万人以上が「市」となるひとつの目安です。東京都の都心部には，地方公共団体に準ずる「区」が設けられています。都道府県で最大は，東京都の約1200万人，最小で鳥取県の約60万人です。面積では，最大の基礎的自治体は，岐阜県高山市の2177.67km^{2}であり，最小の広域的自治体である香川県1876.16km^{2}よりも大きくなっています。

　基礎的自治体のなかには，小さな広域的自治体の人口や面積よりもが，大きいところがあるという逆転した状況もみられます。

❀ 自治体の数は少ないのか

　日本では，明治時代に現在の市町村と都道府県の前身がかたちづくられます。市制町村制と府県制です。江戸時代から明治維新をへて，明治時代になります。近代国家への脱皮は，西欧列強の植民地化の脅威にさらされていた日本では急務でした。江戸時代の封建的な統治のしくみ（封建制度，幕藩体制，封建身分社会）をかなり抜本的に変えなければ「近代国家」になりません。

1）廃藩置県と自治制度の導入

　まず，おこなわれたのが大名の藩を運営する特権の剥奪で，**廃藩置県**を1871年に敢行します。約300あった諸藩を明治国家の行政区画である「県」に置き換え，政府から任命された政府の役人である「知事」（県令）を派遣します。新しくなった県をその後47つに統廃合していくわけです。1888年には，「府県制」が導入され，現在の47都道府県の原型が固まります。

2）市町村合併の進展

　明治以前，統治の末端（もっとも下の機構）は，「ムラ」と呼ばれていた集落を単位としていました。全国で7万個あまりのムラがありました。明治政府は，義務教育導入を急務とし，小学校の設置と維持管理に必要な財源を確保をでき

るという条件，つまり，戸数300〜500をめどにムラを数個づつ統合して，新たな基礎的自治体をつくります。これが現在の市町村の原型となります。市町村数は，約1万5千個となります。またこのときのムラの統合を**明治の大合併**といいます。

その後，都市化にともない，市街化地域の隣接する市町村の合併等が順次進展していきますが，昭和30年代に今度は，新たに義務教育とされた中学校の建設と維持管理に必要な財源を捻出できる人口8000人をめどに，小さな町村の合併推進がおこなわれます。それによって，1万あまりの市町村数は約3200個まで減少します。これを**昭和の大合併**といいます。

また，1998年頃から効率化や財政再建を理由に，規模の経済性を追求する「平成の大合併」が進みます。2010年現在では，自治体数は1750となっています。いくたびかの大合併をへて，日本の基礎的自治体の数は他の先進諸国と比べて格段に少なく，また，自治体ひとつの人口は例外的なほど大きくなっています。

また数が少なくなり，またひとつあたりが非常に大きくなった基礎的自治体に対して，広域的自治体である都道府県は47個と，100年以上変わりません。現在では，広域的自治体の見直し，すなわち都道府県を統廃合し道州制へ再編するという議論もされるようになってきました。

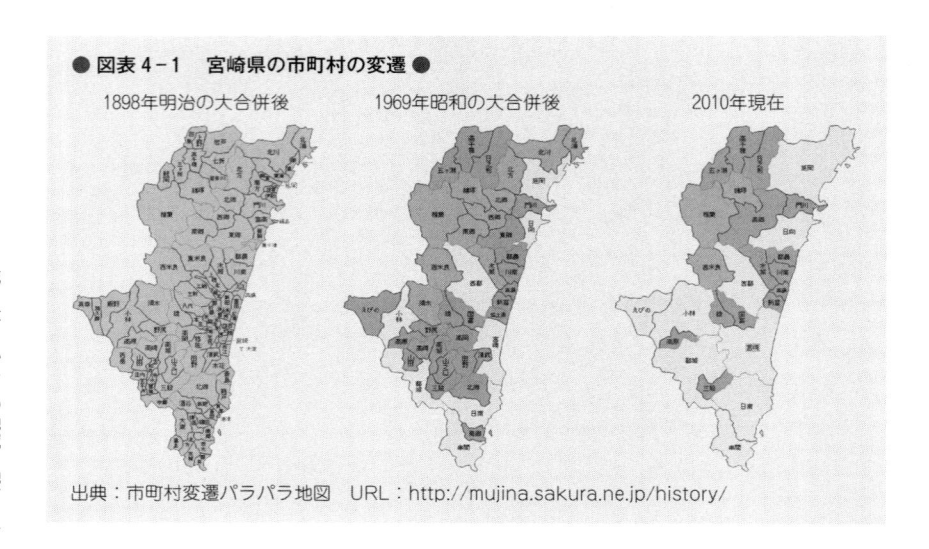

● 図表4−1　宮崎県の市町村の変遷 ●

1898年明治の大合併後　　1969年昭和の大合併後　　2010年現在

出典：市町村変遷パラパラ地図　URL：http://mujina.sakura.ne.jp/history/

❀ 自治体とは何か

　日本の国土は，すべてどこかの市町村に属しています。基礎的自治体であるすべての市町村は，広域的自治体であるいずれかの都道府県に属しています。

　また日本に住む人びとは，どこかの市町村に住む住民であるという証（あかし），住民票をつくらなければなりません。あなたも，今住んでいる市町村の住民です。

　市町村とは，行政上の区域です。行政とは，その地域の住民みんなにかかわるようなサービスやルールをつくり実施することです。市町村や都道府県などの地方公共団体のことを一般に「自治体」といいます。それは，このようなサービスやルールの実施を住民が自分たち自身がかかわるという意味で「自治」をおこなう組織だからです。

練 習 問 題

　① あなたの住んでいる市町村の人口，面積，人口密度はわかりますか。あなたの住んでいる市町村は，いつから今の大きさになったのでしょうか。
　②「市」「町」「村」とは何ですか。「都」「道」「府」「県」とは何ですか。

3　どうして自治体があるのか

　私たち一人ひとりには，自分の人生をつくっていくうえで，必要なことがらを決定していく自由，つまり自己決定権があります。ただし，私たち個人は，自分の暮らしに必要なものをすべて自分だけでつくりだすことはできません。「市場」を通してお金を払って必要なモノやサービスを手に入れることも重要です。そこは，自分の好みや必要性で自己決定していけばいいでしょう。

❀ 生活に必要なサービスの提供

　しかし，私たちの生活に必要なことがら，すべてが「市場」を通して手に入れることができるとはかぎりません。市場にまかせおいては，誰も提供してくれないモノやサービスも多々あります。みんなが利用するはずなのに支払いを求めることが難しいモノやサービスもあります。みんなが無料で利用できる道路も児童公園は，どの会社もつくってくれません。福祉サービスの大半は受け

手の支払いと引き替えならば，成り立ちません。

　私たちの暮らしに必要な多くのモノやサービスは，市場とは異なる方法で異なるしくみで提供されなければ私たちの暮らしは一日も成り立たないわけです。「市場」とは異なるしくみのなかで，もっとも多くのかかわりをもつのが，「政府」です。経済的に考える場合，「政府部門」あるいは「公共部門」といういい方をします。政府部門は，国の政府ひとつ，中央政府だけから成り立っているわけではありません。多くの政府と政府とのかかわりの深い公共的な団体や公益提供の機関があります。そのなかで，もっとも私たちの暮らしに深くかかわり，実際の多くのサービスを提供しているのが，**地方政府**と呼ばれることもある，自治体です。

1）**権力**：政府の特徴

　「政府」が政府以外の組織や団体と決定的に異なる点は，政府が決定したことを無理にでも人びとに強制する力，「権力」をもっていることです。では，なぜ，権力が必要なのでしょうか。政府が提供するサービスは，基本的にはだれでも利用できるサービスです。だれでも利用できるのであれば，サービスと支払いの関係がみえず，なぜ私だけがお金を支払うのかという疑問がわき，結局はだれも払わないことになる可能性があるのです。それを「税金」として強制的に支払いを求めるのが，権力をもつ政府です。支払いしない場合は，その人の財産や移動の自由を制限する，つまり処罰することさえできます。これを厳格なルールづくりをおこなって，そのルールの下に実施するのです。

2）**市民近接の原則**

　このような権力の側面をともなう政府提供サービスは，可能な限り多くを，最も身近な政府，市民にとっての第一の政府である基礎的自治体が担うべき，という考え方を私たちは共有しています。そうすることによって，市民が直接もしくは市民の代表を通して，自分たち自身で自分たちへの生活を支える基礎的なサービスにかかわることがらについて，決定や実施をコントロールすることが可能となるからです。つまり，市民自身が権力を担うことが可能となるわけです。それが自分たちの自己決定権を守ること，自分たちの自由を守ることにつながります。そのために自治体はあるのです。

🍀 自治体の構成

　なぜ自治体があるのかという理由や設立の目的（「地方自治の本旨」）に基づいて自治体はかたちづくられ，また運営されなければなりません。

　市民が自ら自分たちの生活に必要なことがらを決定し実施していくことのしくみについては，誰がどうやって決めているのでしょうか。自分たちで決めることはできないのでしょうか。日本国憲法では，どうしても守らなければならない原則だけを決めています。それは，「自治体の長と議員は，市民が直接選挙で選ぶ」ということです。長とは，市町村長や府県知事のことで，自治体の代表にあたりますが，その選出は直接，住民による投票で決めるということで，議会が議員のなかから選出するなどの間接選挙を禁止しています。また，議員も直接選挙で選出されなければなりません。

　したがって，自治体は，自治体のおこなうべきことについて審議し決定する（議決といいます）**議決機関**である**議会**と議決された事項について実現していく（執行といいます）機関である**執行機関**である首長（**都道府県知事，市町村長**）という，住民によって直接選ばれた２つの代表機関から成り立ちます。これを二元代表制と呼ぶこともあります。このしくみは，第２次世界大戦敗戦後の占領下に，米国の自治制度をモデルとして導入され，米国の大統領＝議会制が原型だといわれています。

　自治体の仕事を決定し実施できるのは，私たち住民の選んだ代表だけです。首長は執行機関ですがしかしひとりでは仕事が十分にできません。そこで，多くの自治体職員を雇います。職員は，執行権の責任をもつ知事や市町村長の指示を受けてその仕事をおこなうことになっています。そのための仕事の場所・施設が，自治体の役所，つまり，町村役場，市役所，県庁ということです。自治体の職員数や議会の議員数は，法律によって一定の制限があるものの，自治体が自分たちの都合に応じて決めることができます。首長と補佐する職員組織を合わせて「行政」と呼ぶこともあります。行政の運営方法も議会の運営方法もそれぞれの自治体ごとに決めることができます。

🍀 どうやって自治体の仕事は決まるのか

　しかし，自治体は住民が要求すれば何をやってもいい，逆に住民が要求しな

いことはすべてやらないでもいい，というわけではありません。自治体の仕事と仕事の仕方には，一定の法令による制限があります。法令とは，国会が定める「法律」と，法律に基づいて内閣や各省庁が定める「行政命令」（政令・省令）のことです。

　自治体のしくみと運営方法についての枠組みを定めているのは，**地方自治法**という法律です。基本的に自治体は，この法律に準拠しつつしくみと運営について自分たちで創意工夫を図っていくことができます。また，自治体がやるべき仕事については，中央政府の各省庁が多くの仕事を法律で自治体に義務づけています。

　たとえば「義務教育」については，ある村の住民が自分たちの自治体は小さいので財政が厳しく小学校も中学校も自分たちでは提供できないとして，たとえ学校を廃止しようとしても，それはできません。法律によって市町村が提供する義務を負うことになっています。福祉や教育の分野にはとくに，国の法律によって自治体に義務づけられた仕事が多くなっています。このように義務づけをおこなう大きな理由は，国民全員がどこに住んでいようとも，国民として最低限の健康で文化的な生活を享受する権利があるということを国が責任をもって保障するためだとされています。したがって，自治体がそのサービスを充足できように財源を保障しています。これを**国庫負担金**と呼んでいます。

　自治体には，法令によって義務づけられていない仕事も多くあります。その場合は，どの仕事をやるかどのサービスを提供するかどうかは，自治体の議会と執行部が自由に決めることができます。自由に決められますが，予算の制約があります。住民税（市町村民税・府県民税）を主とする自治体の自主財源は，どの自治体もあまりあるどころか，いつでも足りない状況です。そこで必要な仕事やサービスの財源を確保するために，国の各省庁が出している**国庫補助金**を申請することもあります。各省庁は，自分たちが自治体にやって欲しい仕事について，さまざまな申請要件と実施の要件を組み立て「補助事業」として全国の自治体に募集をかけるわけです。

　自治体は，その事業に対して申請するのもしないのも自由ですが，ひとたび申請して補助金をもらうとなると，厳しい実施の要件にしたがって実施しなければならないという制約の下に置かれます。

自治体は,それが自治体の必要性や住民の必要性にどうしても合わない場合は,自主財源だけで新しい仕事やサービスを立案し実施することもあります。その選択も住民と住民の代表が自分たちの判断で決定することになっています。

練習問題

① 「自治体」とは何ですか。なぜ「自治体」というのでしょうか。なぜ「自治体」があるのでしょうか。
② 自治体の「執行機関」とは何ですか,「議決機関」とは何ですか。
③ 自治体は何をしているのでしょうか。その仕事に必要なお金はどこからもってきているのでしょうか。
④ 人口が1000人しかいない自治体があるとすれば,その自治体は,うまくいくと思いますか。それともうまくいかないと思いますか。話し合ってみましょう。

4　自治体の機関

　戦後の憲法では,地方自治の章が設けられました。そのなかで,執行機関である自治体の長が,住民から直接選出されることが決まっています。また,議決機関である議会の議員も,住民から選ばれます。自治体の住民は,まず選挙によって直接,執行機関や議決機関の代表を選ぶことによって,自治体の運営に参画し,決定にかかわるのです。

　しかし,憲法では選挙で選んだ代表だけが自治体の意思のすべてを決定できるのではなく,住民自らが住民投票によって決定しなければならないことがらについても規定しています。その地域だけに適用される法律については,その地域の首長や議会の決定ではなく,住民の投票によらなければ決定できないことになっています。

　また,地方自治法には,自治体運営について住民の不信がある場合,住民が直接,首長の解任や議会の解散を要求し,また住民投票によってそれを決定できるしくみが規定されています。さらには,住民が政策を提案する権利や会計検査を要求する権利があります。そのような要求をおこなうことを直接請求といいます。さらに不服がある場合は,自治体に対して訴訟を起こす権利も保障

されています。

　このような住民が議会や首長の権限を越えて、直接決定や運営にかかわることを直接民主主義といいます。しかし、頻繁に住民が直接民主主義的な制度を活用することは想定されておらず、通常は間接民主主義的な制度、つまり、自分たちの選んだ代表によって自治運営をおこなうことが一般的なものと考えられています。

　現在、法律によって決められている首長や議員の選出方法は、政党名を記入する比例代表制ではなく、候補者個人名をひとりだけ記入するものとなっています。選挙権は、法律によって定められこととなっていて、その改正が検討されていますが、今のところ20歳以上で日本国籍を有し、その自治体に住民票がある住民となっています。住民は、自分たちの利害関心を反映してもらえる候補者に投票し、自治体の運営を信託することになります。

♣ 自治体の議会

　市町村の議会は、その市町村全体をひとつの選挙区とし、得票数上位から議員定数に到達するまで、順に当選者を決めていくしくみで選出されます。トップの投票数で当選する議員と、最下位の得票数で当選する議員との間に5倍以上の投票差がつくことは珍しいことではありません。任期は4年です。

　市町村議会の議員数は、地方自治法により自治体の人口規模で上限が決められています。一番小さな2千人未満の町村では、12人以下、最大の250万人以上の自治体では、96人以下となっています。議会の定数には、下限がありません。具体的な定数の確定は、それぞれの議会の話し合いのなかで、議会が決定します。

　そのとき、議会の仕事、議会の議論の仕方、決定の仕方、いろいろなことが話し合われるはずです。近年では、このような話し合いの結果、明治以来続いてきた議会の仕事や審議方法を大幅に改め、その自治体議会独自の仕事の仕方や議会運営方法を導入するところも増えてきています。

1）議会定数と運営方法

　議会定数や議会運営の方法は、**条例**によって確定されます。条例とは、自治体議会が制定することのできる自治体内で拘束力をもつルールのことです。町

村においては条例を制定することによって，議会を廃止して代わりに**住民総会**を設置し，それが条例の制定など，議会の役割を果たしてもらうようにすることもできます。

都道府県の議会の議員数は，最小が75万人以下の県における40人であり，最大が618万人以上が120人となっており，東京都は特別に130人以下となっています。議員数の下限がなく，条例によって議員定数が確定することは，市町村議会と同じですが，住民総会の設置はできないことになっています。

議員は，自治体の他の執行機関や補助機関などの仕事を兼職することはできません。議員に対する報酬は，議会での活動日数に応じて手当として給付されます。金額は，自治体ごとに条例によって決められますが，都道府県や大きな市の議会では比較的高い報酬となっていますが，小さな町村においては，生活および議員活動にとって必ずしも十分とはいえない金額とされている場合もあります。その場合，多くの議員が議員職のほかに，時間がある程度自由になる自営業，農業など別の仕事を兼職していることが多いといえます。

多くの議会は，長年の慣行を継続しており，6月，9月，12月，3月と年に4回，2，3週間程度まとめて開催されます。これを**定例会**といいます。議会は，いつも全員が会議場に集合して議論するわけではありません。いくつかの政策領域ごとの専門の議会常設委員会が設けられており，すべての議員は，いずれかの委員会に所属します。そこに提出された案件について具体的な議論がなされ，委員会で決定された後に，全員が出席する本会議に提案されます。

議会の審議のなかでもとくに重要なのは，次年度の**予算**が審議され確定される3月開催の議会です。予算は，自治体の1年間の収入と支出の計画です。予算の決定によって，住民がどれだけ地方税や公共料金を負担しなければならないのか，また自治体が住民に提供するサービスがどうなるかが決まります。

2）議会の審議

議会の多数派の幹部が，そのまま行政のトップ組織をつくる議院内閣制度では，その多数派を政権党または与党と呼びますが，そのしくみと根本的に異なり，自治体の二元代表制のもとでは，議会の政党は行政を担うことがありません。議会の党派に区別なく，議会全体で行政に対抗し統制するというしくみになっています。これを**機関対立主義**といいます。

しかし，自治体議会は，慣習として多くの場合，執行機関である首長（知事や，市町村長）を支持する議員グループ，与党と反対する立場にある議員グループ，野党に分かれます。執行機関の提出する予算案や条例案に対して，与党は，賛成の立場から，野党は反対の立場から審議し合い，最終的には議決によって，確定します。

　この慣習のもとでは，首長派が多数の議会では，首長提案の案件がほぼ素通りしてしまい，議会による行政の統制という本来の役割を果たせないという弊害が生まれます。したがって，議会の役割を形骸化させるという批判が強く出てきました。近年では，議会基本条例を定め，議会本来の役割をとりもどそうという自治体議会が多く現れてきました。

　議会は，住民全員の公共的な空間であり，一般住民はいつでもその審議を**傍聴**できます。あなたも傍聴人として，議場にいき審議をみることができます。しかし，意味がよく理解できない多くの難しいことがらが短時間に次々と審議され議決されていく，なんだか妙な事態に遭遇するかもしれません。これは，審議事項が，議会の下に設けられたテーマごとの委員会ですでに審議されていることが前提で，そこですでに詳細な議論が終わっている場合が多く，また与党内，あるいは野党内でどう議決にどう投票するか事前に会合をもって決めている場合が多いからです。

　しかし，議案によっては，いきいきとした議論がきけることもあります。それは，議員にとって，自分の主義主張や能力をマスメディアや住民に知ってもらうよい機会だからです。議員の支持者の拡大のためには，議会における発言もひとつの大きなチャンスとなります。

　また，近年では，自治体議会本来の役割を再認識し議会基本条例の制定をおこなうなど，議会改革にとりくむ自治体が増加しており，活発な審議がおこなわれ，住民との直接対話の機会を設けるところも少なくありません。

🍀 知事・市町村長：執行機関

　都道府県知事や市町村長のことを「行政首長」といいます。行政首長は，自治体の最大の執行機関です。自治体の首長は，日本国憲法によって，議会議員のなかから互選で選ぶのではなく，住民の直接公選によって選ばれるものとなっています。市町村長は25歳，都道府県知事は30歳以上になると立候補することができますが，営利企業などほかの職業，国会議員などほかの政治職との兼職は禁止されています。

　行政首長の仕事は，自治体を代表し，自治体の任務全般を管理し執行することです。具体的には，自治体の予算を編成すること，条例の制定・改廃について提案すること，その他議会の議決すべき事案について原案を作成し，議会に対して提出することです。

　あとで述べますが，ほかにも首長から一定の距離を置いた教育委員会などの執行機関があります。現在，ほかの執行機関は直接公選で選ぶのではなく，首長による任命によって選出され議会の同意によって承認されるしくみが一般です。

🍀 その他の執行機関

　前に述べたように，教育委員会も執行機関です。そのほかに，市町村には農業委員会，公平委員会，府県には，公安委員会，人事委員会などがあります。知事や市町村長が，ひとりで責任を負う**独任制**の執行機関であるのに対して，このような委員会は，複数名の委員の話し合いと合意により責任を負う**合議制**

の執行機関です。執行機関である委員会を**行政委員会**といいます。とくに私たちと関係が深いのは，教育委員会でしょう。

　教育委員会の委員は，標準的には5人ですが，府県では6人，小さな町村では3人にすることもできます。委員は，首長によって任命され，そのなかから委員長が委員同士の互選によって決められます。教育委員会の決定事項は，教育委員会事務局によって実施され，事務局の長は，委員を兼任する教育長です。教育長も首長によって任命されます。

　市町村の教育委員会は，小学校および中学校の設置と管理運営について重要な役割をもっています。小中学校の施設や設備として必要なものについて予算を作成し，市町村議会に提案します。教育委員会には，独自に住民に対して直接税金を設定し徴収する権限はなく，学校の光熱水費も市町村予算から出されます。

　都道府県の教育委員会は，高校の設置および管理運営について責任をもつことと，小学校中学校および高校の教員の採用と配置や移動などの人事について責任をもっています。

　人口が50万を超える特定の大都市（政令指定都市）では府県と同等の権限をもつことできるので，市町村と府県の教育委員会の責任をあわせもっています。

　小中学校の先生方の給与は，40人学級（2012年度より一部35人学級）を実現する教員数という前提で見積もられ，国の政府予算から国庫負担金として3分の1，県庁予算から3分の2に出されることになっており，県教育委員会で採用された教員の給与について，市町村は負担しません。しかし，市町村によっては，少人数学級実現のため，自分たちの自治体独自の財源で全額給与を支払う市町村採用の教員を雇っているところもあります。それには，市町村議会の予算承認が必要です。

　執行機関としての委員会は，特定のことがらについて，市町村長からある程度独立して審議すること，決定すること，執行管理することができますが，しかし，最近では，自治体の首長や政治との距離が問題とされたり，文部科学省の意向ばかりを気にする下請け機関化が問題とされたり，いったい何のために一定の独立性が目指されたのか，疑問とする声が大きくなっています。

　名称は非常に似ているのですが，執行機関でない委員会もあります。それは，

決定や執行の権限をもたない，首長からの**諮問**（意見を求めること）に対して助言や勧告をおこなう委員会であり，一般的に**諮問機関**と総称されます。どちらも「委員会」という名称を使うことが多く似ているので，その違いがわかりにくいのですが，諮問機関としての委員会は，決定すること，執行することはできず，諮問されたことについて「答申」や「報告」，「勧告」を出せるだけです。それは，知事や市町村長の決定や執行についての助言やアドバイスという位置づけにすぎません。

練習問題

① あなたの住む自治体の議会議員定数，議会の委員会の種類，それぞれの委員数，議会会派を調べましょう。
② あなたの自治体議会議員の報酬はどれくらいでしょうか。またどのような基準で決まったのでしょうか。議員の仕事の質や量と比較して支払われるお金はバランスがとれているかどうか，話し合ってみましょう。
③ あなたが住んでいる都道府県知事は，誰ですか。また市町村の長は，誰ですか。それぞれの首長が，選出された最近の選挙で，当選した候補者は，どの政党の支援を受けたかわかりますか。
④ あなたが住む都道府県の職員数と，市町村の職員数がどれくらいいるかわかりますか。どれくらいの給与が総額で支払われているのかわかりますか。
⑤ あなたの住む都道府県と市町村には，どのような執行機関としての行政委員会がありますか。

5　自治体の組織と任務

　私たちが，役場とか役所と呼ぶ建物のなかには役人あるいは公務員と呼ばれる人たちの組織が入っています。公務員組織は，長や委員会という執行機関そのものではなく，執行を補助する組織という位置づけとなっています。

❖ 県庁と役所・役場：補助機関

　執行機関のもとには，実質的に執行の職務をおこなう常勤の行政職員からなる事務組織がおかれています。一般私たちが自治体職員または地方公務員と呼

ぶ人たちで，市町村の役場（役所）職員，県庁職員からなる行政組織は，執行権限をもつ首長など執行機関の仕事を補助し，あるいはその監督のもとに執行する機関であり，正式には**補助機関**といいます。

自治体職員は，職員採用試験を受け行政職員として潜在的な能力を認められ合格したものが終身雇用として公務に就くことになります。このように資格や能力によって選別され採用されることを**資格任用**といいます。仕事のうえでたとえ自分の見解とは異なったとしても，選挙で選出された議員や首長という政治家の決定に従わなければなりません。補助機関のうち，副知事や副市町村長，出納長や収入役など，知事や市町村長が資格任用とは関係なく，行政首長が自分の政治的信念をわかちあう特別職として，政治的な判断に基づいて任命する役職もあります。特別職は別名，**政治的任命職**といいます。

執行機関と補助機関を合わせて一般に「行政」と呼ぶ場合が多く，首長（知事・市町村長）を頂点として，一人の上司に複数の部下が配置されていくというピラミッド型組織を構成しています。補助機関のうち，一般の行政職員でも一番上の役職，通常「部長」と呼びますが，自治体行政組織は，首長の下に数名の副首長（副知事，副市町村長）がおり，4〜8程度のそれぞれの専門の仕事を行う「部」に別れ，また部は，3〜7程度の「課」に分掌されている場合が多いようです。自治体の組織は，自治体の政策領域ごとの行政任務に応じて編成されています。

自治体の組織は，自治体の条例に基づいてある程度自由に決められますので，自治体ごとにすべて異なる組織となっています。しかし，日本の自治体は，中央の各行政分野ごとに組織化された省庁の補助金や助言に非常に影響を受けていますので，中央各省庁に類似した部や課の構成をしているところが多くなっています。これを行政分野ごとの**縦割り行政**と呼ぶこともあります。

一般的な自治体行政組織とその仕事を例示しておきます。

1）総　務　部

住民に対して直接サービスを提供したり，団体や企業に補助金提供や規制をおこなう仕事ではなく，自治体行政組織や職員に対して，組織改編や人事管理などをおこなう部署です。人事課などがあります。

2）企画部

　さまざまな事業担当部署が，実施する事業の計画を立案するところです。長期的な政策の立案をおこなう企画調整課や毎年の予算編成作業をおこなう財政課などがあります。小さな自治体では，総務部といっしょになっているところもあります。

3）農林水産部

　農林水産業の振興や支援をおこなうところです。土地改良や農業用水の確保など農業基盤整備もおこなっています。農業関係の小さな自治体だと，産業支援関係を全部まとめて商工農水部となっているところもあります。こちらに環境課がおかれている場合もあります。

4）土木建設部

　道路や，橋，河川改修，港の整備，区画整理事業や埋め立てによる土地の造成などの，社会基盤の整備を担当します。担当するといっても，土木建設工事を行政職員が直接おこなうことはありません。その工事の企画立案，予算化，と土木建設業の民間会社への工事の発注などが主な仕事です。工事が企画どおり，予算どおり実施されているかについての調査もおこないます。

5）商工労働部

　商業や工業などの産業支援をおこないます。特定の産業分野に対して，補助金を出す，税金を免除するなどの経済活動の支援をおこなうこと，また反対に，その活動が社会的に妥当でない場合は規制をおこなうこともあります。多くの自治体では，雇用支援，失業者支援策など労働者支援策を担当する課を併設していることもあります。

6）生活福祉部

　市町村においては，市町村民としてのサービスを受け取る基礎となる住民票の登録や年金の配給，国民健康保険の発行など，住民に対する直接的なサービスをおこなう，いわゆる窓口業務が中心になります。ゴミの処理など生活環境にかかわる課をこちらに置いている自治体も多いです。県庁レベルでは，窓口業務は多くありませんが，町村の福祉業務の支援など福祉関係の仕事と環境保護の仕事がかなり多くあります。

　以上のように，政策領域ごと，行政分野ごとに，部・課・係というかたちで

編成されており，課長以上を管理職として，数名の課長を部下にもつ各部の部長がいます。

議会の政策領域ごとの常設委員会は，おおよそ行政組織の部の編成と同じ場合が多く，課長および部長は，議会の関連委員会と本会議に出席し，執行部原案を議員に対して説明する役割を担っています。

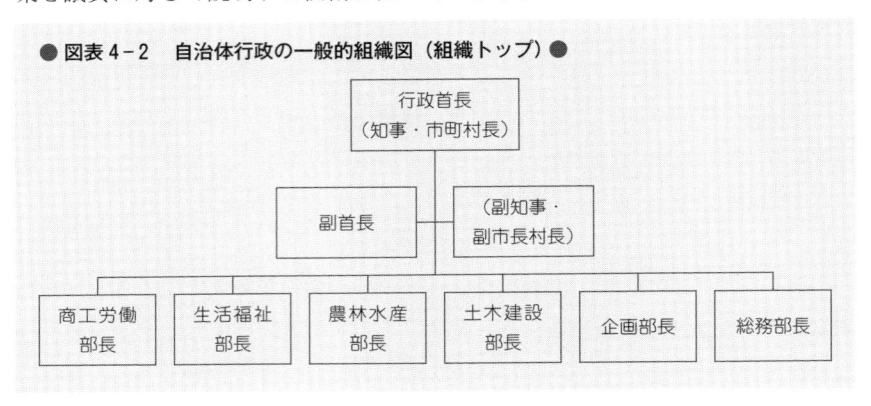

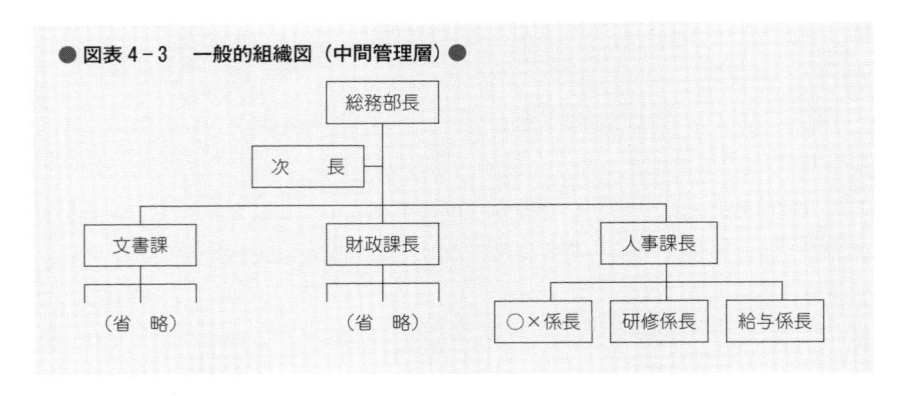

● 図表 4-2　自治体行政の一般的組織図（組織トップ）●

```
                    行政首長
                 （知事・市町村長）
              ┌─────────┴─────────┐
            副首長           （副知事・
                             副市町村長）
   ┌──────┬──────┬──────┼──────┬──────┐
 商工労働  生活福祉  農林水産  土木建設  企画部長  総務部長
  部長      部長      部長      部長
```

● 図表 4-3　一般的組織図（中間管理層）●

```
            総務部長
              │
            次　長
    ┌─────────┼─────────┐
  文書課    財政課長    人事課長
    │         │      ┌───┼───┐
  （省略）  （省略）  ○×係長 研修係長 給与係長
```

● 図表4-4　役場のある部屋の職員の机の配置図 ●

応接ソファーセット		部長席		次長席			
A課長席		B課長席		C課長席		D課長席	
係長	係長	係長	係長	係長	係長	係長	係長
課員	課員	課員	課員	課員	課員	課員	課員
課員	課員	課員	課員	課員	課員	課員	課員

| カウンター（窓口） | | カウンター（窓口） | |

住民が往来できる廊下

＊行政組織は，一番奥の窓際をトップとして，ひとつ大きな部屋におおよそひとつの部の全員の席が用意されている場合が多く，おおよそ役職の身分と同じような配置に席が設けられています。部長以上の管理職，つまり，行政首長，副首長には，個室が用意されています。自治体によって，課でひとつの部屋となり，部長の位置に課長が，課長の位置に係長が，係長の位置に主任もしくは班長等が座っている場合もあります。カウンターに一番近いのが窓口担当職員で，カウンターで住民に直接対応します。

練習問題

① あなたの住んでいる市町村の行政組織図をホームページで調べ，それを上の図表と同じかたちに書き直してみましょう。
② あなたの住んでいる市町村の役場・役所を訪問してみましょう。役場の1階は，ひとつのフロアーにどのような課があって，どのような職員の机が配置されていますか。図表4-4を参考に図で表してみましょう。また2階の間取りと職員の机の配置図をつくってみましょう。

6　住　民

　広報課の職員は，町の広報誌をつくっていました。「郷土学習センター」の整備計画の策定が来年度にはおこなわれ，そのつぎの年には建設が開始する運びとなったのです。その期待を特集記事にしました。しかし，住民のなかには期待どころか，まだ批判している人も多いのです。

　郷土学習センターとは，この町の歴史文化や自然についての体系的に学べ，

自主学習できるように町の博物館的な役割と図書館の役割を兼ね備えた施設です。長年，学校の先生方，保護者，自治会等の住民からも要請がありました。まちでは，5年前に制定された総合計画で，町の郷土資料館と図書館の設置が町づくりの課題としてあげられていたのです。

問題は，まず，予定とされた場所です。それは，町の中心近くにある小金森という自然林に覆われた小高い小さな山の麓と農地のあいだの土地です。自然林と農地をわずかではありますが，森林を伐採して山を削り農地をつぶさなければ十分な土地を確保できません。

文化振興課がこのセンター建設の事業担当課です。文化振興課では，2年前から，建設用地を探してきました。総合計画の策定を受けて町の土地利用計画がつくられましたので，それにのっとって，建設可能な場所，ふさわしい場所を探したのです。この地域は，まちづくりのゾーンとしては，自然体験学習ゾーンとなっています。交通の便や確保できそうな広さの見通しから，文化振興課の課長をはじめ職員全員は，ここしかないだろうな，とすぐに現在の予定地が浮かびあがったのです。

しかし，実際に細かく土地利用計画をみてみると，小金森のほとんど全体が県庁によって「自然環境保全地域」に指定されていること，また隣接する農地が町では，数少ない優良農地になっていることがわかりました。

町役場の環境整備課をとおして，県庁の環境保護課に，予定地の部分だけ，ほんのわずかでいいので，自然環境保全地域の線を引き直して，保全地域指定の解除できないか問い合わせしたところ，返答は，むしろ指定地域は一坪でも増やしたいぐらいで，減らすのはわずかでもできないということでした。町の環境境整備課において，自分自身，自然保護運動に熱心な職員によると，「町の住民の自然保護団体も，おそらく反対する，『町の自然を壊して，町の自然を学習』はあり得ないだろう」とのことでした。

一方「農地」を農業用地の指定からはずして，建設可能な用地とするには，町の農業委員会の決定が必要です。農業委員会の委員長や委員にたずねたところ，農地は年々減っており，可能な限りこれ以上農地が減少することは押さえたいとの話でした。

しかし文化振興課の職員たちは，ここしかない，とあきらめきれません。粘

り強い交渉と再検討の結果，面積を縮小しつつも農地側に半地下の駐車場を整備し，その上に2階建ての建物をつくることで，かなり大きな床面積を確保しつつ，森林をほとんど伐採しないで，有効活用できるように素案を変えていきました。

こうしておおよそ建設が可能となる見通しと素案をもったところで，昨年には建設計画の本格的調査のための予算申請をおこない，今年は実際に施設建設に必要な予算と維持管理に必要な予算の見積もりをおこなってきました。町全体の予算のなかで捻出する目処がたったので，広報課を通して住民への新センターの概要と郷土学習センター建設委員会の設置を宣伝したのでした。

しかし，この広報は，新たな火種をまくことになりました。自然保護団体の反発が予想以上だったのです。

❀ 住民グループによる反対運動

事業担当課の素案は，まだ検討中のたたき台にすぎない段階で，何も公式の決定手続を踏んでいない案だという断りがありましたが，この素案はしかし，センター建設委員会に提出される見通しです。危機感をもった自然保護団体は，さっそく要望書を作成し，その要望書に賛成する住民の署名を広く集めて，町長と町議会議長に提出することにしました。

○小金森は，絶対に手をつけないこと。森はすべての人の憩いの場であり，自然とのふれあいの場であり，癒しの場。県の「鳥獣保護地域」に指定されており，開発ではなく保全を最優先させるべき。一坪たりとも削ってはならない。
○郷土学習センターは，役場となりの中央公民館の立て替えのときに併設すればよい。
○計画が固まってから，住民に意見にきくのはおかしい。まったく案がない段階から住民に意見をきくべき。段取りがおかしいので，住民は納得していない。計画は白紙撤回すべき。

この要望書に賛成する3500人の署名が集まりました。町長は，それを住民のひとつの意見として受けとり，町議会議長は，それを「陳情書」として受けとりました。

🍀 それでも順調に進む計画

　事業担当課は，鳥獣保護地域として指定されている土地を回避して，センターの予定敷地を練り直しました。また，中央公民館の建て替えは，現在の総合計画の期間内には予定されていないこと，計画に載っているこちらの優先順位が高いこと，計画は目下のところ単に素案の段階で，これから始まる建設委員会の審議をへて始めて公開できる原案となるということであり，この要望書の内容は委員会の参考意見として提出することを広報で回答しました。

　センター建設委員会が始まると，住民代表とされる委員，自治会長やPTA会長ですが，の方々は，この説明を受け入れて，審議を進めました。しかし，わずかな修正のほか，ほとんど素案通りで合意が形成され，委員会の案が決まりました。町長は，またわずかな文言を修正しただけで，この原案を議会に提出しました。

　通常議会では，常設の福祉文教委員会が審議しますが，陳情があったため重要視し，この問題のため特別委員会が設置されていました。郷土学習センター検討委員会です。議会の審議は鋭い対立がありましたが，結局，賛成多数で委員会を通過しました。決め手になったのは，実は，議会に提出されたもうひとつの陳情書です。

🍀 議会への市民の直接提案

　これは，翔太と美咲が自分たちの名前で出したものです。自治会での「少年会」の結成を準備しているところで，このようなしくみや活動を町全体に広げなければいけないと思うようになりました。

　ふたりは，ちょうど夏休みに入ったところで，夏休みの宿題，恒例の自由研究で，いいテーマがどうしても浮かばなくて，苦しんでいるところでした。高校入試のための受験勉強も気がかりです。そこに「郷土学習センター」の広報を，最初に相談した自治会の子ども会育成部の部長さんがもってきてくれました。ふたりは，すぐに日頃話ししている，隣の市の博物館と図書館のことを思い浮かべました。この町の自然や歴史文化についてモノや情報が1ヶ所でまとめて学べるとしたら，それこそ自分たちの悩みは解決します。

　地域から学び，地域とともに学び，考え，地域づくりを担う子どもの育成，

そのための地域情報を集め，地域の子どもたちが集まり，ともに創造し合い，新たに地域づくりを発信していくそういう学び合いの場がほしいという要望でした。

ふたりは，第1に，各自治会に少年会をつくり，また，町全体の少年会連合会をつくること，第2に少年会活動及び少年会連合会の活動をおこなうための拠点として，郷土学習センターが必要なこと，第3に，少年会連合会の最初の重要なとりくみとして，小学校の総合学習の時間で自分たちで町の歴史を調べてつくった演劇を思い出しそれをあげました。この町から生まれたといわれている歴史的ヒーローの物語を中学生高校生中心につくって，自分たちで演じてみよう，ということです。このような中身の陳情書が委員会で読み上げられると，それまで強固に反対して議員も反対をいわなくてなってきたのです。

センター建設案は，委員会で可決されたあと，本会議に送られます。郷土学習センターの反対住民運動グループのなかでもまだ納得がいかない10数人は，議会棟の前でプラカードをもって議場に向かう議員たちに反対を訴え，また，本会議場の傍聴席に陣取りました。しかし，本会議においても，ひとりの議員の反対意見を述べるわずかな時間があっただけで，強い抵抗もなくすんなり可決されました。

議員も議場の傍聴者も，来年には，このセンターが着工されるであろうことに誰も疑いをはさむことはありません。

❀ 自治体の土地利用にかんする権限

市町村内の土地をどのように利用するのか，については，市町村の役場だけで決定できるものありません。多様な計画と主体がかかわっています。

まず，土地の所有者の土地利用に対する権利の制限があります。法律上，人と同じような権利義務をもつことができる組織や団体を「法人」といい，団体・組織名義で土地や不動産を所有することができますが，法にしたがう義務や納税の義務を負います。土地の多くは，法人によって所有されていますが，土地を私有する住民や法人が自分の土地だからということで，自由に土地を使っていいわけでありません。土地の利用には制限があり，**スプロール化**（虫食い開発）や景観の破壊など無秩序な都市化や**乱開発**を防いでいます。

その制限とは，第一に多様な計画に基づいて土地の利用が制限されていることです。**国土利用基本計画法**に基づいて，国土利用の基本計画が，国全体レベル，当道府県レベル，市町村レベルで，それぞれ作成されます。その際に国土利用計画県計画は，県の総合計画に，市町村の計画は市町村の総合計画に準拠していなければなりません。さらに県と市町村の国土利用計画は，県土地利用基本計画と市町村土地利用基本計画において具体化されなければなりません。

　県の土地利用計画は，市町村土地利用計画の上位計画に該当し，市町村土地利用計画は，県の計画と異なる利用計画を策定することはできないことになっています。県の土地利用計画では，①都市計画に基づく，都市計画区域（市街地として整備すべき区域）の指定，②農業振興計画に基づく農業振興地域の指定，③森林計画に基づく地域森林計画対象の民有林の指定，④自然公園計画に基づく国・県立自然公園の指定，⑤自然環境保全計画に基づく，国・県の自然環境保全地域の指定がおこなわれます。

　市町村土地利用計画は，同じ土地の利用方法について，県の計画と異なるということがあってはなりませんから，整合性を気にしながら，より詳細な市町村独自の利用計画を策定していくことになっています。

練習問題

① 自治体においてあることがらが，発案から決定に至るまでおおよそどのように進んでいくのでしょうか。本文の学習センターの場合はどうでしょう。次頁の図のそれぞれのプロセスの担当する機関や組織の名称を入れてください。

② つぎにあげる人びとは，郷土学習センターの建設について賛成しているのか反対しているのか，どちらなのでしょうか。
　　a）役場の職員　　b）住民グループ　　c）生徒　　d）議員
それぞれのグループは，一致して同じ意見ですか。同じグループでも意見の違いがあるとすれば，それはなぜですか。なぜ反対グループの運動は活発にならなかったのでしょうか。話し合ってみましょう。

フロー図（右から左へ読む、縦書き）:

□□□課
○総合計画・土地利用計画・公約
○関連事項調査・関連部署調整
○センター素案作成・委員会準備

↓

委員会□□□
○首長から委員会への諮問
○素案の再検討と委員会案審議
○委員会案の採択・首長提出

↓

□長
○委員会案の受け取り
○首長としての検討・調整・修正
○首長原案として議会に提出

↓

□議会
○議会議案として委員会へ付託
○委員会における審議と議決
○本会議における審議と議決

↓

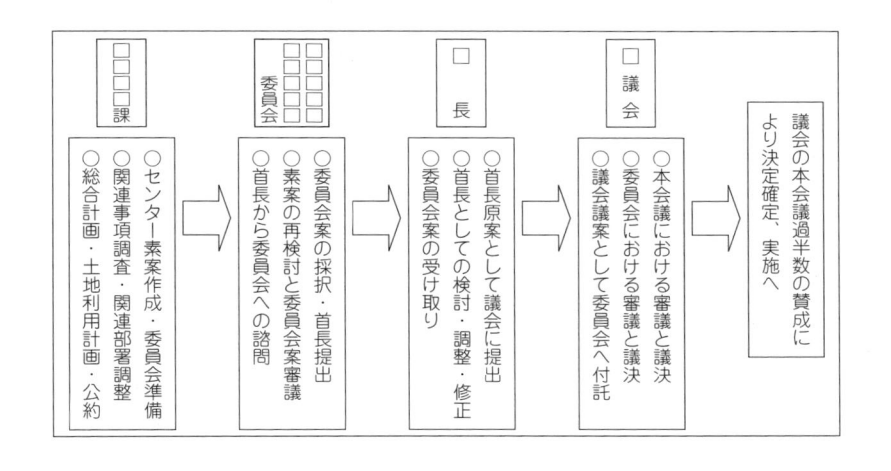

議会の本会議過半数の賛成により決定確定、実施へ

7 自治体予算のつくり方

　生徒が通っている中学校が，突然，地域の新聞で取り上げられました。よいニュースであればいいのですが，車いすの子どもの入学を拒否した，ということで保護者が不満を訴えているという，あまりよくないニュースでした。
　地元の新聞によると拒否した理由は，車いすの子どもが学校のなかをどこでも普通に移動できどの教室でも授業できる環境が整っていないから，ということらしいのです。
　この学校は30年前に建てられた学校で，多少古い校舎や施設でしたが，生徒たちは，それなりに愛着をもっていたのです。生徒は不名誉な取り上げられ方で，少し憤っていましたが，クラス委員の美咲は，とくに不満でしたが，どうしていいのかわかりません。そこでクラス会で，クラスのみんなにこの問題について問いかけてみました。

　　美咲：「車いすの子どもが通学して授業を受ける学校の環境になっていない」って
　　　　　いったい何のこと。
　　生徒A：どこか通れないところがあるのかな。
　　生徒B：通ろうと思えばどこでも通れるはずだよ。
　　生徒C：みんな不便感じたことないじゃないか。

……結局わかりません。

「車いすに乗ってみないとわからないよ」と翔太がいいました。たしかにそうです。みんな納得しました。車いすを借りて，みんなで乗って押し合って学校を回ってみよう，ということになりました。保健の先生が車いすを福祉センターから借りてきてくれました。実際に交代で車いすを押し，また乗ってみて，クラスのみんなで学校回ってみると，いろいろなことに次々と気がつきました。

車いすでは，たった3cmほどの段差が，乗り越えるのに大変なこと，そのような段差が学校の各校舎の出入り口，廊下の継ぎ目，いたるところにあることに気がつきました。

3cmだとどうにか乗り越えられないこともないのですが，まったく不可能な大きな段差にも気がつきました。とくに，職員室や校長室に近い本館正面入り口は，階段となっており，車いすではまったく通行不可能となっていることは問題です。また，2階3階にのぼるには階段しかなく，エレベータがないので車いすでは上がれないこと。この3点が気になりました。

クラスでは，話し合いの結果，次の改善策を新聞部の学校新聞に生徒の意見として出すことにしました。

1	各校舎の出入り口と廊下の継ぎ目にある3cmから5cmの段差は，コンクリートを継ぎ足して埋め，緩やかな傾斜にすること。
2	本館正面入り口の階段には，車いすが登れる緩やかな傾斜の迂回路を設置するこ

> と。
> 3　3階まで車いすで上がれるエレベータを設置すること。

　校長先生はその学校新聞をみて，町の教育委員会事務局の学校施設の財政を担当している職員に生徒たちを会わせて，改善策を実際の要求として受けとってもらうことにしました。

　しかし，担当職員の回答は，あまり生徒たちが納得できるものではありませんでした。まず，「予算がありません」との回答で，つぎに「私たちの町のすべての公共施設で同じような問題が起こっています」「教育施設についても順番に改善していく予定ですが，中学校校舎の補修は今のところ予定に入っていません。」

　「いったい全体，こんな重要なことに町の予算を使わずに，いったい何に使っているのだろう，なぜ，予算がないのだろう。」わからないことがどんどん出てきました。生徒たちは自治体の予算について調べてみることにしました。

❁ 支　　出

　自治体の予算には大きく分けて，経常的支出と投資的支出に分けることができます。「経常的」とは，いつでも必ず一定額を支出しなければならない支出のことで，法令でやることを義務づけられた仕事やサービスのための支出や，自治体の職員の人件費，議員の報酬，施設の光熱水費，維持管理費のための支出などが該当します。

　「投資的」とは，主として公共サービスを提供するための設備や施設，また，産業の振興や生活の改善のために土地の造成や道路の建設，上下水道の整備などが該当します。

　あなたの学校は，市町村の予算で運営されている公立学校ですか。その場合は，先生や職員の給料と，電気や水道代の費用は，どちらに分類されますか。新しく校舎を建て替えたり，新たに施設をつくったり，クーラーなどの備品を入れたりしていませんか。それは，どちらに分類されるのでしょうか。

　給食費は，どうなっているのでしょうか。また，授業で使うプリントは，そのプリントを用意するためのコピー機はどうなっていますか。

🍀 予算をつくる作業の進み方

　自治体の予算とは，その自治体が1年間のお金のやりくりと仕事に使うお金の予定です。予算をつくる仕事を予算編成といいます。予算編成は，行政首長の役割であり，首長は，会計年度（4月1日から翌年の3月31日）が始まる前に，予算を編成し，3月の議会定例会に提出し，その承認を受けます。それによって，翌年度の4月から自治体の仕事が正式なお金の支出の裏付けをもって実施できることになります。

1）予算は，前年度の6月ころから見積りをはじめます。6月には，その年の1年間の自治体の収入総額がおおよそわかりますので，財政担当課は，そこから次年度の収入総額を見積もって，首長の意向をうかがって，事業を担当する部・課に次年度予算の方針と大枠を提示します。

2）事業担当の各課は，前年度とその年の実例を参考として，まず，継続的な事業，経常的な支出を先に見積もりを立てていきます。管理している施設や設備の維持管理費，人件費などです。また，福祉や教育などの対人サービスの場合は，サービスの受け取り手の人数などを基に翌年度の予算の見積もりをおこないます。

3）投資的な事業についての予算は，すくなくとも事前に4・5年，多い場合はそれ以上の年月をかけて，整備計画を立案します。大きな事業は，2・3年あるいはそれ以上の年月をかけて，ようやく全体が完成するものも多々あり，整備計画のなかで，年度ごとにどこまでどのように整備するか決められていますので，それにしたがって，次年度の予算を見積もっていきます。

4）各部の事業担当課は，それぞれの事業の予算づくりをおこない，各部では，12月までには部単位でまとめあげます。12月20日ころには，国の政府の予算案が提示されますので，財政担当課は，補助金や交付税交付金等をそこから詳細に見積もっていきます。

5）1月には，各部から，財政担当課に各部の予算案が提出され，財政担当課の主導で，各部各課の予算担当と予算額確定のための話し合いをおこないます。これを財政課による査定といいますが，その査定をへて，首長が最終的に予算の査定をおこなって，首長が議会に提案する予算案が確定します。

6）首長は，3月初旬の議会定例会において，予算案を提出し，議会の審議を

経て，修正のある場合は，修正がなされ，3月議会の閉会前までには予算案が議決によって承認され，正式に翌年度予算として成立します。

練習問題

①あなたのクラスでは，授業をおこなううえで，または学校生活を送るうえで，障害になっていることや，何か必要なものが足りないことなど，ありませんか。クラス全員で話し合ってみましょう。

②話し合いでわかったクラス全員が納得した解決すべき課題は，何でしょうか。それを解決するためには，どうすればいいのでしょうか。自分たちで何ができるでしょうか。協力や要請をお願いするとすれば，誰にどうやって，どのようにやればいいのでしょうか。話し合ってみましょう。

8 自治体の収入

　自治体は，支出，つまりお金の使い道を，自治体独自に決定できる領域もありますが，自治体で決定できず国の政府が支出を決めた領域もあります。自治体にとって，国の法令で支出を義務づけられた，つまり，法律や省令などの法令で，サービスの提供を必ず行うよう義務づけられた仕事が多くあります。たとえば，小中学校の教育サービスの提供は，市町村自治体の義務となっています。

　このため，国の政府は，全国どこでもどの市町村に住んでいても，全国民が一定水準以上のサービスが受け取られるようにお金を保障して提供しなければなりません（これを**財源保障**といいます）。全国民が健康で文化的な生活を営む権利があり，教育はその基盤となるものだからです。そのため，国の政府の金庫（国庫）から負担金を出しています。

　自治体の収入は，市町村民税や県税など自治体独自の税源や公共料金に基づく**自主財源**と国からの補助金や負担金という**依存財源**から成り立っています。これらを含め，自治体は，主に5つの収入源（財源）をもっています。

1）地方税（市町村民税・県民税等）

　租税の徴収権があるか否かは，自治にとって最も重要な基盤になります。しかし，どのような課税をおこなってもいい，というわけではなく，法律によって自治体が徴収できる税のしくみは，おおよそ全国で同じように決められてい

ます。

　市町村においては，土地や建物の価値を基準にして毎年課税される固定資産税と所得に課税される市町村民税，都道府県においては，所得に課税される都道府県民税と自動車税などが中心になります。

　企業や会社など，法的には人と同じような権利義務の主体となる「法人」に対しても所得や固定資産があれば，課税されます。

　地方税の中心的な課税対象は，法律によって決まっていますが，税率については，各自治体の都合に合わせて，住民や議会の合意のもとにわずかに変えることができます。また，法律によって決められていない課税対象や課税方法を，自治体が独自に条例によって定めることもできます。これを法定外課税（法律によって定められていない自治体の課税）といいます。

　有料化される前のレジ袋に対する課税や環境美化のため島に入る時に税を課す環境税など，自治体独自の課税をおこなっているところもいくつかあります。これも地方税のひとつです。

2）公共料金

　公共サービスのなかには，水道料金や施設の借用代など，受けたサービスの量，使った分や使った時間は，その対価を支払わなければならないものがあります。

　民間企業の販売品やサービスのようですが，民間企業と違って，その料金から収益を上げる必要はありません。しかし，料金からなる収入がサービス提供に費やす費用に見合わず赤字になった場合は，地方税から補わなければなりません。したがって，赤字にならないように料金を設定する必要があります。各自治体が赤字にならないように創意工夫をしており，また地方税から赤字分を補う場合は，丹念な議論と住民の納得が必要になるでしょう。学校で公共料金に該当するものはありますか。その支払い金額に対して受けるサービスの内容は納得いくものですか。

3）地方交付税

　日本の産業や人口には，地域ごとに大きな偏りがあります。企業や工場が利便性や収益を追求した結果，ますます大都市に集中し，農村部は人も企業も減少する傾向にあります。このままでは，地方税の収入を確保する能力に非常に

大きな差が生まれ、地域ごと、自治体ごとにサービスの水準がまったく異なる事態が生じてしまいます。

しかし、私たちは日本中どこに住んでいようが、国民全員が等しく健康で文化的な生活を送る権利があるとして、第2次世界大戦後の国づくりをおこなうことを決意して、憲法に定め、政府にその保障を求めてきました。そのため、経済的な格差を埋め、全国どこでも一定水準以上の共通の教育・福祉サービスを受け取ることができように、自治体の財源を確保することにしました。

そのために国から地方自治体に移し替えられるのが**地方交付税**であり、国税の5種類の税総額の約3分の1程度が、そのための財源とされています。国の政府の金庫を国庫といい、その財源は、主として国の政府が徴収する税金、国税です。国税は、しかし、全部が国の政府の事業実施のための収入源とされているのではありません。国税のうち、所得税、酒税、法人税、消費税、たばこ税の5税のおおよそ30%が、そもそも地方自治体全体の収入源とされているということです。

その全自治体の共有の収入源から、高額納税者が多く、地方税収の多い裕福な自治体においては支給されず、基本的な収入の割合に応じて、少ない自治体、小さな自治体ほど多く配分されることになっています。

地方交付税は、自治体の基本的な収入に必要と推定される基本的な支出額の差額が一括して配分されるものであり、使い道が個別に指示される補助金とは違い、自治体が自由に使い道を決めることができるために、地方税と合わせて**一般財源**と呼ばれます。

4）国庫支出金

中央政府の各省庁は、実に多様な仕事をおこなっています。中央各省庁が国民に対して直接サービスの提供を行う仕事を一般に国の**直轄事業**といいます。国道や大型ダムの建設などの公共事業の提供や企業の経済活動の規制や許認可を与える仕事などが含まれます。

しかし、ほとんどの省庁において直轄事業よりも大きな比重を占める仕事があります。それが地方自治体への**補助事業**と呼ばれるものです。中央各省庁は、自治体にぜひともとりくんでほしい仕事に対して、その仕事の目的や方法、段取りや基準等を示して、その通りに実施することを条件に、補助金を配布する

のです。この補助金の総称を国庫支出金といいます。

　国庫支出金のうち国会が定めた法律やそれに基づく規則で自治体がやるべきであると義務づけた補助金のことを**国庫負担金**といいます（116頁「どうやって自治体の仕事は決まるのか」を参照）。それは，ナショナルミニマムの観点から，国が元来保障すべき国民の生活や福祉の水準に関連します。自治体には，その国庫負担金の事業を拒絶したり，配分額を減らしたりする自由はないものと考えられています。配分額を上乗せして住民サービスを向上させることについては自由にできるものと考えられています。義務教育の一部のお金は，国庫負担金にから出されます。

　国庫支出金のうち，自治体にやるべき義務がない仕事に対する補助金を，**国庫補助金**といいます。主として公共事業，道路，上下水道，港湾，河川改修などが該当します。

　国庫支出金には，それぞれの事業ごとに「補助率」が定められており，自治体の一般財源のもち出しや地方債と組み合わせて，財源総額を確保することになっています。補助率は，全国的にほぼ統一されていますが，政策的に有利な補助率を適用されている地域，「離島」，「過疎地」，「沖縄」などがいくつか法律によって規定されています。補助率を高くすると自治体の自主的な税源からもち出しの金額が減りますので，多くの自治体では歓迎するところですが，場合によっては，補助率の高い事業ばかりに自治体の仕事が偏在してしまう，地域にとって必ずしも必要といえない事業なのに補助率がいいというだけで集中して投資してしまう，つまり無駄な投資を誘発するという問題を引き起こすこともあります。

5）地　方　債

　自治体の借金のことを一般に**地方債**あるいは**公債**といいます。借金をすることを**地方債の発行**といいます。借金は，全面的に禁止されているわけではありませんが，身の丈にあった金額の借り入れ，と可能な返済計画を立てなければ，自治体といえども破綻してしまいます。

　自治体は，事業ごとに借金をしていきます。投資的な事業については，地方債の発行が可能とされていますが，経常的支出のために借金をすることはできません。投資的な事業とは施設や設備への建設であり，それを利用するのは建

設後の将来の住民であり,将来の住民が借金の返済者になることは利用者と受益者が一致することになるのでむしろいいことだ,という見解もあります。

しかし,地方債は必ず返還しなければならず,返還の負担が未来の租税負担者に重くのしかかり,自治体の他の仕事ができなくなるようでは困ります。このような状態に陥ったら自治体の「財政破たん」といい,予算編成の自由を制約され国の政府の厳重な監視のもとにおかれることになります。

♣ 自治体（市町村）の税率の決め方
1）市町村民税

私たちは自分が働いて得たお金（所得）の1割を,市町村民税として支払っています。1年間で200万の所得があった場合は,20万円を支払い,800万円の所得があった場合は,80万円で,どれも同じく所得の10％となっています。所得の10％に比例して支払うことから,市町村民税は比例税ということもできます。このしくみは,法律で決められており,全国どこの自治体でも同じ税率となっています。

2）固定資産税

市町村の税金で大きな割合を占めるのは,土地や建物という不動産の所有に課税する**固定資産税**です。固定資産の価値に応じて課税するのですが,土地価格や建物の価格（「評価額」といいます）が高い地域においては,同じ税率でも固定資産税の収入は大きくなり,価格が安いところでは,税収が低くなります。法律の認める範囲内で,市町村ごとに固定資産税の税率を変えることもできます。税率を高くすることによって,人や企業が入って来にくくする,過密を解消する,逆に税率を低くすることによって,人や企業を集めるということです。

3）法定外課税

市町村は,法律によって,定められていない課税対象を自分たちで探し出して,課税することができます。**法定外課税**といいますが,自治体の議会が条例を定めれば,独自の財源として自治体予算に組み込むことができます。歳入の確保の目的よりも,環境美化や環境保護を目的として人びとの意識改革や動機づけの向上のため設定することが多いようです。沖縄県のある離島村では,島に入る唯一の方法であるフェリーの運賃に上乗せして,一人100円の環境税を

取っています。村民の間で従来から，島内集落の里道，建物や屋敷周辺の美化とゴミの処理が大きな負担となっているとの訴えがあり，村長は最も住民が納得できるそして可能性の高い課税の対象や方法を吟味し，原案を議会に提出したのです。議会は，条例を採択し，新しい税金が決まりました。

しかし，このような法定外課税は非常に珍しいことです。また，税率を変更できる税項目についても，それほど大きな変更はしないことが普通です。課税対象を多くし，また税率を高くすれば高くするほど，自治体の収入源は大きくなりそうなのですが，実際にそういうことは起こりません。

なぜかということ，前に述べた「交付税交付金」というしくみがあるからです。交付税交付金は，自治体ごとにおこなうべきサービスの総量から歳出規模を想定して，自治体ごとの歳入額では足りない分を配分するというしくみです。ということは，収入源の拡大を目指して努力の結果大きくなったとしても，想定される歳出規模は，変わりませんから，その分配分されるお金が少なくなってしまうということになります。したがって，税収のため，課税対象の拡大や税率の引き上げなど，課税努力をやったところで，交付税交付金を減らされるだけで，一般財源は増えない，ということになるわけです。

したがって，税収増大，財源確保という目的よりも，環境保全などの政策目的の課税が少し目につく状況です。このような状況は，自治体の予算の自由度を低くし，住民による自治体財政の監視力と規律を弱めるものとして，近年は改革の議題となっています。

練習問題

① 図表4-5と図表4-6は，全国の都道府県と市町村の歳入および歳出の内訳です。円グラフのなかに記載された内訳項目のカッコのなかに示された割合が，都道府県および市町村の平均値と一致します。あなたの住む市町村や都道府県では，その平均値とくらべて，どのような項目が多い少ないなどの特徴がありますか。またその理由は何でしょうか。

② あなたの住む市町村において特別に高い税率あるいは低く抑えられている地方税の項目はありますか。法定外の税はありますか。

③ 自治体の税金は，全国一律がいいという意見と，自治体ごとに自由に設定していいという意見がありますが，あなたはどちらがいいと思います

か。その理由は何ですか。
④ あなたのグループでまたはクラスで，今，自治体に新しい税金を導入するとすれば，どのような税金が望ましいのか，どのような目的のために，どのような対象に課税する方がいいのか，話し合ってみましょう。

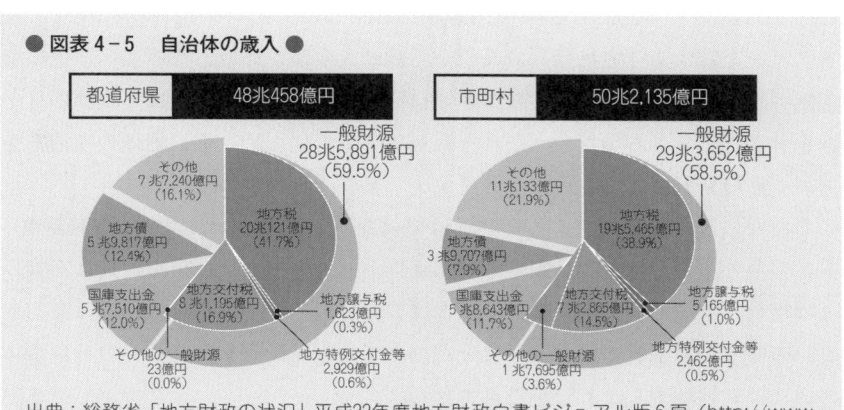

● 図表4-5　自治体の歳入 ●

都道府県　48兆458億円

- 一般財源　28兆5,891億円（59.5%）
- 地方税　20兆121億円（41.7%）
- 地方交付税　8兆1,195億円（16.9%）
- 地方譲与税　1,623億円（0.3%）
- 地方特例交付金等　2,929億円（0.6%）
- その他の一般財源　23億円（0.0%）
- 国庫支出金　5兆7,510億円（12.0%）
- 地方債　5兆9,817億円（12.4%）
- その他　7兆7,240億円（16.1%）

市町村　50兆2,135億円

- 一般財源　29兆3,652億円（58.5%）
- 地方税　19兆5,465億円（38.9%）
- 地方交付税　7兆2,865億円（14.5%）
- 地方譲与税　5,165億円（1.0%）
- 地方特例交付金等　2,462億円（0.5%）
- その他の一般財源　1兆7,695億円（3.6%）
- 国庫支出金　5兆8,643億円（11.7%）
- 地方債　3兆9,707億円（7.9%）
- その他　11兆133億円（21.9%）

出典：総務省「地方財政の状況」平成22年度地方財政白書ビジュアル版6頁（http://www.soumu.go.jp/iken/zaisei/22data/100913_1.pdf）

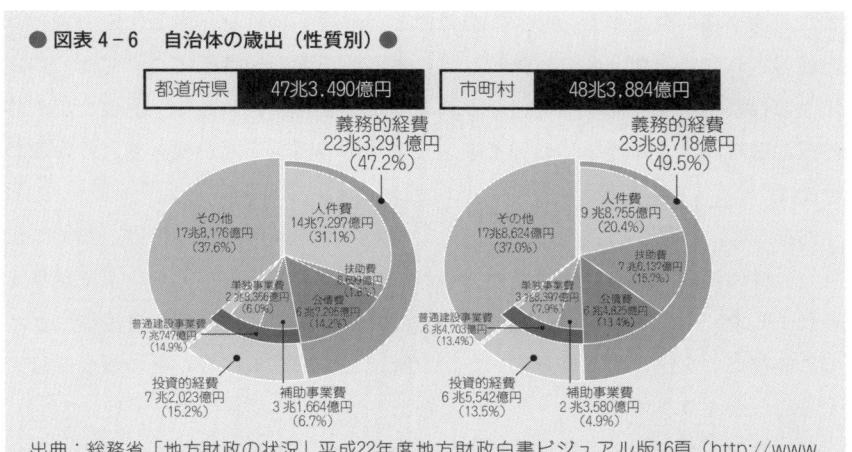

● 図表4-6　自治体の歳出（性質別）●

都道府県　47兆3,490億円

- 義務的経費　22兆3,291億円（47.2%）
- 人件費　14兆7,297億円（31.1%）
- 扶助費　8,699億円（1.8%）
- 公債費　6兆7,295億円（14.2%）
- 投資的経費　7兆2,023億円（15.2%）
- 普通建設事業費　7兆747億円（14.9%）
- 補助事業費　3兆1,664億円（6.7%）
- 単独事業費　2兆9,356億円（6.0%）
- その他　17兆8,176億円（37.6%）

市町村　48兆3,884億円

- 義務的経費　23兆9,718億円（49.5%）
- 人件費　9兆8,755億円（20.4%）
- 扶助費　7兆6,132億円（15.2%）
- 公債費　6兆4,825億円（13.4%）
- 投資的経費　6兆5,542億円（13.5%）
- 普通建設事業費　6兆4,703億円（13.4%）
- 補助事業費　2兆3,580億円（4.9%）
- 単独事業費　3兆8,397億円（7.9%）
- その他　17兆8,624億円（37.0%）

出典：総務省「地方財政の状況」平成22年度地方財政白書ビジュアル版16頁（http://www.soumu.go.jp/iken/zaisei/22data/100913_1.pdf）

9　地域における民主主義

　あなたは，20歳になると，住んでいる自治体の議会や首長の選挙で投票することができます。投票する権利（**投票権**）は，役所にその自治体内に住んでいることを登録する「住民票」に基づいて**選挙人名簿**が作成されることによって保障されます。選挙人名簿に基づいて自治体の選挙管理委員会は，投票のはがきを郵送します。あなたは，それをもって自分の住んでいる自治体の政治家を選ぶため投票所に行くことになります。

　あなたは，また，投票する権利だけではなく，投票される権利（**被投票権**）も将来あります。都道府県知事では30歳以上，地方議会及び市町村長は25歳以上の権利となっています。首長の場合は，自分の住んでいる自治体ではなくもいいのですが，議員の場合は，自分が住んでいて住民票を登録している自治体の議員に立候補することしかできません。

　もしあなたが日本国籍でない場合は，残念ながら投票権はありません。現在，自治体の投票権を長期滞在者には付与する選挙法の改正が検討されています。また，選挙法の改正において，20歳以上という投票年齢を18歳とする引き下げが検討されています。すでに先行して，憲法改正の国民投票については，18歳以上に投票権が法律によって付与されました。それに合わせて，国政や自治体の政治家を選出する選挙においても，投票年齢の引き下げが検討されているわけです。

　あなたは，投票に行ったことがありますか。沖縄県与那国町では，2005年11月，合併の是非を問う住民投票が行われ，15歳以上の未成年にも投票権が与えられました。中学生も投票におこなったのです。このように何か自治体にとって重要なことを決定する場合に，条例を制定して未成年にも投票の機会を設定することがあります。

　条例の制定や予算の承認は，議会の権限ですが，条例や予算について，このような条例を作ってほしい，このような予算を作ってほしいと住民が要望を出す権利も認められています。それには年齢の制限はなく，中学生にも議会に要望を出す権利が認めています。そのような要望のうち，議員を通して出すもの

を「請願」、直接議会に提出するものを「陳情」といいます。静岡県静岡市では2005年12月、中学1年生が市議会に提出した「請願」が審議の上全会一致で採択され、喫煙を規制する条例が制定されました。

このようにして、住民投票の投票権、陳情や請願の提出権など、直接民主主義的な制度においては未成年にも参加の機会と権利が保障されています。中学生でも、正式に自治体の政治や行政にかかわることができるのです。しかし、中学生にとってもっとも身近な地域の自治をおこなうところは、「自治会」と呼ばれる地域共同体・地縁団体です。「住民自治組織」または「地域自治組織」と呼ばれることもあるのですが、この組織のもとに、おおよそ年齢ごとのつながりである子ども会や青年会、老人会なども組織化されていることが多いといえます。翔太と美咲が、自分たちでつくろうとした少年会も自治組織のひとつということですね。少し詳しく説明しましょう。

🍀 地域共同体と地縁団体

歴史上長いあいだ、日本において統治の一番下の単位であったのが、現在、一般に**地縁団体**と呼ばれる地域共同体です。「○×区自治会」「○×町内会」というように呼ばれることが多いですが、現在は、正式な行政機関ではなく、また、何か特定の法律の根拠に基づいて組織化が義務づけられているものでもありません。住民が自発的に組織化し、名称も規則もまったく住民自身が自分たちで考え決定し、自分たちで運営するところが多いとされています。このような組織を定める特定の法律の根拠がない住民が自由に結成した組織を法的には**任意団体**といいます。

しかし、このような地域共同体は、非常に長い歴史を有するところが多く、また、住民が共通の祖先や神様を信仰する、または神様への祈りごとや祖先の供養を共同で行うことが多く、多くの人びとの精神的なよりどころとなっている場合があります。

つい最近まで統治の末端として、税の徴収などの仕事を役場から委託されておこなっている団体もありました。現在も、自治体の政治行政にかかわるような仕事をやっている団体もあります。しかし、その多くは、交流や親睦が中心であり、相互扶助といっても、共同での清掃活動や一人暮らし老人宅の訪問な

ど，ごく限られた役割となっています。

多くの団体の予算は，会費を徴収することによって収入を確定しており，会費を納入する会員の確保に努めています。自治体と違って，加入は基本的に自由であり，強制はできません。農村地域では，100％近い加入率となっているところもありますが，都市部では加入率が低下しており，20％台というところも多く，また，このような地縁団体が組織化されていない地域も多く出現しています。

また，古い伝統的な地域では，おおよそ世帯単位での加盟となっており，個人単位ではないところから，非民主的なしくみとして批判される場合もあります。ほかにも，その地域の有力な家系あるいは資金力のある家系が自治会役員を独占し，決定過程や会計が不透明だと批判される場合もあります。その場合も，任意団体である限り法律によって公開性や透明性を強制できないと考えられており，まさしく，住民の民主的な自分たちの組織運営の力，民主的な規範を作りだし共有していく力に依拠しているといっても過言ではないでしょう。

地縁団体である自治会等のしくみや運営方法は，千差万別です。同じ市町村のなかでも隣同士でまったく違っているという例さえめずらしくありません。ここでは，ごく一般的なしくみや方法を紹介します。

1）役　職

　代表：自治会長（区長，自治公民館長等の呼称もある）。
　　　　選出方法：選挙または役員による互選または輪番（順番が回ってくること）で総会承認。
　役員：副会長，部長数名（子ども育成部長，環境衛生部長など），会計，監査委員。
　　　　選出方法：会長の任命または互選または輪番，総会による承認。
　評議員：各班の代表（班長等の呼称もある），10名〜30名程度，選挙または輪番制。

2）運営方法

　役員会：代表と役員で「役員会」を形成し，日常的な仕事をおこなう。
　評議会：評議員は月に一度程度集まり，「評議会」を開催して，具体的な実施のための意思決定をおこなう。
　総　会：最高決定機関は，すべての加入住民が参加できる「住民総会」であ

り，予算と決算の承認，役員の承認，その他重要案件の決定を行う。年に1度もしくは2度ほどの開催のほか，緊急の案件のために臨時総会が開催されることある。

3）その他の関連機関や団体

　自治会の関連組織あるいは構成組織として，居住地域ごとに「班」をいくつか設けて，班ごとに班長という世話人やあるいは評議員を選出するところも多い状況です。また，「老人会」・「女性会」・「青年会」・「子ども会」を年齢ごとに組織化して，自発的な交流活動や相互扶助活動をおこなっています。自治会は，そのような団体に対して自治会予算から支援を行っている場合が多いようです。

　地縁団体は，伝統的な行事が多く，新しく移住してきた住民と古くからそこに住む住民とのあいだで，するべき仕事について意見の対立も多く，また少ない予算でやるべきことも限られています。必ずしもすべての住民自治組織が民主的に運営されているとも限りません。しかし，住民の「自治」の力を育む非常に重要な場となっており，ここに背を向ける住民が自治体や国の政治・行政について力をつけていくことは困難です。

　クラスや学校における生徒の自治と同じように，地域社会における自治も一人ひとりの意見の尊重と納得いくよう話し合いによる合意形成がとても重要です。それは，民主主義的な政治を担っていく力を育むことになります。

練習問題

① あなたの住んでいる地域に，自治会（町内会・区会等）は，ありますか。加入率，予算歳入歳出の内訳，仕事内容の特徴，ものごとの決定の仕方を，グループ一人ひとりの所属している自治会ごとにどのように違うのか，比較してみましょう。その違いの理由はどこからくるのか話し合ってみましょう。
② あなたは，今自分の生活で不便を感じていることはありませんか。その不便を解消するために，自治会や自治体，地域の住民が動けばどうにかなりそうなことはありませんか。あなたが不便の解消のために，何かそこに影響を与えることができるとすれば，どのような方法がありますか。
③ 市町村に住む多くの人びとの意見がスムーズに表明され，よく話し合われ，多くの人びとが納得のいく決定をおこなうために，どうすればいいのか，話

し合ってみましょう。

📖 おすすめの文献

① 山口二郎『若者ための政治マニュアル——民主主義を使いこなすための10のルール』（講談社現代新書，2008年）
　政治について考えよう関わってみようと思うとき，自分がどう判断しどう動けばいいのかを，10個の原理原則を基準として考えてみようと，中高生向けにわかりやすく提案し解説している。現実の政治や自治的な問題を取り上げて具体的な説明がなされており読みやすい。

② 高畠通敏『市民政治再考』（岩波ブックレット，2004年）
　岩波ブックレットのシリーズは，多様なテーマごとに安価で出版されている。若年層や一般市民向けの講演などをもとに編集されているので，興味関心のあるテーマごとに購読を勧める。この本については，現代政治の主体である「市民」が登場してきた意義を伝えている。

5

私たちの社会保障

1　出　　生

　　翔太の親戚の家で，赤ちゃんが生まれました。
　翔太：小さくてかわいいね！　抱っこしていい？
　　母：翔太が生まれたときを思い出すわね。予定日よりも3日も早くって。健診でも，標準より体重が少なかったから，ちょっと心配だったのよ。
　翔太：僕，どこで生まれたんだっけ？
　　母：ほら，△△病院よ。

　あなたが生まれたとき，どんな様子だったでしょうか。どこで生まれましたか。病院やクリニックでしたか。誰が立ち会ってくれましたか。お父さん，お母さん以外に，お医者さんや看護師さんなど，どんな専門職の方から手助けをしてもらったのでしょうか。

❀ 乳児死亡率の減少とその背景

　かつて日本では，乳児すなわち0歳から1歳未満の子どもの死亡率は，今よりずっと高い割合でした。図表5-1のとおり，1955年の**乳児死亡率**は，1000人あたり約40人でした。出産は，今よりもずっと，子どもにとっても母親にとっても命の危険にかかわる事柄だったのです。

　乳児の死亡率が減少した理由のひとつとして，日本では**国民皆保険制度**が誕生したことがあげられます。1961年に国民皆保険が実現されたことによって，すべての国民が公的な医療保険制度に加入できるようになりました。これによって，医療費の一部が医療保険から支出されるようになり，患者の負担が大幅に減ったため，だれもが費用の心配なく医者にかかれるようになったのです。乳児が医者にかかる割合も大きく上昇しています。必要な医療を受けられるようになったため，多くの乳児と母親の命が救われるようになったのです（医療保険については，後述）。

● 図表5-1　乳児死亡率の変化 ●

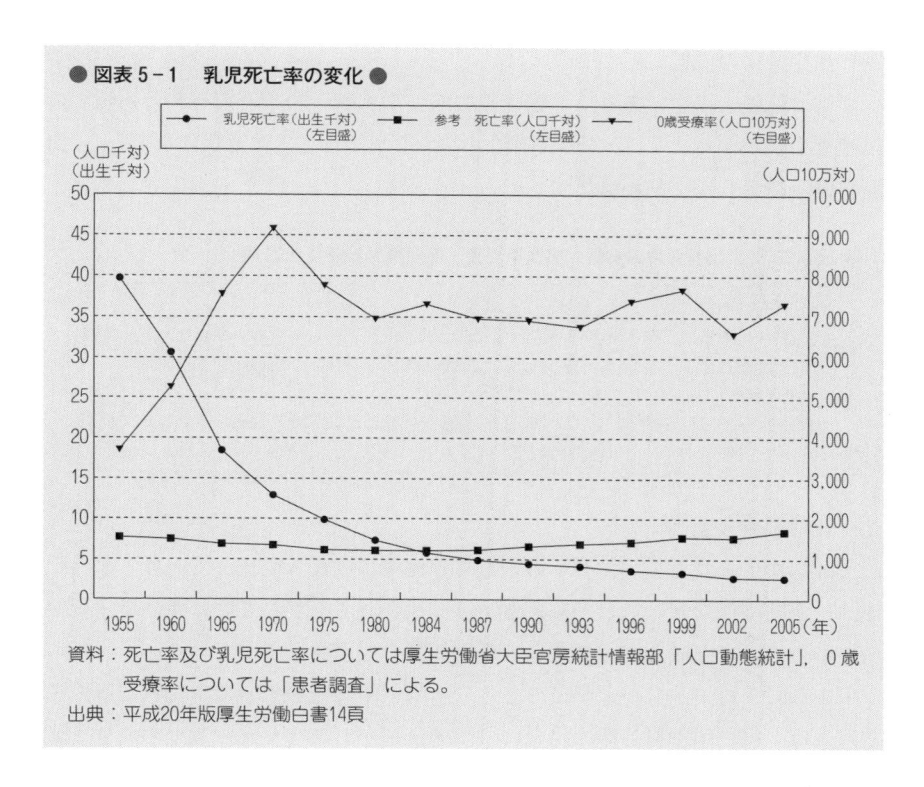

凡例：乳児死亡率（出生千対）（左目盛）　参考 死亡率（人口千対）（左目盛）　0歳受療率（人口10万対）（右目盛）

資料：死亡率及び乳児死亡率については厚生労働省大臣官房統計情報部「人口動態統計」、0歳受療率については「患者調査」による。
出典：平成20年版厚生労働白書14頁

妊娠・出産のときの支援

　国や自治体は，出産や妊娠に対していろいろな支援をおこなっています。たとえば妊娠中の健診にかかる費用の一部は，国や自治体が支払っています。市町村からは，母子健康手帳が渡されます。

　また，妊娠・出産には，多くの専門職の人がかかわっています。現在では病院やクリニックで出産する人が多いですが，そこでは産科の医師，看護師，助産師さんなどが手助けをしてくれます。保健師さんは，妊娠や出産にかんする相談やアドバイスをしてくれます。

　働いている女性には，出産前6週間と出産後8週間のあいだ，仕事を休む権利が保障されています。休業中の生活費は，健康保険から「**出産手当金**」が支払われ，経済面でも生活が保障されています。

1　出生

1）出産費用の支援

通常の妊娠・出産であれば、個人差はありますが、約40万円～50万円ほどの出産費用がかかります。かなり高額なので、これに対して健康保険などから「**出産育児一時金**」が支払われます。

● 図表 5-2　出産費用の支援：出産手当金・出産育児一時金など ●

○出産育児一時金
　出産費用に対して、医療保険から「出産育児一時金」が支給されます。家族が出産した場合も支給されます。金額は、子ども1人につき42万円（2010年4月現在）です。
○出産手当金
　出産前42日から出産後56日までのあいだ、妊娠・出産にともなって仕事を休むとき、収入の不足分を補なうために「出産手当金」が支給されます。

2）乳幼児健診など

子どもが生まれたら、すべての子どもが健康に成長・発達していけるよう、健診や予防接種などに対しても税金から支援がおこなわれています。母子保健法にもとづいて1歳6ヶ月健診や3歳児健診などがあります。

生まれてきた子どもが未熟児のときや、病気や障害をもって生まれてきた子どもには、主に国や自治体の税金によって医療がおこなわれる制度があります（養育医療、自立支援医療〔育成医療〕など）。

🍀 少子化って？

日本では少子化が進んでいる、という話をきいたことがある人もいるかもしれません。一人の女性が生涯に出産する子どもの数は、1970年代前半までは、平均で2人を上回っていました。しかしだんだんと少なくなり、2005年には1.26人まで下がったため、社会に大きな衝撃を与えました。子どもを生み育てやすい社会をつくり、少子化に歯止めをかけようと、いろいろなとりくみがおこなわれています。少子化は、私たちの社会に対してさまざまな影響をもたらすと考えられています。たとえば、①働き手が少なくなること、②経済活力が弱くなること、③高齢化社会の支え手が不足することなどが心配されています。

● 図表5-3　出生率の推移 ●

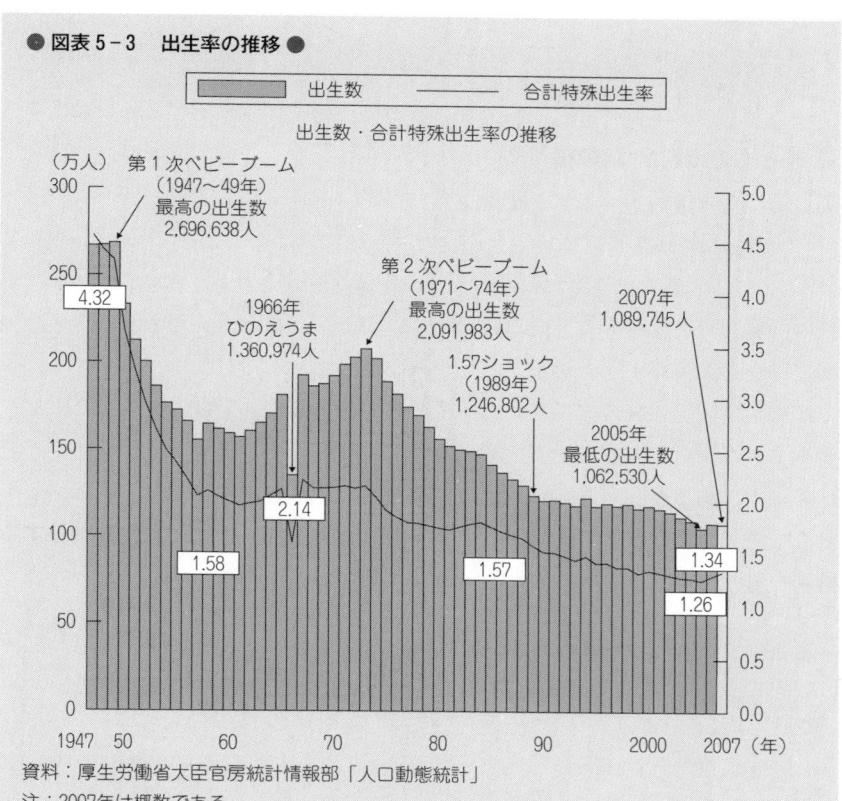

出生数・合計特殊出生率の推移

凡例：出生数（棒グラフ）／合計特殊出生率（折れ線）

- 第1次ベビーブーム（1947〜49年）最高の出生数 2,696,638人
- 4.32
- 1966年 ひのえうま 1,360,974人
- 1.58
- 2.14
- 第2次ベビーブーム（1971〜74年）最高の出生数 2,091,983人
- 1.57ショック（1989年）1,246,802人
- 1.57
- 2007年 1,089,745人
- 2005年 最低の出生数 1,062,530人
- 1.34
- 1.26

資料：厚生労働省大臣官房統計情報部「人口動態統計」
注：2007年は概数である。
出典：平成20年版厚生労働白書40頁

練習問題

① つぎの人や場所はどのような役割をもっているでしょうか。
　保健所，保健師，助産師，助産施設
② あなたの住んでいる市町村や都道府県では，乳幼児健診に対してどのような費用の援助がおこなわれているか，調べてみましょう。
③ 少子化は，どのような理由から生じていると思いますか。また，国や自治体は，少子化に対してどんなとりくみをおこなっているか調べてみましょう。どのようなとりくみをしたらよいか，グループで話し合ってみましょう。

2 子ども・子育て

🍀 子どもの権利？ 親の権利？

1）子どもの権利

「子どもは権利の主体である」といえば，あたりまえだと感じるかもしれません。しかし，第2次世界大戦後に現在の憲法が制定されるまでは，子どもは，親の所有物や従属物のように考えられていました。また，子どもは独立した主体ではなく，保護すべき対象だとしかみなされませんでした。

1989年に国際連合で採択された**「子どもの権利条約」**では，世界中の子どもが生まれながらに有している権利について定められています。子どもには，発達の途中にある存在として，特別な保護を受ける権利があります。さらに，子どもも独立したひとりの人間として，自分の考えをもつ権利や**意見表明をする権利**をもっています。

● 資料 「子どもの権利条約」が定める子どもの権利 ●

この条約は大きくわけてつぎの4つの子どもの権利を守るように定めています。そして，子どもにとっていちばんいいこと（子どもの最善）を実現しようとうたっています。
1　生きる権利……生きることを防げる病気などで命をうばわれないこと。病気やけがをしたら治療を受けられることなど。
2　育つ権利……教育を受け，休んだり遊んだりできること。考えや信じることの自由が守られ，自分らしく育つことができることなど。
3　守られる権利……あらゆる種類の虐待や搾取などから守られること。障害のある子どもや少数民族の子どもなどはとくに守られることなど。
4　参加する権利……自由に意見をあらわしたり，集まってグループをつくったり，自由な活動をおこなったりできることなど。

出典　日本ユニセフ協会ホームページ（http://www.unicef.or.jp）

2）親と社会の責任

親には，子どもを保護し，教育を与える義務があります。しかし，子どもの養育に対して責任があるのは親だけではありません。国や自治体も，すべての子どもの養育と発達に対して責任を負っています。

児童福祉法では，保護者とともに，国や自治体に「児童を心身ともに健やか

に育成する責任」があると定められています。国や自治体には，
　①親が子どもを養育することを支援する責任
　②親が養育することができない場合や，家庭で子どもの権利が侵害されているような場合に，親にかわって子どもを保護し援助を与える責任

があるのです。このような背景から，子どもや子育てを社会全体で支えるためのさまざまな制度が設けられています。もう少し詳しくみていきましょう。

🍀 子育てのための支援

1）育児休業

　働いている母親または父親には，子どもを養育するために**育児休業**をとる権利が保障されています。育児休業は，原則として子どもが1歳になるまでとることができます。現状では，女性に比べて，男性が育児休業をとる割合が非常に低いという課題があります。

● 図表5-4　男性・女性別でみた育児休業取得率の変化 ●

育児休暇の取得率（事業所規模5人以上）
　女性　44.5%（1996年）→72.3%（2005年）
　男性　0.16%（1996年）→0.50%（2005年）

（平成17年度女性雇用管理基本調査より）

出典　平成20年版厚生労働白書94頁

2）保　育　所

　両親が共働きの家庭など，日中，親が子どもの世話を十分におこなうことができない場合には，児童福祉法に基づいて**保育所**を利用することができます。市町村には，子どもを保育所で保育する義務が課せられています。

　現在，大きな問題となっているのは，保育所不足の問題です。保育所を利用できずに待機している子どもの数は，全国で約4万8千人（2010年10月現在）もいます。子どもが必要な保護や養育を受けられないという問題に加え，働きたいという母親の希望が満たせない点でも問題となっています。

3）子育て支援事業

　子育てをしている家庭を支援するため，市町村ではさまざまな「**子育て支援事業**」がおこなわれています。たとえば，つぎのようなものがあります。

---
①地域子育て支援拠点事業（つどいの広場，地域子育て支援センター等）
　子育て親子の交流を促進したり，子育てに関する相談などをおこなう。
②一時保育（一時預かり事業）
　保護者の急病や育児づかれなどの場合に，一時的に子どもを預かり世話をおこなう。
③全戸訪問事業（こんにちは赤ちゃん事業）
　乳児のいる全家庭を訪問して，子育て支援にかんする情報提供をおこなったり，養育環境の把握などをおこなう。
④育児支援家庭訪問事業
　育児不安や育児ストレスなどを抱える養育支援が必要な家庭を訪問して，育児・家事の援助や養育についての指導や助言などをおこなう。

4）子育てにかかる費用の支援

　子どもを養育するには，食べ物や着る物，日用品，医療費など，いろいろな面でお金がかかります。また，育児休業で仕事を休んでいるあいだ，何の収入も入ってこなくなると，生活していくことが困難になります。経済的な面でも子育てを支援するため，いろいろな所得保障の制度がつくられています。

　残念なことに日本は，他の先進諸国と比べると，社会が子育てのために支出する額が少ない国のひとつです。国内総生産（GDP）に占める子育て支援のための国の支出を比較すると，日本の支出が低いことがわかります。

---
①育児休業給付
　育児休業の期間中の所得保障のため，雇用保険制度から育児休業給付が支給されます。金額は，育児休業前の給与の50％が保障されます。
②児童手当・子ども手当
　児童を養育する者で，一定の所得以下である者には，児童1人につき5,000円（3才未満と3人目以降は1万円）の児童手当が支給されていました。2010年6月から，従来の児童手当にかわって「子ども手当制度」が実施されました。所得の制限なく，中学校修了までの子どもを養育するすべての世帯に支給されます。2010年度は，子ども一人につき1万3000円でした。
③児童扶養手当

> 　母子世帯や父子世帯には，児童扶養手当が支給されます。この手当は，ひとり親世帯の収入源として大きな役割を果たしています。

🍀 子どもが安全でないときは……？

　ときには，子どもが親から暴力を受けたり，親が子どもの養育を放棄しているようなケースもみられます。親だからといって自分の子どもに対し，人権侵害にあたる暴力や養育放棄などの虐待行為をすることはけっして許されません。親子の間であっても，刑法で定める傷害罪や暴行罪などの犯罪となります。

　児童福祉法や**児童虐待防止法**では，虐待がおこなわれている場合をはじめ，子どもが親に養育されることが適切でない場合や親が子どもを教育することができない場合には，社会の責任で子どもに保護や支援をおこない，子どもの生

● 参考　児童虐待の4つの種類 ●

虐待の種類	定義された虐待行為	具体的な行為と結果など（＊）
1．身体的虐待	児童の身体に外傷を生じるような暴行を加えること	首を絞める，殴る，蹴る，投げ落とす，タバコの火を押し付ける，熱湯をかける，冬戸外に締め出すなど生命・健康に危険のある行為
2．性的虐待	児童にわいせつな行為をすること，させること	子どもへの性的行為の強要・教唆，性器や性交を見せる，ポルノグラフィーの被写体などに子どもを強要するなどの行為
3．ネグレクト	著しい減食，長時間の放置，保護者の監護を怠ること	重大な病気になっても病院につれていかない，乳幼児を家に残したまま度々外出する，乳幼児を車の中に放置する，適切な食事を与えない，極端に不潔な環境の中で生活させるなど保護の怠慢や拒否により健康状態や安全を損なう行為 保護者以外の同居人による身体的・性的・心理的虐待と同様の行為を保護者が放置することも含まれます
4．心理的虐待	児童に著しい心理的外傷を与える言動を行うこと	子どもの心を傷つけるようなこと繰り返し言う，無視する，他の兄弟とは著しく差別的な扱いをするなど心理的外傷を与える行為 子どもの目の前での配偶者に対する暴力も子どもに著しい心理的外傷を与える場合は含まれます

参考資料：（＊）日本子ども家庭総合研究所編『厚生省　子ども虐待対応の手引き』（有斐閣，2001年）
出典：子どもの虹情報センターホームページ（http://www.crc-japan.net/contents/knowledge/a_cruelty.html）

活や発達を保障するためのしくみが定められています。

1) 児童虐待とは？

　児童虐待防止法は，「何人(なんぴと)も，児童に対し，虐待をしてはならない」と定め，すべての人が児童に対して虐待行為をすることを禁じています。児童虐待には，**身体的虐待**，**ネグレクト（養育放棄）**，**性的虐待**，**心理的虐待**の4種類があります。

2) 児童相談所などの対応

　都道府県や市（町村）は，子どもが親から虐待を受けたり，保護を必要としている場合には，児童福祉法などに基づいて，その子どもを保護しなければなりません。**児童相談所**は，児童福祉のための専門機関です。

　虐待を受けているおそれがある児童や，保護を必要としている児童を発見したときは，一般の人であっても誰もが児童相談所や市町村に知らせる義務があります。児童相談所の職員などが，すぐに子どもの安全を確認して，どのような支援や保護が必要で最善であるかを検討します。子どもを親から離して一時的に保護したり，**児童養護施設**や**里親**のもとで保護する場合もあります。虐待をおこなった親に対する助言や指導もおこなわれます。そして，親と子がよりよいかたちで再び一緒に暮らせるよう，親子の再統合のための支援が重視されています。

3) 考えてみましょう

▶つぎのようなケースは，児童虐待にあたると思いますか？

Aくんの身体に，多数のあざがあることが発見された。親は，子どもが家のお金を持ち出したり，言うことをきかなかったりしたので，しつけとして殴ったという。
Bちゃんは，身体的な成長が同年代の子どもに比べて遅れている。母親は料理が苦手で，幼いBちゃんにコンビニエンス・ストアで買ったパンしか与えていないようだ。
Cさんは，ひんぱんに保健室に来る。顔なじみになった保健の先生に，「父親から変なことをされる」と言う。しかしそれ以上具体的なことを聞いても，話したがらない。
Dくんの両親は，Dくんに「おまえは生まれてこなければよかった」などと言ってつらくあたる。Dくんは，次第に他人と話をしなくなり，無気力，おびえなどの症状もみられる。両親の前では自然と体がこわばるという。

参考：日本弁護士連合会子どもの権利委員会編『子どもの虐待防止・法的実務マニュアル〔第4版〕』（明石書店，2008年）18-21頁

▶親の言い分があるケースでは？

つぎのような親の言い分について，あなたはどう感じますか。もし，子どもの権利の立場から反論するとすれば，どのようなことがいえるでしょうか。

＊子どもの身体に殴られたようなアザがあるが……
　「悪いことをしないようにしつけをするのは親の務めじゃないですか！うちの子どもは言ってもわからないから殴るんです。普通に叱ってきくくらいなら殴ったりしませんよ。」

＊十分に栄養が足りていない様子で，不衛生にも見えるが……
　「子育てのやり方は人それぞれです。どの程度の時間を子育てに費やすかは親の自由じゃないですか。私は子どもを殴ったり傷つけたりはしていないので，間違ったことはしていません！」

＊親から性的な嫌がらせを受けたことをほのめかす子どもに対して……
　「あの子は，ものごとを大げさに言ったり，よく嘘をつく子なんです。今回も嘘に決まっています。」「単なるスキンシップのつもりです。愛情の表現ですよ。」

＊親から，毎日のように，「お兄ちゃんはいつも上手にできるのに，何であなたは何にもできないの？」と言われて深く傷ついているようだが……
　「それは，将来，この子のためになると思って言っているんですよ。」

参考：日本弁護士連合会子どもの権利委員会編『子どもの虐待防止・法的実務マニュアル〔第4版〕』（明石書店，2008年）18-21頁

練習問題

① 国連の「子どもの権利条約」では，子どもの権利として，どのような権利が定められているでしょうか。
② 児童虐待の件数が増加していますが，それはどのような理由からだと思いますか。
③ 児童虐待に対して，国やあなたの住む都道府県や市町村では，どのようなとりくみがおこなわれているか調べてみましょう。また，どのようなとりくみが有効だと思うか，グループで話し合ってみましょう。

3　病気になったら？

　翔太のおばさんが，交通事故にあってしまいました。
翔太：おじさんから電話があって，うちのお母さんがすぐ病院に行ったんだ。
美咲：大変！　病院で手術をしたの？

翔太：うん。右足の骨折だけですんだって。しばらく入院するから，家のことが心配だって。仕事もしばらく休まないといけないって。
美咲：お見舞いに行くの？
翔太：うん。去年，僕がカゼをひいたときに行った□□医院より，ずっと大きい病院だよ。

🍀 病気やけがは身近なリスク

　病気やけがが，誰にでも生じるおそれのある身近なリスクのひとつです。病気やけがの場合，まず治療を受けることが必要です。そのためには治療費がかかります。また，病気やけがが治るまで，学校や仕事を休まなければならないかもしれません。仕事を休むと，収入が途絶えてしまうかもしれません。私たちの社会では，病気やけがの場合の保障として，医療制度や医療保険制度が設けられています。

🍀 病院や診療所の役割

　病気になったりけがをした場合，まず思いつくことは，「医者に行く」ことでしょう。治療や手術，入院など医療を提供する医療機関には「病院」と「診療所」があります。**病院**は，医師が診療をおこなうための場所で，20人以上の患者を入院させる施設を有しています。**診療所**は，入院の施設をもたないか，19人以下の患者を入院させることができる施設を有しています。
　医療にかかわる専門職には，医師や看護師，薬剤師，臨床検査技師など，多くの職種があります。それぞれの資格や業務は，法律で定められています。

❦ すべての国民が医療保険に入っている

　医師が治療をおこなうためには，費用がかかります。もし，治療費や薬代などを患者が全額負担しなければならないとしたら，どうなるでしょうか。患者は，高いお金がかかる手術をしたときなど，治療費の負担が大きすぎて生活が苦しくなったり，高い治療や薬品を使うことをためらう人も出てくるでしょう。豊かな人だけが医療を受けられる，貧富の差によって助かる命に格差がでてくるような社会であったとしたら，あなたはどう感じますか。

　日本では，憲法で保障されている「すべての国民の生存権」という観点から，医療費の負担を社会全体で分担するしくみとして，公的な**医療保険制度**がつくられています。国民は必ずいずれかの医療保険制度に加入して保険料を払っておき，医療を受けた際にはかかった医療費の大部分が医療保険から支払われる，というしくみです。患者は，約3割だけを負担すればよいのです。

　1958年には，国民全員が公的な医療保険に加入するという，**国民皆保険制度**が誕生しました。これは世界的にも高く評価されています。国民皆保険になる前は，とくに貧しい農村などでは，病気になっても医者にかかることができず，亡くなったときにはじめて死亡診断書を書いてもらうために医者を呼んだ，という話をよくききます。前にも述べましたが，国民皆保険になる前は，乳児の死亡率もとても高いものでした。

▶医療保険のしくみ

　日本の医療保険は，働き方と年齢によって加入する制度が異なっています。

①健康保険

　民間企業で働く人と，その家族を対象とした医療保険です。公務員の場合は，国家公務員共済組合や地方公務員共済組合などに加入しています。

②国民健康保険

　健康保険や共済組合に加入していない人は，住んでいる市町村の国民健康保険に加入します。主に退職後の高齢者，失業中の人，自営業者などが加入しています。

③高齢者医療制度

　2008年からは，75歳以上の高齢者を対象として新たに後期高齢者医療制度が

つくられました。

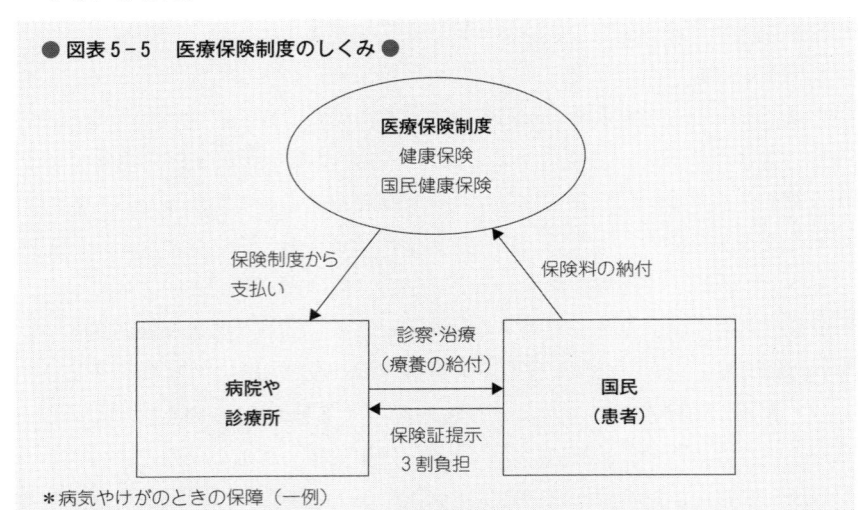

● 図表5−5 医療保険制度のしくみ ●

```
                医療保険制度
                  健康保険
                 国民健康保険

   保険制度から                    保険料の納付
     支払い

                  診察・治療
                 （療養の給付）
    病院や          ←――→           国民
    診療所                         （患者）
                  保険証提示
                  3割負担
```

＊病気やけがのときの保障（一例）
① 療養の給付……病気やけがをしたときは，医療保険で治療を受けることができます。診察，薬剤や治療材料，手術や治療，入院等が療養の給付としておこなわれます。ただし，病院等の窓口では一部自己負担（原則として3割）を支払わなければなりません。
② 高額療養費……重い病気などで長く入院したり，お金が高い治療を受けた場合は，患者が支払う自己負担も高くなります。患者の負担を軽くするために，一定限度の金額を超えた部分が払い戻される制度です。
③ 傷病手当金……病気休業中の生活を保障するための制度です。病気やけがで会社を休み，会社から十分な給与が受けられない場合に支払われます。

🍀 医師が足りない？：医療制度のかかえる問題

　医療の実態をみると，産科や小児科，離島やへき地などにおける医師不足が問題となっています。必要な医師や医療機関を確保し，いつでもどこでもだれもが安心して医療を受けられるようにすることが重要な課題となっています。
　地域で必要な医師数や医療機関，病床などを整備・確保する責任は，医療法によって都道府県に課されています。都道府県は，地域の**医療計画**を定めなければなりません。医療計画には，病院などの医療機関の数，病床の数，医師や歯科医師，看護師などを確保するための事項などが定められます。都道府県は，医療計画に基づき，その地域で必要な医療体制を整備しなければなりません。

練習問題

① つぎの人や場所はどのような役割をもっているでしょうか。
　病院，診療所，医師，歯科医師，看護師，薬剤師
② 医療保険からは，どんな場合にお金が支払われるでしょうか。また，健康保険と国民健康保険では違いがあるのかどうか，調べてみましょう。
③ 医師不足はなぜ起きるのでしょうか。いろいろな原因を考えてみましょう。また，あなたの住む地域の医療計画を調べて，気がついたことをグループで話し合ってみましょう。

4　仕事をする

　　ホームルームの時間に，将来の進路について話がありました。
翔太：将来のことって，何か考えてる？
美咲：小さい頃は，パン屋さんをひらくのが夢だったの。でも，もっと堅実に考えなくちゃね。最近は，公務員になろうかなって思ってるんだ。
翔太：しっかりしてるよね……。僕，先のことはさっぱりわかんないや。
美咲：大学生のお兄ちゃんが就職活動してたけど，民間企業はすごく競争が厳しくて大変だったっていってたよ。
翔太：僕のおばさんは「ハケン」で働いてるって。「ハケン」って何だろう？

🍀 働くってどういうこと？

　あなたは将来，どんな仕事に就きたいですか。いろいろな働き方がありますね。会社に勤める人もいれば，自分で事業を始める人もいます。公務員として

公共の利益のために働く人もいます。あなたがどのような働き方をするかは，あなた自身の自由に委ねられています。**職業選択の自由**は，憲法で国民に保障されている人権のひとつです。

働くことは，あなたや家族が生活していくための経済的な基盤となるだけでなく，労働を通じて社会に参加し，社会的なつながりをもつ手段ともなります。また，自分自身の人生の生きがいや充実を得られるという意義もあります。

▶労働者の権利

昔は，世界的にみても，労働者の地位はとても低いものでした。劣悪な労働条件で長時間労働を強いられ，体を壊してしまうことも少なくありませんでした。労働環境も十分に配慮されずに危険な環境で働かされ，労働災害の危険性も高かったのです。また，生活していくのに十分な賃金をもらえないことも多くありました。

歴史の経過とともに，労働者のための権利が確立されていきました。ひとつには，使用者よりも弱い立場にある労働者が，集団となって使用者と交渉するための権利が認められていきました。日本国憲法のなかでも労働者の**団結権**，**団体交渉権**，**団体行動権**として保障されています。また，一人ひとりの労働者に必ず保障されなければならない，賃金の最低基準や，労働時間や休憩時間などの働く条件についての最低基準も法律で定められています。

🍀 働き方の変化・多様化：非正規労働者が増加している

日本人の一般的な働き方として，従来，「**終身雇用**」と「**年功序列型賃金**」という特徴がありました。つまり，高校や大学を卒業して会社に就職したら，そのまま定年まで働き続けることがあたりまえだと考えられていました。また，同じ会社に勤めていれば，年齢が上がるにしたがって賃金が上がっていく，という慣行が一般的にありました。

しかし，このような慣行は変化してきています。1990年代以降，経済の国際競争は激しくなり，日本の会社も競争に勝ち残るために経営のあり方の見直しを迫られました。働き方についても，従来の慣行が見直されるようになったのです。その結果，正社員として終身雇用で働くという働き方があたりまえではなくなり，派遣労働や期限付きの雇用といった，正規雇用以外の働き方が増加

しています。

　働き方が多様化したことは，自分にあった働き方を選ぶための選択肢が広がったという点では，よいことだといえるでしょう。しかし現実には，正社員として働く人と，**非正規で働く人**（派遣や期限付き雇用等）とでは，賃金や労働条件，社会保障などの面で大きな格差があり，非正規の人たちが不利な条件のもとにおかれています。経済的な理由から結婚できない若者が増加するなど，若い世代の人たちの人生に影響を与えているばかりでなく，不安定な労働条件や低賃金が少子化の一因ともなっており，社会に対する影響も見逃せません。

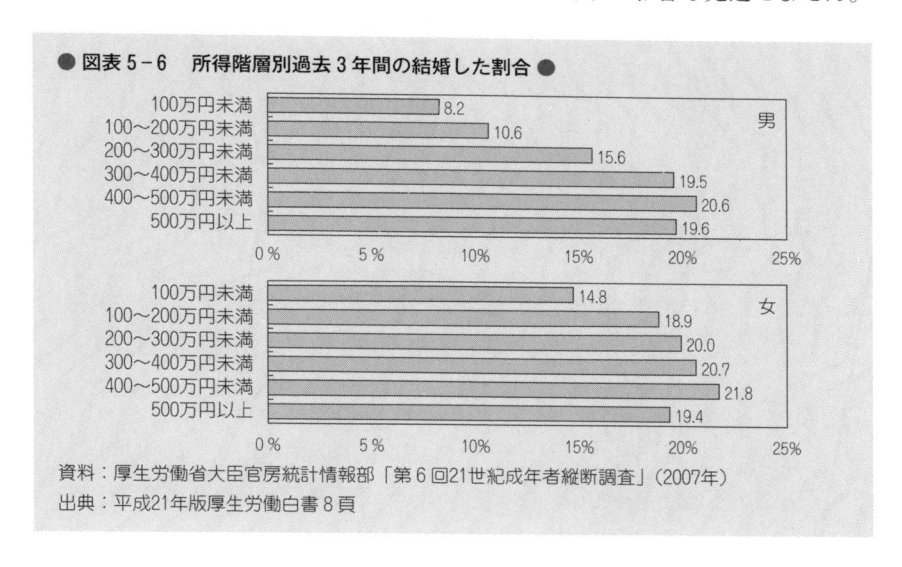

● 図表5-6　所得階層別過去3年間の結婚した割合 ●

男
所得	割合
100万円未満	8.2
100〜200万円未満	10.6
200〜300万円未満	15.6
300〜400万円未満	19.5
400〜500万円未満	20.6
500万円以上	19.6

女
所得	割合
100万円未満	14.8
100〜200万円未満	18.9
200〜300万円未満	20.0
300〜400万円未満	20.7
400〜500万円未満	21.8
500万円以上	19.4

資料：厚生労働省大臣官房統計情報部「第6回21世紀成年者縦断調査」(2007年)
出典：平成21年版厚生労働白書8頁

🍀 失業：仕事を失うこともある

　仕事を失うと，たちどころに生活するための経済的な基盤が崩れてしまいます。会社の仲間とのつながりが途切れたり，社会的役割をなくすことで喪失感や孤立感が生まれ，精神的にも大きな負担が生じることがあります。

● 図表5-7　失業率の推移 ●

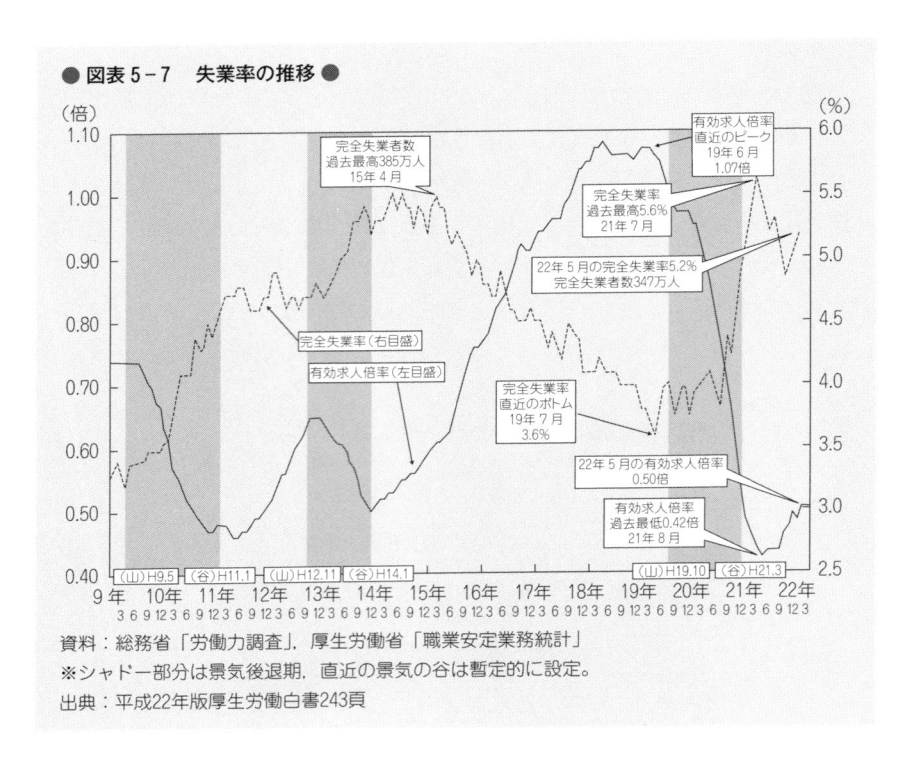

資料：総務省「労働力調査」，厚生労働省「職業安定業務統計」
※シャドー部分は景気後退期，直近の景気の谷は暫定的に設定。
出典：平成22年版厚生労働白書243頁

　失業中の経済的な保障は，主に，国の**雇用保険制度**によっておこなわれています。なかでも，かつては失業給付と呼ばれた「**基本手当**」は，失業時の生活をささえる中心的な保障です。基本手当を受けるためには，公共職業安定所(ハローワーク)に行き，失業の認定を受けることが必要です。

　これまで雇用保険制度は，日本の伝統的な雇用慣行に基づき，正社員の働き方をモデルとして設計されていました。そのため非正規の労働者は，失業の危険性や保障の必要性が高いにもかかわらず，基本手当などを受けることができない場合もありました。そこで，非正規労働者に対しても雇用保険制度の保障が及ぶように，少しずつ法改正がおこなわれています。

　また，仕事を失った人のなかには，同時に，住む場所を失ったり，生活にかんする支援を必要としている人もいます。そこで，失業者への職業相談，住居支援，生活相談などをひとつの場所でおこなう「ワンストップ・サービス」のとりくみなども始められています。

📝 練 習 問 題

① 日本国憲法では、労働者の権利についてどのように定められていますか。
② もし失業したら、あなたや家族の生活にどんな影響が生じるでしょうか。考えてみましょう。
③ 雇用保険では、どのような場合に、どのような保障をしているのでしょうか。調べてみましょう。

5 ハンディキャップがあるとき

　翔太が商店街を歩いていると、バス停で、車いすにのった男性がバスを待っていました。バスが来ましたが、男性はバスに乗りません。次のバスも、やっぱり乗りませんでした。
翔太：（どうしたのかな？行き先が違うのかな？手伝いに行こうかな……。）
　つぎに来たバスは、これまでのバスとはかたちが違っていました。床が低くて、段差がなく、停車するとスロープが出てきました。男性は、どうやらこのバスを待っていたようです。

♣ 障害？　障がい？　障がい者？

　私たちが病気やけがをした場合、それが原因となって、何らかの障害が残ってしまうこともあります。また、生まれたときから何らかの身体上や知能面でのハンディをもって生まれてくる子どももいます。このような場合、「障害」や「ハンディキャップ」という言葉が使われますが、これらはどんな意味なのでしょうか。

　世界保健機関（WHO）は、1980年に「障害」の定義を示しました。そこでは、障害を「**機能障害**(impairment)」「**能力障害**(disability)」「**社会的不利**(handicap)」の3つのレベルに分類しました。そして、障害というのは、個人の「機能」や「能力」の欠陥や不全だけで生じるのではなく、「社会」のあり方によって不利益が生じるのだ、と述べられています。

　例をあげると、両足の「機能」に障害があって、自力で歩行する「能力」が損なわれている人がいたとします。その人が、どんな社会に住んでいるかによって、現実に被るハンディの程度はまったく異なります。バリアフリーが行き届いた社会に住んでいれば、他の人と同じようなライフスタイルを送ることがよ

り易しいことが想像できるでしょう。逆に，もし社会がまったくバリアフリーに対応されていなければ，家から一歩外にでるにも大きな支障が待ち受けていることでしょう。障害は，社会環境によって生じるものなのです。

近年では，「害」の字が入っているのはマイナス・イメージがともなうので好ましくないとして，**「障がい者」**や**「障碍者」**という表記を使用する動きも広がっています。また，「障害者」である前にひとりの人間であるという考え方を取り入れて，**「障害がある人」**と表記する自治体も増えています。

障害にはどんな種類があるか

障害者基本法では，「障害者」とは，「身体障害，知的障害又は精神障害があるため長期にわたって日常生活や社会生活に相当な制限を受ける者をいう」と定められています。そして下の図のように，障害の種類ごとに「障害（者）」の範囲が定められています。ただし，日本の法令で定める「障害（者）」の範囲は狭く，医学的な面ばかりが重視されているという問題もあります。WHOが述べるように，社会的不利として障害をとらえるならば，もっと多くの人が「障害がある人」に該当するはずです。

● 資料　障害の種類 ●

身体上の障害	知的障害
視覚障害，聴覚または平衡機能の障害，音声機能・言語機能またはそしゃく機能の障害，肢体不自由，内部機能の障害（心臓，腎臓，呼吸器機能など）（身体障害者福祉法別表，同法施行規則別表第5号）。	先天性，出生時，または出生後初期における何らかの原因により，精神発達が持続的に遅滞した状態。18歳ころまでにあらわれる知的な機能面での障害をいう（厚生労働省の定義より）。
精神障害（者）	発達障害
統合失調症，精神作用物質による急性中毒やその依存症，知的障害，精神病質その他の精神疾患（をもつ者）（精神保健福祉法第5条）。	自閉症，アスペルガー症候群などの広汎性発達障害，学習障害，注意欠陥多動性障害，その他これに類する脳機能の障害で，低年齢において発現するもの。心理的発達の障害や行動・情緒の障害も含まれる（発達障害者支援法第2条，同法施行規則）。

▶障害がある人はどのくらいいるのか

障害の種類別でみると，もっとも多いのは身体に障害がある人です。2006年

の統計では，全国で348万3000人と推計されています（身体障害児・者実態調査〔2006年7月1日現在〕。ただし，在宅にいる人のみ）。なかでも肢体不自由がもっとも多く，全体の53.9％を占めています。つぎに多いのが精神障害がある人で，推計で約303万人です（患者調査〔2005年〕）。知的障害がある人は，約54万7300人です（厚生労働省知的障害児（者）基礎調査〔2005年11月現在〕および社会福祉施設等調査〔2005年10月現在〕）。

♣ どのように生活しているか

　障害があるということは，日常生活や社会生活にいろいろな不利や支障が生じることを意味します。障害がある人も，障害がない人と同じように，人間らしい，尊厳のある生活を送ることができなければなりません。そのためには，さまざま支援を必要とします。以下は，その例です。

1）身体介助・家事の援助

　障害がある人は，日常生活を営む際に，身体を動かしたり，家事や移動などのために，他の人からの介助を必要とすることがあります。そのような場合，介助は生きていくうえで絶対に必要な条件なのです。

　これらの支援は，主として，**障害者自立支援法**にもとづいて利用することができます。障害者自立支援法は，2006年に制定されました。障害がある人の自己決定を尊重し，障害があっても地域で自立した生活が送れるように支援することを目指して制定されたものです。しかし，サービスを利用するための経済的負担が大きすぎたり，利用できる時間数の上限が低すぎて十分な介護が受けられなかったり，当事者たちからさまざまな問題点が指摘されました。そのため政府は，この法律を2013年までに廃止し，新たな法律を制定することを約束しています。

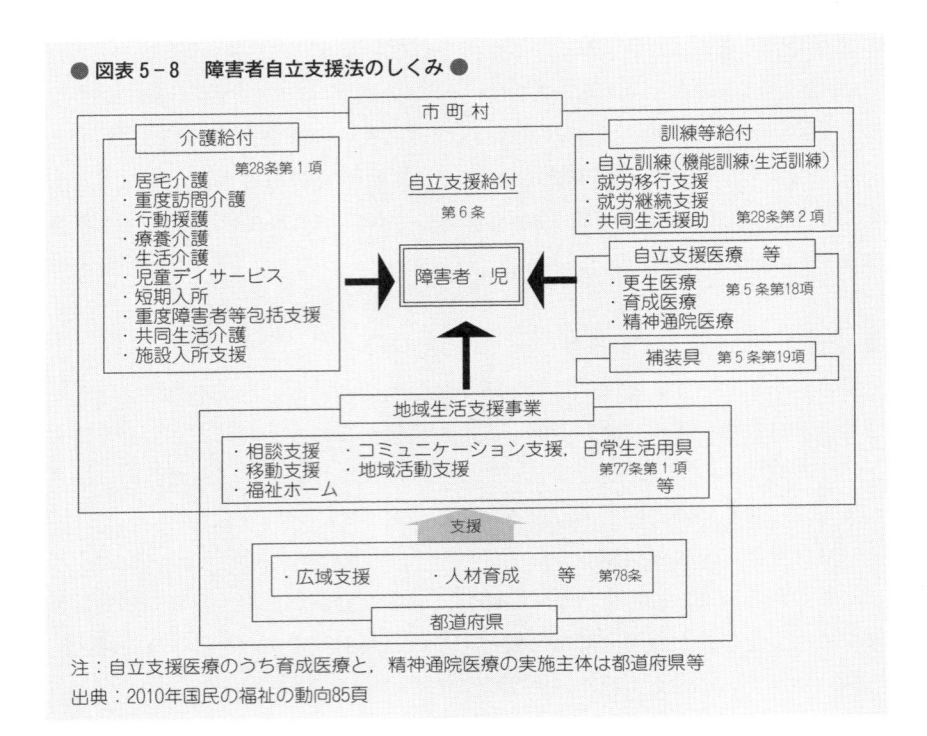

● 図表5-8　障害者自立支援法のしくみ ●

```
                            市町村
  ┌─────────────┐                        ┌─────────────┐
  │  介護給付   │     自立支援給付        │  訓練等給付  │
  │ ・居宅介護   │       第6条             │ ・自立訓練（機能訓練・生活訓練）│
  │ ・重度訪問介護 第28条第1項            │ ・就労移行支援 │
  │ ・行動援護   │   ┌─────────┐          │ ・就労継続支援 │
  │ ・療養介護   │ → │障害者・児│ ←        │ ・共同生活援助  第28条第2項│
  │ ・生活介護   │   └─────────┘          └─────────────┘
  │ ・児童デイサービス│          ↑          ┌─────────────┐
  │ ・短期入所   │                         │ 自立支援医療 等│
  │ ・重度障害者等包括支援│                │ ・更生医療   第5条第18項│
  │ ・共同生活介護│                         │ ・育成医療   │
  │ ・施設入所支援│                         │ ・精神通院医療│
  └─────────────┘                         └─────────────┘
                                          ┌─────────────┐
                                          │ 補装具  第5条第19項│
                                          └─────────────┘
              地域生活支援事業
  ┌────────────────────────────────┐
  │ ・相談支援　・コミュニケーション支援、日常生活用具│
  │ ・移動支援　・地域活動支援      第77条第1項     │
  │ ・福祉ホーム                    等             │
  └────────────────────────────────┘
                    ↑ 支援
  ┌────────────────────────────────┐
  │ ・広域支援　・人材育成  等  第78条│
  └────────────────────────────────┘
                  都道府県
```

注：自立支援医療のうち育成医療と，精神通院医療の実施主体は都道府県等
出典：2010年国民の福祉の動向85頁

2）就労の支援・障害年金

　障害者自立支援法は，障害がある人が働くことを支援するため，いろいろな支援策を定めています。しかし実際には，民間企業における障害がある人の雇用実態をみると，法定雇用率（1.8％）を守っている企業の割合は44.9％（2008年）にすぎず，いまだ半数以上の企業が未達成の状況です。

　国民年金や厚生年金制度からは，**障害基礎年金**や**障害厚生年金**が支払われます。働いて収入を得る機会が少ないうえに，障害がない人と比べて，介護や移動など，生活する上で余分に費用がかかることが多い障害がある人たちにとって，障害年金は，経済的な面で生活を支える重要な役割を担っています。残念ながら，これらの年金の額は十分ではなく，とくに重度の障害がある人が，地域で独立した生活をおくることができる水準にはなっていません。

練習問題

① WHO の障害分類は，1980年以降，さらに修正がおこなわれています。どのような点が修正されたのか，調べてみましょう。
② 障害があることによって，実際にどのような社会的不利が生じているのでしょうか。障害がある人から話をきいて，確かめてみましょう。
③ あなたの住んでいる自治体には，障害者自立支援法にもとづいて，どのような支援がありますか。また，この法律にはどんな問題があるのか，障害がある人から話をきいて考えてみましょう。

6 高齢になったら？

美咲さんは，おじいさんとおばあさんの家に遊びに来ています。
美　咲　　：ねえ，おばあちゃん，元気？　腰の具合はどう？
おばあさん：相変わらずだよ。台所に長く立ってると，痛くて，辛くってね。
美　咲　　：心配だね。おじいちゃんは？
おばあさん：最近，血圧が高いってお医者さんに言われて。いつまでも元気だと思ってたから，ちょっと，しょんぼりしてね。それに，仲良しだった近所のおじいちゃんが老人ホームへ引っ越したからね。一人暮らしは心細かったんでしょうね。本当は「家が一番」って言ってたんだけどね……。

❀ 高齢期の生活って？

おじいさん，おばあさんがいる人は，どんなふうに生活しているか思い出してみてください。仕事はしていますか。体はどうでしょう。元気な方も多いと思いますが，腰が痛い，膝が痛い，といっているのをきいたことはありませんか。毎日，薬を服用しているかもしれません。病院に入院したり，グループホームや特別養護老人ホームで暮らしている方もいるでしょう。

加齢によって身体の機能が衰えるのは，避けられないことです。高齢期には病気などの持病がある人も多く，病院にかかる回数も多くなります。移動や着替え，お風呂やトイレといった生活に不可欠な動作や，料理や掃除，洗濯などの家事を自分ひとりでおこなうことが困難になり，ほかの人の援助が必要となる場合もあります。判断能力に問題が生じ，お金の管理などが難しくなることもあります。収入面では，多くの人は仕事を退職するので，収入が少なくなり

ます。

▶「高齢者のための国連原則」

高齢化は，地球規模で生じています。国際連合は1991年に，どのように高齢者の人権を保障するかについて，国際的な基準となる原則を示しました。①**独立**（Independence），②**参加**（Perticipation），③**ケア**（Care），④**自己実現**（Self-fulfilment），⑤**尊厳**（Dignity）です（「高齢者のための国連原則」1991年）。つまり，高齢になっても独立した存在であること，社会のあらゆる場面に参加できること，必要なケアが受けられること，自分の望む生き方ができることによって，人間として尊厳をもって生きることができる，というのが原則です。高齢者の人権保障のとりくみは国際的にも広がっています。

高齢期の生活を支える年金制度

退職したあと，生活費はどうしたらよいでしょうか。若いころから貯めておいた貯金や家族からの仕送りなども考えられますが，それだけで生活できるのは，ごく一部の恵まれた環境にある人だけでしょう。

わが国では，高齢期の生活を経済的に保障するために，国民年金や厚生年金などの**公的年金制度**が設けられています。厚生労働省の「高齢期における社会保障に関する意識調査」（2006年）では，高齢期の生計を支える手段として「公的年金を一番頼りにする」と答えた人が64.3%，2番目に頼りにすると答えた者が15.0%となっています。国民の多くは，高齢期には公的年金を中心とした生活設計を考えているのです。

● 図表5-9　公的年金のしくみ ●

(数値は、注釈のない限り平成21年3月末)

| [加入者数] 10万人 | 確定拠出年金 (個人型) | [加入員数] 474万人 | [加入者数] 600万人 | [加入者数] 348万人 | 確定拠出年金 (企業型) [加入者数] 311万人 |

国民年金基金 [加入員数] 65万人 H20.3.31

厚生年金基金 (代行部分)　確定給付企業年金　適格退職年金

(職域加算部分)

共済年金 [加入員数] 451万人 H20.3.31

厚生年金保険
加入員数3,444万人
旧三共済、旧農林共済を含む

国　民　年　金（基礎年金）

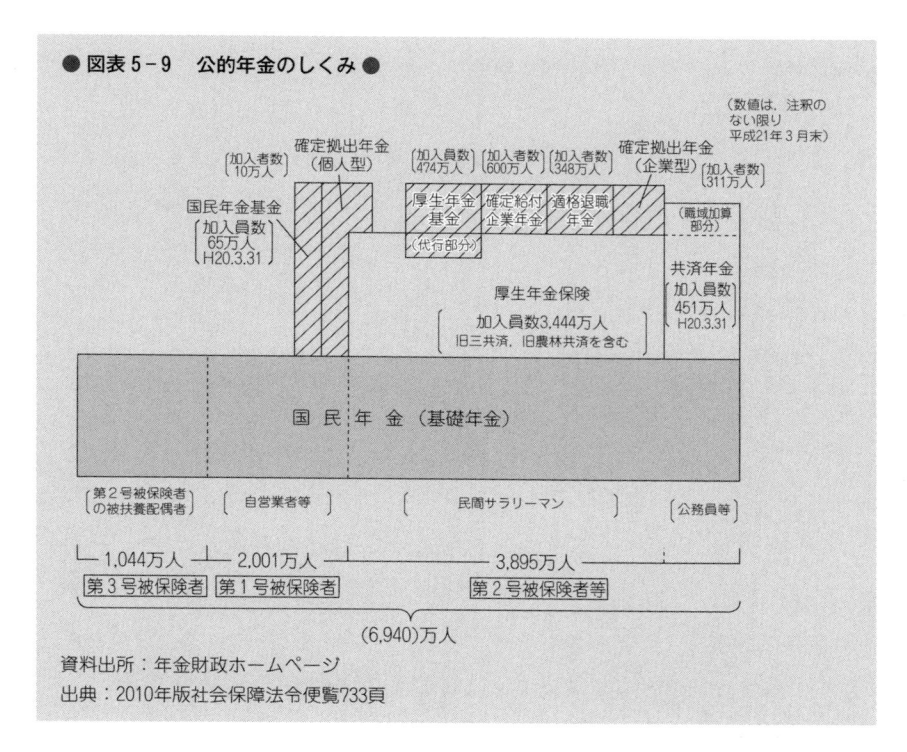

[第2号被保険者の被扶養配偶者]　[自営業者等]　[民間サラリーマン]　[公務員等]

├─1,044万人─┼─2,001万人─┼──────3,895万人──────┤

第3号被保険者　第1号被保険者　第2号被保険者等

(6,940)万人

資料出所：年金財政ホームページ
出典：2010年版社会保障法令便覧733頁

　日本では、20歳以上のすべての人が公的年金制度に加入しており、「**国民皆年金**」が実現されています。現在の公的年金制度は、基礎年金と被用者年金の2階建ての制度です。1階部分は、20歳から60歳までのすべての人が加入する「**国民年金（基礎年金）**」です。2階部分は、会社に勤めたり公務員として働いている人が加入する「**厚生年金**」や「共済年金」です。原則として65歳になると、老齢基礎年金や老齢厚生年金が支払われます。

▶生活保護を受ける高齢者も多い

　残念ながら、日本の公的年金制度では、すべての高齢者にとって必要な最低限度の生活を保障できるような金額になっているわけではありません。現在、老齢基礎年金の支給額は、満額でも月額6万円余りです。このため、年金だけでは生活ができず、足りない部分を**生活保護**を受けて補っている高齢者も少なくありません。

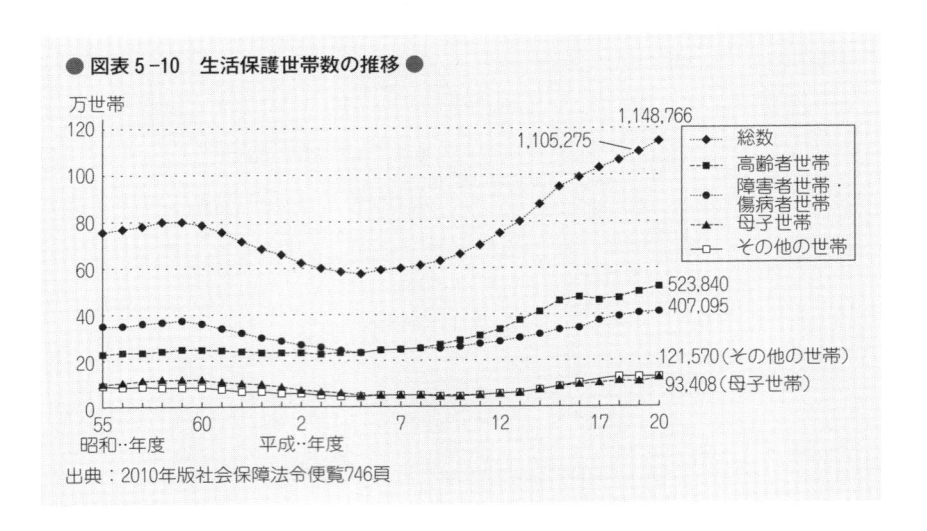

● 図表 5-10 　生活保護世帯数の推移 ●

凡例：
- 総数
- 高齢者世帯
- 障害者世帯・傷病者世帯
- 母子世帯
- その他の世帯

主な数値：
- 1,148,766
- 1,105,275
- 523,840
- 407,095
- 121,570（その他の世帯）
- 93,408（母子世帯）

出典：2010年版社会保障法令便覧746頁

介護の保障

介護保険制度は，介護が必要な高齢者を社会全体で支えるために誕生した制度で，2000年から実施されています。高齢者は，市町村から要介護（要支援）の認定を受けると，介護保険を使って介護サービスを利用することができます。介護サービスの費用は，介護保険から9割分が支払われ，残りの1割を高齢者自身が支払います。介護保険の財政を支えるため，40歳以上の人は介護保険に加入して保険料を支払っています。税金からも費用が支払われています。

● **図表 5-11　介護給付におけるサービス** ●

```
介護給付におけるサービス
  ◎居宅サービス
    【訪問サービス】                【通所サービス】
      ○訪問介護                      ○通所介護
      ○訪問入浴介護                  ○通所リハビリテーション
      ○訪問看護
      ○訪問リハビリテーション      【短期入所サービス】
      ○居宅療養管理指導              ○短期入所生活介護
                                      ○短期入所療養介護
      ○特定施設入居者生活介護
      ○福祉用具貸与
      ○特定福祉用具販売

  ◎居宅介護支援

  ◎施設サービス
      ○介護老人福祉施設
      ○介護老人保健施設
      ○介護療養型医療施設

  ◎地域密着型サービス
      ○小規模多機能型居宅介護
      ○夜間対応型訪問介護
      ○認知症対応型通所介護
      ○認知症対応型共同生活介護（グループホーム）
      ○地域密着型特定施設入居者生活介護
      ○地域密着型介護老人福祉施設入所者生活介護

  ○住宅改修
```

出典：2010年国民の福祉の動向134頁

▶高齢期にはどこで暮らす？：特別養護老人ホームなどの不足

　介護保険制度によって，高齢者は，希望する事業者を選んで契約を結び，介護サービスを利用することが可能になりました。その一方で，介護事業者が足りない，必要な介護サービスの量が足りないという問題も生じています。

　とくに，自宅で生活することが困難な高齢者が，自宅のかわりに，介護を受けながら暮らすための場所である**特別養護老人ホーム**や**グループホーム**などの不足は，深刻な状況にあります。特別養護老人ホームの入所待ちをしている人数は，約40万人もいます。このような状況では，高齢者が自分の希望した高齢期の生き方をすることが可能でないばかりか，必要な介護やケアを十分に受け

られない状態におかれています。また、家族にも重い負担がかかっています。ときおり、家族による**介護殺人**などの事件が報道されることがありますが、それらは日本における高齢者の介護をめぐる問題の一端をあらわしています。

練習問題

① 国民年金と厚生年金にはどんな違いがあるでしょうか。
② あなたの市町村ではどんな種類の介護保険サービスが提供されていますか。調べてみましょう。
③ あなたの市町村では、どれくらいの高齢者が生活保護を受けていますか。市役所や福祉事務所で話をきいて確かめてみましょう。
④ 高齢者の生活保護受給率が高い背景には、どのような原因があると思いますか。グループで話し合ってみましょう。

7　私たちと生存権

♣ 社会保障制度と「生存権」

本章でみてきたように、私たちは誰でも生まれてから亡くなるまでのあいだに、病気やケガ、失業、障害、出産、高齢などさまざまな種類の生活を脅かすリスクにみまわれる可能性があります。これらは、誰にでも起こりうるものです。加齢のようにけっして避けられないものもあります。個人の努力や備えだけでは対応できない事柄も多いのです。

そこで国が責任をもち、公的に保障するしくみが発展してきました。このような機能をもつ制度のことを、一般に、**社会保障制度**と呼んでいます。本章で登場したさまざまな制度は、社会保障制度の一例です。

なぜ、国の責任によって個人の生活を保障することが求められるのでしょうか。それは歴史の経緯のなかで、人として生まれながらに有する権利（＝人権）のなかに、「**人間らしい生活をする権利＝生存権**」が次第に認められていき、これを保障する責任が国に課せられていったからです。

このような権利が認められるようになったのは、20世紀になってからです。第2次世界大戦後、国際連合が採択した「**世界人権宣言**」では、すべての人に保障される人権のひとつとして、生存権や社会的な保障を受ける権利がはっき

りと明記されるに至りました。

> 世界人権宣言
> 第22条
> 　すべて人は，社会の一員として，社会保障を受ける権利を有し，かつ，国家的努力及び国際的協力により，また，各国の組織及び資源に応じて，自己の尊厳と自己の人格の自由な発展とに欠くことのできない経済的，社会的及び文化的権利を実現する権利を有する。
> 第25条
> 　すべて人は，衣食住，医療及び必要な社会的施設等により，自己及び家族の健康及び福祉に十分な生活水準を保持する権利並びに失業，疾病，心身障害，配偶者の死亡，老齢その他不可抗力による生活不能の場合は，保障を受ける権利を有する。

　私たちの憲法は，第2次世界大戦後につくられたものですが，日本でも，この憲法が誕生してはじめて，「生存権」が国民の基本的人権として認められました。社会保障制度は，国が，国民の基本的人権である生存権を保障することを目的としてつくられているのです。

> 日本国憲法第25条（生存権）
> 1　すべて国民は，健康で文化的な最低限度の生活を営む権利を有する。
> 2　国は，すべての生活部面について，社会福祉，社会保障及び公衆衛生の向上及び増進に努めなければならない。

🍀 生存権は守られているか

　私たちの社会では，すべての人の生存権は守られているのでしょうか。現実に目を向けてみると，たとえば，駅や公園などで寝泊まりしている人を見かけたことはないでしょうか。生活苦で自殺した人がいるという話をきいたことはないでしょうか。電気やガスが止められた状態で餓死し，数週間後にやっと発見された，といった悲しい事件を耳にしたことはないでしょうか。

　近年，私たちの社会では，格差と貧困が拡大しているといわれています。誰もが異なる人間なのですから，個人ごとに差があるのは当然です。しかし，憲法で生存権を定めている私たちの社会で，貧困が拡大しているとしたら，これ

は重大な人権侵害の問題だといえるでしょう。

　生存権の保障が定められているのに、どうして貧困が起こるのでしょうか。ぜひ、考えてみてください。

おすすめの文献

① 山本おさむ『どんぐりの家（第1巻〜7巻）』（小学館，1993〜1998年）

　聴覚障害と知的障害などの重複した障害をもつ子どもたちが、学校や家庭、地域の中で、ほかの人びととかかわりながら成長していく様子が実像に基づいて描かれている漫画です。続編の『どんぐりの家——それから』（小学館）は、2006年に制定された障害者自立支援法の問題についても扱っています。

② 中野光・小笠毅編著『ハンドブック・子どもの権利条約』（岩波ジュニア新書，1996年）

　国連「子どもの権利条約」の内容を、条文ごとにわかりやすく解説しています。ぜひ読んで、条約の内容を理解したら、みなさん自身が条約を社会のなかで活かしていってください。みなさん自身が「主人公」なのですから。

③ 鎌田慧『人権読本』（岩波ジュニア新書，2001年）

　「一人の人間として（子ども）」「おとしよりをどう支えるのか（高齢者福祉）」「子どもの虐待とドメスティックバイオレンス（家庭内の暴力）」「人間回復のたたかい（ハンセン病）」などのテーマについて、人権という観点からわかりやすく書かれています。いじめ、体罰、不登校の問題など、みなさんの学校生活にもかかわりのあるテーマも取り上げられています。

6

私たちの法

1　私たちの社会と法律

　翔太と美咲は，同じ学年のAくん，Bさん，Cくんの話をきいて考え込んでしまいました。他の人を傷つける軽率な行動や，重大な結果になることに思いが至っていないことに驚いてしまったからです。

　Aくんの話：インターネット上で何を書いても，どうせだれがやったかわからないでしょ？　毎日イライラすることが多いなかで，他の人を侮辱したり名誉を傷つけたりする書き込みをすると，スカッとするんだよ。多くの人が集中的に個人攻撃をおこない，ブログが『炎上』したりすると，気持ちよくってさ。

　Bさんの話：仕方がなかったんです。突然雨が降ってきて傘をもってきていませんでした。店の前には傘がたくさん置かれていたし，誰もみてなかったし。これくらいなら大丈夫かなと思ってしまいました。すみませんでした。

　Cくんの話：有名な寺に行ったときに，そこの太い柱に名前を書いちゃった。旅行の記念になると思って，ふざけてやったんだ。後で，お坊さんが汗をいっぱいかきながら落書きを消そうとしているのをみて，心から反省しました。

ゆりかごから墓場まで

　私たちは，毎日の生活を法に囲まれてすごします。意識していなくても，法のなかで生活していることに変わりはありません。生まれてから死ぬまで，どのような法とかかわるかを簡単にみてみましょう。

1)「生」…人が生まれると，市役所に出生届を提出します。法律で決められた14日以内の提出が必要です。
2)「老」…仕事も退職し，年金をもらったり福祉サービスを受けたりします。法律の定めるサービスを法律の定めにしたがって受けることになります。
3)「病」…病気になると病院へ行きます。病院では，医療を受け，薬をもらい，保険により医療費が決まりますが，これらについてはいろいろな法律があります。
4)「死」…人が亡くなると，遺族は市役所に死亡届を提出します。亡くなったことがわかったときから7日以内の提出が必要です。

　学校の法については第2章で，地域社会の法については第4章で紹介しました。上の「老」や「病」の法については，第5章でみてきました。この第6章では，生活のあらゆる場面を支える法をみていきます。まずは，いくつか具体的な事例を通して，法の役割を考えてみましょう。

自分も加害者に

　冒頭で紹介したAくん，Bさん，Cくんの行動は，法律に違反しないのでしょうか。考えてみましょう。

1)Aくんの場合

　インターネットやメールは大変便利な道具で，友人との情報交換や情報収集には欠かせないものとなりました。ただ，使い方を誤ると，法に違反することとなり，損害賠償の支払いを求められたり刑罰を科されたりすることがありますから，注意が必要です。

　この場合，書き込みをした側にはどのような制裁がありうるのでしょうか。ひとつは，**損害賠償**の支払いです。**民法**という法律は，他の人の権利を侵害したり違法な行為により損害を与える場合を不法行為といい，損害賠償請求を認

めています。もうひとつは**刑罰**です。**刑法**という法律は、侮辱罪、名誉毀損罪、脅迫罪などの犯罪と刑罰を定めています。インターネットでは、だれが書き込みをしたかはわからないと思われがちですが、そうではありません。**プロバイダ責任制限法**は、インターネット上での誹謗中傷や個人情報の掲載などの権利侵害が発生した場合に、プロバイダ事業者や掲示板管理者などに対して、権利を侵害する情報を発信した者についての情報の開示請求ができることを認めています。インターネット上は「匿名」で何でも発言できる、という誤った認識はあらためた方がよいでしょう。

2）Bさんの場合

　生活のなかで、「このくらいなら大丈夫かな？」と思い、実は他人を傷つけて大変な結果になる場合もあります。たとえば、コンビニエンス・ストアーに入って買い物をしているあいだに雨に降られたとき、どうしますか。傘をもっていなかったらぬれて帰りますか。それとも置いてある傘を知らないふりをしてもち帰ってしまいますか。買ったばかりの洋服を着ていたり、とても大切にしている革製のバックをもっていたりしたら。

　でも、傘がなくて困るのはほかの人も同じです。しかも、自分でもってきた傘をほかのだれかがもって行ってしまったら、どう思うでしょう。他人の傘を無断でもち帰る行為は、刑法で罰せられることがあります。**窃盗罪**や**占有離脱物横領罪**になるからです。

3）Cくんの場合

　商店のシャッターや民家の壁、さらには、寺や文化財、史跡などに落書きがなされることがあります。商店の場合には、店の名前が見えなくなったり店の顔を汚されたりすると、営業活動に支障が出ますし、個人の家の壁であれば、その人の財産を傷つけることになります。文化財は、歴史的・文化的に価値のあるものを守るという私たち共通の利益を傷つけることとなります。そのため、これらの行為は、刑法や**文化財保護法**で処罰の対象とされているのです。

　自分のものでなければ傷つけても平気、という心理的傾向は、一般に、誰でも利用できる公の施設に対して、強く表れるようです。しかし、歴史的な名所などは、長いあいだ、多くの人たちが守り抜いてきたもので、一度なくしてしまうと取り戻すことのできないものです。新しいものを次々とつくっていくだ

けでなく、歴史的・文化的に価値のある古いものをしっかり保存すること、また、その価値を次の世代に語り継いでいくことが必要でしょう。

🍀 法は何のためにある？ 六法って何？

　以上の事例から、法は何のためにあると考えられるでしょうか。それは、私たちの**社会生活の秩序維持**のためと考えられます。秩序がなければ、私たちの社会生活は困難または不可能となるからです。あらかじめ一定の「きまり」・「ルール」が定められ、他人もそれにしたがって行動するという予測を多くの人が抱いて始めて、私たちは安心して自由な生活を送ることができるようになります。法は、多くの人に行動の予測を与え、それにより共同生活を営むことができるようにしたわけです。

　また、社会生活の秩序維持のためには、法秩序そのものが社会に確立し安定していることが必要です。法の内容がすぐに変更されるようでは（朝令暮改）、私たちは何にしたがって行動したらよいかわからなくなり、安心して生活を送ることができません。このように、法や秩序がコロコロ変わることなく安定していることを**法的安定性**といいます。法的安定性のためには、行動する前に、法の内容が目に見えるように文章化され、また、手の届くところにあることが必要でしょう。法が掲載されている本があれば便利です。

　法が載っている本のことを、**六法**（**全書**）と呼ぶことがあります。6つの法と書きますが、さて、これは何を指しているのでしょうか。憲法、民法、刑法、商法、民事訴訟法、刑事訴訟法です。もちろん、国のなかで6つしか法がない、という意味ではありません。法令全体を代表する重要な法という意味で、この名前が使われているのです。

　この6つの法は、**公法**と**私法**に分類されます。法の適用を受けるのが国家であったり、国家の権力作用を規律したりする法を公法といいます。憲法、刑法、民事訴訟法、刑事訴訟法がその例です。刑法は、国家の刑罰権に関係するものですし、民事訴訟法と刑事訴訟法は、国家機関である裁判所での裁判手続を内容としますので、どちらも公法に入ります。民法と商法は私法に入ります。個人の財産や家族、経済的利益について規定しています。

🍀 私たちにも法律は適用される

　法律は，その内容を知っていたかどうかにかかわらず，適用されます。刑法についても同様です。「法律を知らなかった」では済まされません（ただ，刑の減軽はあり得ます）。もっとも，人は，年齢に応じて判断能力も異なるわけですから，法律の適用についてもいろいろな制限があります。いくつかの例をみてみましょう（選挙にかんする年齢については第4章9で触れましたが，ここでは，選挙年齢も含めて，法律と年齢との関係についてまとめます）。

1）14歳
　・刑罰を科されるようになります。14歳未満の者には刑罰は科されません（刑法）。

2）15歳
　・遺言をできるようになります。この場合，未成年でも，父母の同意は不要です（民法）。
　・満15歳になってから最初の4月1日以降，雇われて働くことができるようになります（労働基準法）。

3）16歳
　・女性は結婚できるようになります。ただ，未成年の間は，父母の同意が必要です（民法）。
　・普通二輪免許や原付免許を取得して，バイクに乗ることができます（道路交通法）。

4）18歳
　・男性は結婚できるようになります。ただ，未成年の間は，父母の同意が必要です（民法）。
　・死刑を受けることがあります。犯罪を犯したときに18歳未満だった場合には，死刑を科されるべき事件でも，無期刑となります（少年法）。
　・深夜（午後10時から午前5時までの間）でも働けるようになります（労働基準法）。
　・自動車の普通免許，バイクの大型免許を取得できます（道路交通法）。

5）20歳（成年）
　・契約などをする能力があると認められます（民法）。

- 父母の同意がなくても，結婚できるようになります（民法）。
- 民事裁判を起こすことができます（民事訴訟法）。
- 選挙権を与えられ，投票できるようになります（公職選挙法）。
- 選挙の際に，選挙運動をすることができるようになります（公職選挙法）。
- アルコールを飲むことができます（未成年者飲酒禁止法）。
- タバコを吸うことができます（未成年者喫煙禁止法）。

6）25歳
- 衆議院議員，市町村長，都道府県議会議員，市町村議会議員に立候補できます（公職選挙法）。

7）30歳
- 参議院議員，都道府県知事に立候補できます。

❀ 20歳＝成年は遅すぎる？

上でみたように，日本では，成年は20歳と決められています。「大人」になるのは20歳です。成年年齢が20歳とされたのは，1896年に制定された民法によるもので，それ以来変わっていません。しかし，外国の例をみると，アメリカ，イギリス，ドイツ，フランス，ロシア，中国など多くの国々では18歳とされていて，日本でも，「成年年齢を18歳に引き下げよう！」とか，「18歳ではまだ精神的・肉体的にも未成熟で，現状のままがよい！」とかいろいろな意見が出されています。ちなみに，法務省の審議会で配付された資料では，つぎのようになっています（http://www.moj.go.jp/content/000012508.pdf）。

● 図表6-1　調査対象国（地域も含みます）数：196 ●

選挙権年齢のデータがある国・地域	192
選挙権が18歳（16歳・17歳も含む）から認められる国・地域	170
成人年齢のデータがある国・地域	187
成人年齢が18歳（16歳・17歳も含む）の国・地域	141

この成年年齢の問題は，実は今，ホットな話題となっています。2007年に制定された**日本国憲法の改正手続に関する法律**（国民投票法）では，国民投票の

投票権を有するのは，日本国民で年齢満18歳以上の者とされたことがきっかけです。国民投票法は，憲法改正の国民投票以外の選挙権や民法の成年年齢についても引き下げを検討するよう求めているのです。しかも，この検討は，国民投票法が施行された2010年5月18日までにおこなうよう決められていましたが，いまだに法改正などなされていません。

成年年齢や選挙権年齢を18歳にすると，どのようなメリット・デメリットがあるのでしょうか？

【メリット】
・親の同意なく契約できる年齢が下がり，18歳から自分で働いてお金をもらい，それを使うことができるようになる。
・早くから政治に参加できるようになり，国づくりの中心となったり，社会に大きな活力をもたらしたりするようになる。

【デメリット】
・18歳や19歳の若者が悪質業者のターゲットとされ，不当に高額な商品を買わされたり，マルチ商法の被害を受けたりするかもしれない。
・多くの若者が精神的にも経済的にも自立できておらず，親の保護を受けられなくすると困窮する若者が増えるかもしれない。

練習問題

① 法的安定性が必要とされるのはなぜですか。考えてみましょう。
② 成年年齢や選挙権年齢を18歳にする意見について，あなたはどう考えますか。
③ 成年年齢を18歳にするときに，飲酒も喫煙も同様に18歳から可能とした方がよいと思いますか。それとも，今のまま変えない方がよいでしょうか。

2 「私たち」と「私」

🍀 法律をつくるのは私たちの代表＝国会

法律は，私たちの社会のルールとしてつくられ，私たちに適用されます。法律を適用するのはだれでしょうか。それは，**行政機関**と**裁判所**です。法律をつくるのは誰でしょうか。私たちの代表である**国会**です。私たちが選挙で選んだ

国会議員が法律をつくるのです。

　では，なぜ，私たちの代表が法律をつくることになっているのでしょうか。法律は刑罰を定めていたり損害賠償の支払いを命じていたり，私たちにとって不利益を与える内容も含んでいますが，私たちが選んだ代表者がつくれば，それほどおかしな法律にはならないと考えられたからです。本当は，私たち自身が法律を作ればよいのですが，私たちの数が多すぎて一緒に集まったり議論したりできないので，代表者を選び法律をつくってもらうことにしているわけです。私たちのことは私たちが決めること，これが**民主主義**です。

　国会には，**衆議院**と**参議院**とがあります。衆議院議員は，1度選挙で選ばれると4年間仕事をします。参議院議員の場合は少し長くて，6年間の任期です。また，衆議院の場合は，「解散」がありますから，4年たっていなくても途中で任期が終わることがあります。国会議員は，自分たちで法律案を提出したり，提出された法律案について意見を述べ質問をしたりして，議論をおこないます。議論を尽くした後で多数決で決めて法律ができあがっていくのです。

　また，法律を作ること以外にも，国会は，つぎの仕事をします。
・内閣総理大臣を指名します。
・弾劾裁判所を開いて，裁判官を罷免するかどうか判断します。
・内閣が作った予算について，話し合って決めます。
・内閣が締結する条約について，話し合って決めます。
・憲法改正案を決定し，国民に提案します。

🍀 国会が「ねじれ」る？

　法律などは，衆議院と参議院それぞれで可決されないと成立しません。ある法律案を衆議院と参議院ともに賛成すれば問題なく成立するのですが，どちらかが反対したらその法律案は成立しないのです。その場合，どうしても成立させたい法律だった場合，何か方法はないのでしょうか。

　これは，衆議院で多数を占める政党と参議院で多数を占める政党とが違っている場合に起こりうる状態です。政権を担当する**与党**とそうではない**野党**とが，衆議院・参議院でそれぞれ多数を占めている状態です。このような状態をとくに，**ねじれ国会**ということがあります。すべての法律案について衆議院と

参議院で異なる決定がされて法律案がとおらないと，国民の生活にも影響が及ぶため深刻な問題となります。

そこで，もし，衆議院で可決された案が参議院で否決されたら，次のような方法が用意されています（**衆議院の優越**といわれます）。

・衆議院での特別多数決（過半数ではなく3分の2）による再可決（法律の場合）。
・両院協議会による調整（それぞれの議院から選挙で10名の委員を選ぶ）。
・衆議院の議決を国会の議決とする（予算の議決，条約の承認，内閣総理大臣の指名）。

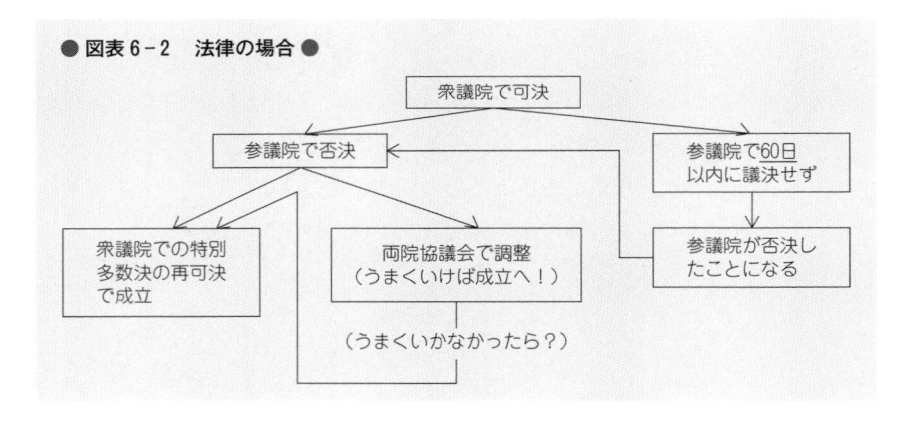

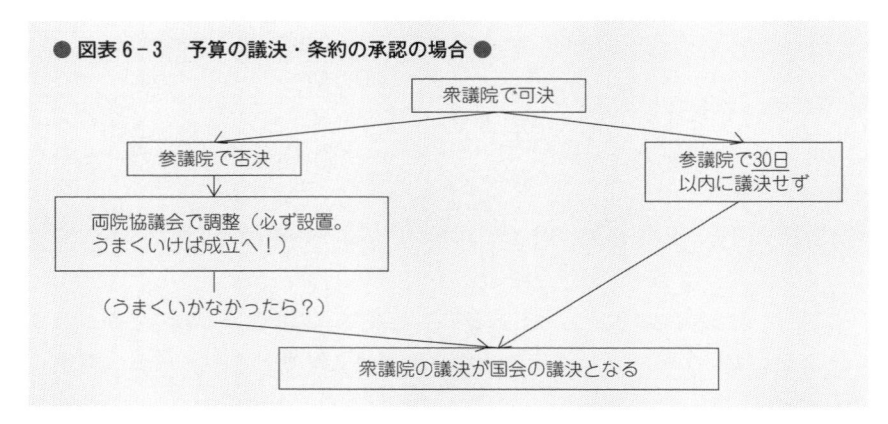

● 図表6-2　法律の場合 ●

衆議院で可決
↓
参議院で否決　／　参議院で60日以内に議決せず → 参議院が否決したことになる
↓
衆議院での特別多数決の再可決で成立　／　両院協議会で調整（うまくいけば成立へ！）
（うまくいかなかったら？）

● 図表6-3　予算の議決・条約の承認の場合 ●

衆議院で可決
↓
参議院で否決　／　参議院で30日以内に議決せず
↓
両院協議会で調整（必ず設置。うまくいけば成立へ！）
（うまくいかなかったら？）
↓
衆議院の議決が国会の議決となる

● 図表6-4　内閣総理大臣の指名 ●

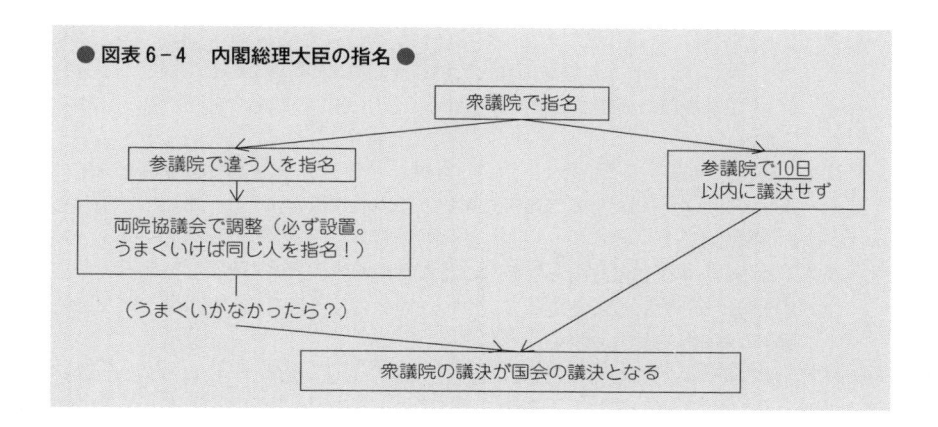

```
                    衆議院で指名
                    ／        ＼
   参議院で違う人を指名        参議院で10日
        ↓                   以内に議決せず
   両院協議会で調整（必ず設置。
   うまくいけば同じ人を指名！）
        ↓
   （うまくいかなかったら？）
        ↓                     ↓
        衆議院の議決が国会の議決となる
```

　図表6-2と図表6-3の場合はよいのですが，図表6-1の場合，国会が「ねじれ」ていて，しかも，与党が衆議院でも3分の2の議席を獲得していないとき，厄介な事態となります。全ての法律案が成立しない可能性が出てくるからです。こうなったら，与党が提出した法律案について強行採決しないで真摯に議論を尽くすこと，与党は野党を合理的な理由を示して説得しようとすること，野党も与党の議論に応じて必要と考えれば法律案を成立させるよう協力することなど，政治の本来のあり方に戻ることで事態を打開するしかなさそうです。

❀ 「私たち」って誰？

　国会は「私たち」の代表だというお話をしてきましたが，ところで，「私たち」って誰なのでしょうか。「日本には古くからの文化や伝統があり，日本人という意識をもつ人が『私たち』だ！」という意見もきこえてきそうです。また，反対に，「みんなそれぞれ自由で平等だから，同じ国や同じ地域でたまたま近くに住んでいる，というだけでいいのでは？」という意見もありそうです。ここには，国民や社会の「統合(きずな)」をどう考えるかという難しい問題があります。翔太と美咲の会話をきいてみましょう。

> 翔太：日本人の心とか日本の伝統や文化を大切にしよう！とか言われると，違う意見を言いにくくなって息苦しくなるよ。そんなに「日本人」って言わなくてもいいんじゃないかな。僕は日本人だと思っているし，日本は好きだよ。でも，オリンピックもワールドカップも，そんなに興味なかったしなぁ。

美咲：そうだね。同じ意見だと言わないといじめられそうで怖いよね。でも，「私たち」が，たまたま同じ地域に住んでいる人の集まり，っていうのもどうかな？　これだと共通の話題がない，っていうか，共通の問題も考えられない，っていうか。

翔太：共通の問題って，たとえば，ゴミ問題とか？　そりゃーゴミ置き場が自宅のそばにあったら嫌だし，ゴミ焼却場だって環境が悪くなるし，誰だって嫌なものは嫌だよ。

美咲：私もゴミのそばに住むことになったら嫌だと思うよ。でも，ゴミはみんな出すものだし，どこかで処理しないといけないし，自分のことだけ言ってたら問題って解決しないんじゃないかな？

翔太：そうかもしれないね。

美咲：ゴミ置き場だったら，定期的に交代するとか，ゴミ焼却場だったら有害物質を出さないことは当然だけど，悪臭などで被害を受ける人には補償金を支払ったりしたらどうかな。それも「私たち」が話し合って解決できることだと思うよ。

🍀 「私たち」意識って必要？

翔太と美咲の会話は続きます。最終的には，「私たち」意識って必要かどうかがテーマになるようですね。

翔太：でも，やっぱり「私たち」って強調しすぎると，自由な感じがしないな。少し前の内閣総理大臣は「美しい国」とかいってたし，戦前・戦中に日本が行った悪いことをなかったことにしようみたいな人たちもいたでしょう。それって，「美しくない歴史」を忘れようとしているだけじゃない？　それだけじゃないよ。「私たち」じゃない「異質」な人たちを違うってだけで排除することにもなるんじゃない？　それってよくないよ。

美咲：うん，歴史の話はそのとおりだよね。私もそう思う。「私たち」っていうんだったら，「美しくない歴史」も「私たち」の一部分だよ。「私」もそんな「私たち」の一員だと思うから，それをどうやって乗り越えて外国の人たちと付き合うかが大切なんだよね。

翔太：そういえば，「私」も「私たち」の一員だ，って考えることができたら，もしかしたら犯罪を犯さなくてすんだ人もいるかもしれない。だって，孤独と絶望に耐えきれずに犯罪を犯してしまう人もいるらしいよ。

美咲：そうそう，家族と一緒に暮らしていても，だれも自分を理解してくれないし，どこにも居場所がないんだよね。

翔太：生きている実感を得たいために犯罪を犯す人もいるよね。

美咲：それってやっぱり，「私」は「私たち」のなかで生きているんだ，っていう実感がないからなんじゃないかな。「私たち」意識って必要なんだよ！

翔太：うん。そうすれば，沖縄の基地問題も貧困の問題も，全部「私たち」の問題だっていう意識をもてるようになるだろうね！ 自分の問題だと思わないから無関心になってしまうけど，自分の問題だと思えば，まじめに考えるようになると思う。結局，不自由な感じを与えず，「私たち」じゃない人たちを排除しないで「私たち」意識を持つようにできたらいいんだね。……そんなことってできるのかな？

美咲：最初から「ある」わけじゃないよね。たぶん，共通の問題を一緒に考えたり，お互いに意見を言い合ったりするなかから「私たち」意識ってできてくるんじゃないかな。そうした接点がないことが問題なんだと思うよ。家庭や学校，地域から徐々に「私たち」意識を確認しあい，疎外感を感じさせないようにすることが大切だと思う。

憲法と法律は違う

「私たち」意識をもつことで，ほかの人がかかえている問題やほかの地域で起きている問題などを自分の問題として考えることができそうだ，というところが重要ですね。ところで，「私たち」の代表が法律を作ると説明しました。国会はどんなことでも決めることができるのでしょうか。たとえば，「私」に不利益を与えるようなことを「私たち」の代表は何でも決めてもよいのでしょうか。

そうではありません。「私」の利益の方が「私たち」の決めることよりも勝ることがあります。それが**人権**です。憲法が定めている基本的人権は，「私たち」が多数決でも侵すことのできない事柄を保障しているのです。表現の自由，集会・結社の自由，信教の自由，思想・良心の自由などが人権として保障されていますから，たんに迷惑だ，とか「私たち」とは意見が違う，とかいった理由で侵害することはできないわけです。

そうすると，「私たち」が決める法律と，「私」の人権を保障する憲法とは，少し性質が違うように思いませんか。そうです。**憲法の方が法律よりも強い**，ということになりますね。もし，法律が憲法に反している，ということになれば，憲法違反として無効となります。「私たち」の決定を覆す，それくらい強い力をもっているのが憲法ということになります。そして，「私たち」が決めた法律が憲法に反しているかどうかを最終的にチェックするのは，裁判所で

す。**違憲審査権**と呼ばれる権限を使って判断するのです。

ところで，前の方で六法の話をしました。憲法以外の5つの法は法律ですが，それらと憲法とは力が違うということです。

> #### 練習問題
> ① 民主主義は，多数決で物事を決めることになりますが，多数の決めたことは常に正しいといえるでしょうか。もし，多数の意思が間違うかもしれないとしたら，どのような工夫が必要と考えられますか。
> ② 国会が「ねじれる」とはどういうことですか。また，「ねじれ国会」のメリットとデメリットについても，調べてみましょう。
> ③ 「愛国心」によって「私たち」意識をつくりあげよう，という考え方について，話し合ってみましょう。

3 犯罪と刑罰

　翔太と美咲は，いろいろと調べてみることで，法律が社会生活の秩序維持のために必要であること，また，それがどのようにして制定されるかもわかりました。でも，歴史をもっと調べてみると，宗教への弾圧があったり，小説を出版しただけで警察から拷問を受けて殺されたりしたことがあったことを知りました。また，日本史の授業で，とても残酷な拷問や刑罰があったことも習いました。

　ふたりは考えます。犯罪って何だろう？ 刑罰ってどこまでやってもいいの？

♣ 罪と罰，犯罪と刑罰

　罪と罰って何でしょうか。イメージとしては，悪いことをするのが罪，悪いことをした人に与えられるのが罰，ということになるでしょう。罪と犯罪，罰と刑罰は，それぞれ同じなのでしょうか。

　答えは「NO」です。犯罪は，法律で処罰されると規定した行為を意味し，悪いかどうかとは関係ありません。悪い行為であっても，法律で処罰されていなければ犯罪ではないのです。同じように，刑罰は，犯罪に対して加えられる制裁で法律で決められたものを意味します。犯罪も刑罰も法律で定められて初めて存在することになりますが，罪と罰は，法律があるかどうかは関係がないのです。

反対に，必ずしも悪いとはいえなくても，法律で規定されていれば，犯罪と刑罰は存在することになります。たとえば，被害者がいない場合はどうでしょう。他人に迷惑をかけるから法律で罰せられるべきだ，と考えるとき，被害者がいない行為を罰する理由はなくなります。ですが，一定の道徳や秩序を守るために犯罪とされる場合があるのです。

　また，被害者自身を処罰する場合がある，ときいたらどう思いますか？　これは，被害者の行為から被害者自身を保護するために刑罰を科す場合です。このように，本人のために本人の自由を制約するという考え方を**パターナリズム**（Paternalism）といいます（"Pater" はラテン語で父親。国が，家庭内での父親のように，個人を保護しようとして干渉することを指します）。

1）被害者がいない犯罪
　・賭博行為…「働いて稼ぐことが美しい」という道徳
　・わいせつ文書の販売等…健全な性道徳や風俗の維持
2）被害者を処罰する場合…大麻などの薬物の使用

🍀 どんな犯罪があるのか

　法律で犯罪とされている行為には，つぎのようなものがあります（もちろんすべてではありません）。

1）殺人罪…人の命を奪う犯罪です。恨み，憎しみ，怒り，嫉妬などの感情によるもの，また，お金目当てで犯行に及んでしまうものなどがあります。動機もなく，通りすがりの人を手当たり次第に殺害する「通り魔殺人」も起きています。
2）暴行罪・傷害罪…人の身体に向けられた行為を処罰するものです。人の身体に対して物理的な力を与える場合を暴行罪，生理的機能の障害や健康状態の悪化をもたらす場合を傷害罪といいます。
3）脅迫罪・強要罪…人の意思や行動の自由を害する犯罪です。「生命，身体，自由，名誉，財産を害するぞ！」と脅したら脅迫罪，脅して何かをさせたりさせなかったりした場合は強要罪となります。

4）窃盗罪…他人の財物を盗む行為をいいます。すり，万引き，置引き，ひったくり，空き巣などはすべて窃盗罪です。また，他人の自転車をちょっと借りるつもりで（自分のものにするつもりはないが，返すことも考えていない場合），乗っていったらどうなるでしょう。実はこれも窃盗罪です。

5）強盗罪…暴行や脅迫により，人の財産を奪う犯罪です。これは，恐怖心を与えて抵抗できない状態にしたうえで財産を奪う，という卑劣な行為です。そのほかにも，薬品やアルコールを使って眠らせてから財産を奪うのは，昏睡強盗罪といいます。なお，強盗をするときに，人にけがをさせたり殺害したりする場合には，刑罰が重くなります。とくに，強盗致死罪は最も重く，死刑か無期懲役となります。

6）詐欺罪…人をだまして財産を取る犯罪です。最近は，詐欺罪が増えているといわれますが，その原因は，「振り込め詐欺」の増加にあります。その手口には，子どもを装って電話をかけ，トラブルに巻き込まれているなどの理由で現金を振り込ませる「オレオレ詐欺」，郵便やインターネット等を利用して，架空料金を預貯金口座に振り込ませる「架空請求詐欺」などがあります。

❀ 罪刑法定主義と謙抑主義

犯罪も刑罰も，法律で定められていないと禁止も処罰もされません。このことを**罪刑法定主義**といいます。これには，私たちの権利を守るという意味があります。事前に犯罪と刑罰を定めておくことで，国家権力の濫用から個人の権利や自由を保障することができます。もし，法律の規定がないのに，「それは犯罪だ！」として処罰されるとしたら，どこからが犯罪でどこまでが自由かわかりません。また，関連してつぎの考え方も重要です。

1）犯罪と刑罰は，「事前に」定められていることが必要です。あとからつくられた法律を遡って適用することはできません（**遡及適用の禁止**）。

2）犯罪と刑罰は，明確な言葉で書かれていることが必要です。普通の人が読んで，何が犯罪なのかがわからなければ，特定の人を狙い撃ちすることも

できてしまうからです（**明確性の原則**）。
3）犯罪と刑罰は，内容が適正なものでなければいけません。犯罪とされる行為が，本当に犯罪とすべきものなのか，また，刑罰は，その犯罪とつり合ったものなのか（軽い犯罪に重い刑罰を加えてはいないか）が問われることになります。

犯罪と刑罰を定める法律が作られていても，それを実際に適用することには慎重でなければいけません。刑法は，すべての違法行為に適用されるものではなく，必要でやむをえない場合にのみ適用されるべきと考えられます。この考え方を，**謙抑主義**といいます。古くからの法格言にも，「裁判官は些事（きわめて小さいこと）を取りあげず」というのがあります。刑罰は，国家による人権制限ですから，最小限度に抑えなければいけないでしょう。

☘ 残虐な刑罰

刑罰は必要でも，**残虐な刑罰**は禁止されています。残虐な刑罰というのは，不必要な精神的・肉体的苦痛を与えて人道上残酷と考えられる刑罰を意味します。

死刑は人の命を奪う刑罰ですから，残虐とはいえないのでしょうか。最高裁判所は，ある判決のなかで，「生命は尊貴である。一人の生命は，全地球よりも重い」と述べたことがあります。それでも，死刑制度は残虐な刑罰にはあたらないとされ，現在まで廃止されることなく維持されてきました。

死刑制度の是非をめぐっては，いろいろな議論があります。最終的には，私たちが廃止を望めば，法律を改正して死刑を廃止することは可能です。

● 図表6-5　死刑存廃論 ●

	死刑を存置すべき	死刑を廃止すべき
刑罰の目的	・加害者は，人の命を奪ったのだから，自らの死をもって償うのは当然である。	・刑罰は2度と犯罪を犯さないための教育だと考えると，命を奪えば教育できないから，死刑はおかしい。
犯罪の抑止	・死刑制度があることで，犯罪の発生を抑えることができる。 ・死刑を廃止すれば，凶悪犯罪が増加し秩序が乱れる。	・一時の感情で犯罪を犯す場合，死刑には犯罪を抑止する効果はない。 ・死刑を廃止した国でも，犯罪の増加はみられない。
加害者の贖罪	・加害者が心から反省するには，死刑制度が必要である。	・加害者が反省していない場合，死刑は無意味ではないか。
遺族の心情	・被害者の遺族の心情を無視すべきではない。 ・憎しみの連鎖を断ち切るために，国家が死刑を行う必要がある。	・加害者の命が奪われても，被害者は生き返らない。 ・遺族に対しては，犯罪被害者の救済や支援で対応すべき。
社会の安全のため	・改善する可能性がない犯罪者や，社会にとって危険な存在は，みんなの安全のために死刑にすべき。 ・「仮釈放のない終身刑」では受刑者が精神障害になったり自暴自棄になり刑務官の指示にしたがわなかったりするため，ドイツでは廃止された。	・危険な人物がいるとしても，「仮釈放のない終身刑」を設けて社会から隔離することで対応できる。
その他	・えん罪の可能性に対しては，えん罪を生まないように警察の取調などを是正することで対応すべき。 ・世論調査をすれば，存置派が圧倒的多数派である。	・人も裁判も間違うことがある。もし，えん罪だった場合，取り返しのつかないことになる。 ・世界的には，死刑を廃止する傾向にある。

🍀 犯罪にかんする神話

　犯罪について一般にいわれていることが，実際には根拠のないものであることがあります。そのいくつかを考えてみましょう。

1）治安の悪化，犯罪の凶悪化

　治安が悪化しているといわれることがあります。犯罪が凶悪化していると指摘されることもあります。これはなぜでしょうか。新聞やテレビで毎日のように事件のニュースが流されていたり，通り魔殺人や理由のない犯罪などが多い

と感じるからではないでしょうか。

しかし，統計を用いた研究では，殺人事件はずっと減少傾向にあること，また，その数は他の先進諸国に比べてかなり少ないことが指摘されています。加害者と被害者とが見知らぬ他人であった事件の割合も変わっていませんし，むしろ，殺人のほとんどが顔見知りの犯行によるものですから，通り魔殺人がとくに増加しているわけではないのです。しかも，犯罪のほとんどが窃盗ですから，凶悪化しているわけでもありません。

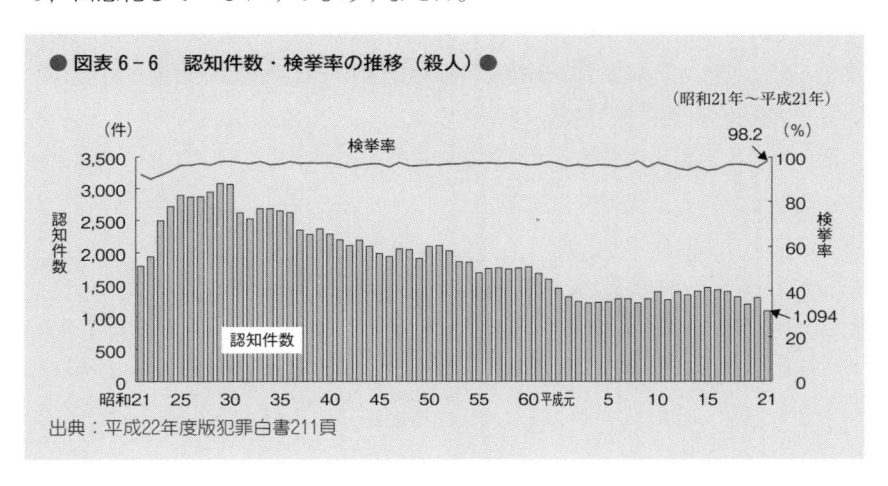

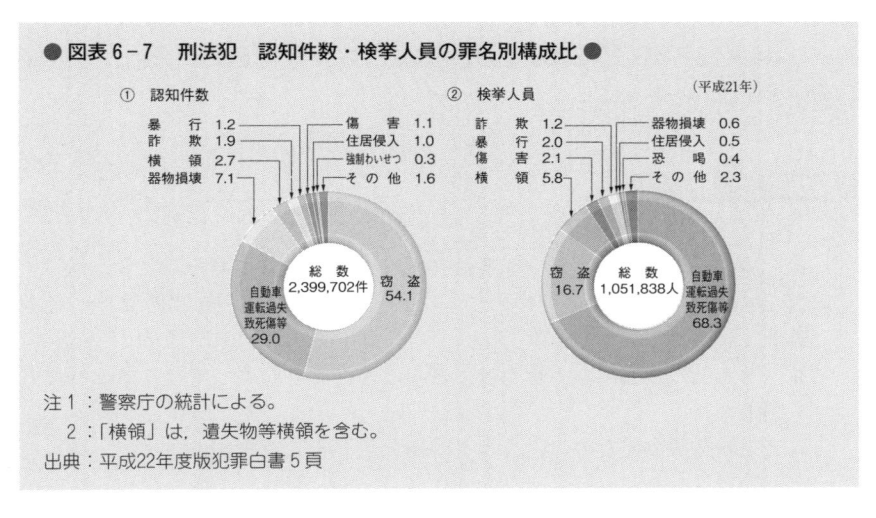

● 図表6-6　認知件数・検挙率の推移（殺人）●

(昭和21年～平成21年)

出典：平成22年度版犯罪白書211頁

● 図表6-7　刑法犯　認知件数・検挙人員の罪名別構成比 ●

(平成21年)

① 認知件数
- 暴　行　1.2
- 詐　欺　1.9
- 横　領　2.7
- 器物損壊　7.1
- 傷　害　1.1
- 住居侵入　1.0
- 強制わいせつ　0.3
- その他　1.6
- 総数　2,399,702件
- 窃盗　54.1
- 自動車運転過失致死傷等　29.0

② 検挙人員
- 詐　欺　1.2
- 暴　行　2.0
- 傷　害　2.1
- 横　領　5.8
- 器物損壊　0.6
- 住居侵入　0.5
- 恐　喝　0.4
- その他　2.3
- 総数　1,051,838人
- 窃盗　16.7
- 自動車運転過失致死傷等　68.3

注1：警察庁の統計による。
　2：「横領」は，遺失物等横領を含む。
出典：平成22年度版犯罪白書5頁

3　犯罪と刑罰

2）不安感の増加

それでも、日々の生活のなかで不安を感じる人の割合は、増加しています。治安が悪化しているわけではないのに不安感が増大しているのです。このように「肌」で感じる不安感のことを**体感治安**と呼ぶことがあります。

体感治安の悪化は、マスコミの報道に影響されるところが大きいといえるでしょう。テレビでくり返し事件の報道をおこない、視聴者の感情に訴えかけることが、体感治安の悪化を生んでいるといえます。もちろん、犯罪がなくなっているわけではありませんから、事件が起きないような対策をする必要はありますが、ことさらに犯罪の凶悪化を叫ぶのは適切とはいえないでしょう。

3）犯罪の原因は若者、家庭・地域の崩壊

治安悪化や犯罪の原因として、若者のモラルが低下していること、家庭や地域が崩壊したこと、親の規範意識が低下していることなどが挙げられることがあります。でも、それって事実なのでしょうか。

若者のモラルが昔に比べて低下しているのかといえば、そうではありません。たとえば、若者による殺人事件は実は減少していますし、少年犯罪は凶悪化も低年齢化もしていないことがわかっています。また、家族内での殺人事件は昔からありましたし、その数も大きく増加しているわけではありません。犯罪は、モラルの低下ではなく、経済的な困窮や社会的な孤立、将来への不安や悲観によるものといってよいでしょう。その立場に置かれれば、誰でも犯罪に手を染めてしまうのかもしれません。だからこそ、裁判では、弁護士が加害者の情状を主張して弁護する必要があるのです。

📝 練 習 問 題

① つぎの考え方や主義がなぜ必要か、考えてみましょう。
   a．パターナリズム　b．罪刑法定主義　c．謙抑主義
② 社会の秩序を維持するためのつぎのような提案についてどのように考えるか、討論してみましょう。
   a．みんなの迷惑になる行為は、どんどん法律をつくって取り締まった方がよい。
   b．犯罪を減らすために、もっと刑罰を厳しくした方がよい。
   c．警察はもっと取り締まりを強化し、また、警察官の数も増やした方が

よい。
③ 本文の意見を参考に，死刑を存置すべきか廃止すべきか，話し合ってみましょう。

4　犯罪の捜査と警察官・検察官・弁護士

❀ 「あやしい」は罰する？

　犯罪者として疑いをかけられた人が有罪だと決まるのは，いつなのでしょうか。時間の経過を追ってそれがいつなのか，考えてみましょう。

---

①テレビや新聞などで，Ａさんが犯人ではないかとの報道がなされた。
②警察が，疑惑のあるＡさんから事情を聞いた。
③Ａさんの逮捕状が出され，警察はＡさんを逮捕した。
④Ａさんが自白したと，警察がマスコミに発表した。
⑤Ａさんを被告人とする刑事裁判が始まった。
⑥地方裁判所がＡさんを有罪とする判決を下した。
⑦Ａさんの控訴に対し，高等裁判所もＡさんを有罪とした。
⑧Ａさんは上告したが，最高裁判所もＡさんを有罪とした。
⑨Ａさんは５年の懲役刑とされたため，刑務所に送られた。
⑩Ａさんは５年の刑期を終えて出所してきた。

　正解は⑧です（控訴や上告がなされなければ，⑥や⑦が正解となります）。このときまで，Ａさんは犯罪者ではなく，疑いをかけられた人（**被疑者**）や裁判を起こされた人（**被告人**）でしかありません。刑事裁判には昔から，**疑わしきは罰せず**とか**無罪の推定の原則**があります。「あやしい」というだけでは罰することはできませんし，有罪と確定するまでは，無罪として取り扱われなければならないのです。
　ですから，マスコミが，被疑者や被告人を裁判が確定していないうちに犯人と断定するかのような報道をしたり，その私生活を暴露するような取材をしたりするのは問題だといわなければならないでしょう。

警察官の仕事

警察官には、つぎの役職があります。
- 国家公務員…警視総監、警視監、警視長、警視正
- 地方公務員…警視、警部、警部補、巡査部長、巡査

警察官は、事件が起きてから裁判にまでもっていくために、検察官と協力したり検察官の指示を受けたりしながら、犯人の逮捕や証拠の収集をします。

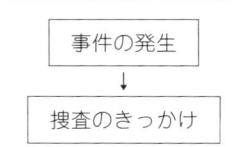

```
              事件の発生
                 ↓
             捜査のきっかけ
①警察が事件を発見する場合（職務質問、所持品検査、自動車検問、死体の発見・
  検視）
②警察以外の者による場合（被害者からの告訴、告発、犯人の自首、被害届の提出
  や匿名の電話・投書）
                 ↓
              捜査の実行
                 ↓
       犯人の逮捕   ・   証拠の収集
```

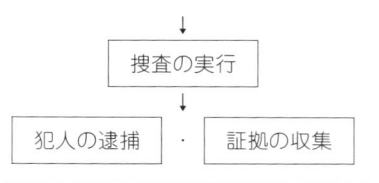

警察の仕事は、個人の人権を侵害するおそれがありますから、そうならないよう、慎重におこなう必要があります。たとえば、職務質問、所持品検査、自動車検問などは、相手の同意が必要となります。まだ犯罪があったことがわかっていない段階ですから、強制的におこなうことはできません。ですから、警察官が、歩いている人のバッグを無理矢理とりあげて、中身をみること（所持品検査）は違法な捜査となるわけです。

犯人を逮捕したりその人の家に入って証拠を集めたりする場合にも、警察官の思い込みだけで無実の人の自由や財産権・プライバシー権を侵害しないようにする必要があります。そのため、逮捕や物的証拠の収集（捜索、差押え）には、原則として裁判官が発する**令状**がなければいけません。裁判官の事前のチェックを必要としているのです。

🍀 警察から検察へ：送検・勾留・取調

逮捕してから実際に起訴したり不起訴にしたりするまでは，つぎのような流れとなります。

> ①逮捕…逃亡や証拠の隠滅をさせないため。
> ②48時間以内に検察官へ送致…「送検」といいます。
> ③24時間以内に検察官は裁判所に「勾留請求」…裁判所のチェック。
> ④10日間の「勾留」
> ⑤10日間の「勾留延長」が可能
> ⑥検察官が事件処理　→　起訴 or 不起訴

逮捕は，被疑者の身体を確保することですから，取調をするためには，被疑者の自由を奪い，身体を一定の場所に留め置くことが必要となります。それを**勾留**といいます。勾留するには，検察官が裁判所に**勾留請求**を行い，裁判所のチェックを受ける必要があります。ちょうど，逮捕令状や捜索・差押え令状の場合と同じ理由ですね。

逮捕や勾留は，事件単位でおこなわれます。逮捕状や勾留状に記載された犯罪事件のみを取り調べることができます。また，ひとつの事件について逮捕・勾留ができるのは１回限りです。同じ事件で再逮捕・再勾留を認めると，不当に人の自由を奪うことになるからです。

逮捕されてから勾留されているあいだに，被疑者の取調がおこなわれます。でも，その際には被疑者の利益を守る観点から，いくつかのルールがあります。まず，逮捕の際には，つぎの権利が認められています。
１）何の犯罪の疑いをかけられているのかを知る権利がある（令状で示される）。
２）**弁護人を選任できる**ことと**黙秘権**があることを告知されなければならない。
３）弁護人を選任し**接見**することができる。

つぎに，勾留中の被疑者の権利です。最長で20日間も勾留されることがありますから，そのあいだに被疑者には身を守るためにいくつかの権利が認められ

ています。
1）弁護人と接見できる。
2）**勾留の理由を開示**するよう求めることができる。
3）勾留の必要がなくなれば，勾留の取消を求めることができる。
4）病気治療のためや家族が死亡した場合などには，勾留を停止することができる。

　取調の際には，**拷問**は許されません。それにもかかわらず，刑事裁判では被疑者の**自白**が有罪の決め手として重視されてきましたので，自白させるために強引な取調も行われてきました。最近でも，**志布志事件**が起きています。これは，2003年4月に，警部補が選挙違反事件の被疑者として男性を取り調べた際に，男性の親族の名前などを記載した紙を踏ませ，嘘の自白を強要した事件です。結局，裁判では，自白の信用性が認められず，被告人12人全員が無罪となりました。被疑者とされた男性の家族への思いや情愛を踏みにじる不当な取調で，許されるものではありません。**足利事件**でも，DNA鑑定で嘘の自白を強要され17年半服役したあと，**再審**で無罪が認められました。

🍀 弁護人の選任と役割

　刑事ドラマのなかで，逮捕された被疑者が「弁護士に連絡させてくれ」というセリフを語っていることがあります。基本的に被疑者は弁護人を自分で選任することができます。ただ，知り合いの弁護士がいない場合や弁護士を雇うお金がない場合など，自分では選任できない場合どうしたらよいのでしょうか。つぎのような制度が整備されてきました。
1）当番弁護士制度…弁護士が当番を決めて待機し，連絡を受けてからかけつけて被疑者の相談にのる制度。この場合，初回の弁護費用は無料です。
2）日本司法支援センター（法テラス）…資力がなく弁護人を雇えない被疑者のために，国選弁護人を供給する制度。

　逮捕・勾留されているあいだ，弁護人は被疑者のためにさまざまな役割を果たします。たとえば，身体を拘束されている被疑者の相談相手となり，その精

神的な負担や不安を和らげたり，家族や友人からのメッセージを伝えて勇気づけたりします。また，取調の際に黙秘権があることなどを知らせたり，裁判のための証拠収集をおこなったりします。被害者との間で示談が成立しているときは，不起訴となったり刑罰が軽くなったりするので，被害者とのあいだの示談交渉を進めます。こうして，被疑者は，弁護人との接見を通じて外界とつながることができるのです。

練習問題

① 犯人として逮捕された人について，新聞・テレビなどが犯人であるかのように取り扱ったり，私生活にまで及ぶいろいろなことを報道したりすることがあります。このようなマスコミの姿勢にはどのような問題がありますか。考えてみましょう。
② 次の職業の役割やその重要性について，考えてみましょう。
 a．弁護士　b．警察官　c．検察官

5　裁判所と裁判

　翔太と美咲は，ある刑事事件の傍聴にやってきました。裁判は公開で行われますから，誰でも傍聴することができます。メモをとることもできますので，同じ事件を最初から最後まで傍聴することで，裁判の流れを目の前で見届けることも可能です。ふたりが選んだ事件は，つぎのような内容でした。
　被告人Yは，自宅周辺で放火事件が続いたときに自分の犯行であるとのうわさが広がり，自宅に放火することでそのうわさを打ち消そうとして，自分の家に放火し自分の家を全焼させた，という事件です。本件は，自分の犯行であるとのYの自白はなく，また，Yの犯行を裏づける直接証拠もないというむずかしい事件のようです。

❀ 裁判所と裁判員

　裁判所には，最高裁判所（東京に1ヶ所），高等裁判所（全国8ヶ所），地方裁判所（全国50ヶ所），家庭裁判所（全国50ヶ所），簡易裁判所（全国438ヶ所）があります。以前は，刑事裁判は裁判官3人のみによって運営されてきましたが，現在の**裁判員制度**の下では，一般の市民6人も裁判に参加し，有罪か無罪かだけでなく刑罰まで決めるようになりました。裁判制度に「普通の人」の感覚を

吹き込むことによって，刑事裁判が国民の理解と信頼を得るようになるとよいですね。

　なお，裁判員が加わる刑事裁判は，つぎのような事件を扱う場合です。
・人を殺した事件（殺人）
・強盗が，人にけがをさせたり死亡させたりした事件（強盗致死傷）
・人にけがをさせ，死亡させた事件（傷害致死）
・泥酔した状態で自動車を運転し，人をひいて死亡させた事件（危険運転致死）
・人の住む家に放火した事件（現住建造物等放火）
・身の代金を取る目的で人を誘拐した事件（身の代金目的誘拐）
・子どもに食事を与えず，放置して死亡させた事件（保護責任者遺棄致死）

　裁判員は，20歳以上の者でくじ引きで選任されます。ただ，学校や仕事，家庭があって忙しい毎日をおくっていると，大切なことだと思っていても進んで裁判員を引き受けることは難しい状況です。しかも，事件によっては死刑にすべきかどうかの判断まで求められたり，評議の場での意見や多数決の別れ方，事件関係者のプライバシーなどについて**守秘義務**があり（違反すると，6ヶ月以下の懲役または50万円以下の罰金となります）ストレスを抱えることになります。裁判員の精神的な負担はかなり重いといえるでしょう。

▶裁判員の選ばれ方
1）くじで選ばれた候補者に，最高裁判所から「通知」と「調査票」が届きます。
　・辞退できる場合あり（70歳以上，学生・生徒，重い病気・傷害，過去5年以内の裁判員経験者など）
　・守秘義務あり（「候補者になっちゃった！」と不特定多数の人にいっちゃダメ！）
2）近くの地方裁判所から，「呼び出し状」と「質問票」が届きます。
　・辞退できる場合あり（妊娠中や出産直後，親族の介護，重要な仕事で自分が処理しないと重大な損害が出るなど）
3）呼び出し状の期日に裁判所へ行き，そこで面接を受けます。
　・不公平な裁判をするおそれがあると判断されると，候補から外れる！
4）自分の番号が呼ばれると，「選ばれた！」となります。
　・その日の午後から公判開始！

🍀 冒頭手続

　さあ，いよいよ公判が始まります。

　法廷にはすでに，廷吏，書記官，検察官が入廷しており，続いて弁護人とＹが着席しました。Ｙの顔は緊張している様子です。うつむいた顔には疲労の色もみえていました。

　正面の扉が開きました。裁判官が入ってくると，廷吏は，法廷全部に響き渡る声でいいました。

　「起立！」。裁判官が着席すると，全員着席します。裁判官は，手錠を外されたＹに向かって，つぎのように告げました。「被告人，前へ出なさい」。名前，本籍，住所，職業，生年月日を質問しました（**人定質問**）。Ｙが人違いでないかどうかを確認すると，今度は検察官に向かって，こういいます。

　「では，検察官，**起訴状**を**朗読**してください」。これを受けて，検察官から起訴状の読み上げが始まりました。

　それが終わると，裁判官からＹに対して**黙秘権等の告知**がなされます。

　「これから事件についての被告人の陳述に入りますが，これに先立ち，次のことに注意して下さい。審理中，被告人には，裁判官，検察官，弁護人からいろいろと陳述を求められることがありますが，被告人には黙秘権と供述拒否権があります。一切黙ったままでいることもできますし，陳述をしても自分が答えたくない質問には返答を拒むこともできます。また，陳述すると，それは被告人にとって有利，不利を問わず裁判の証拠として取り扱われることがありますから，心得て下さい」。

　裁判官からＹに質問がありました。「さきほど朗読された控訴事実には，間違いはありませんか？」。

　すると，Ｙは，はっきりと否認しました（**罪状認否**）。「私は，放火をしていません」。

　検察官，弁護人それぞれから陳述がなされ，冒頭手続は終了しました。いよいよ証拠調手続に入ります。

証拠調手続

「証拠調手続に入ります。検察官は，冒頭陳述及び証拠申請をして下さい」。裁判官はこのようにいいました。立ち上がった検察官は，Ｙが放火に至った詳細な事実を読み上げ，以上の事実を証明するため，証拠を申請します，と述べていました。この事件は，Ｙの自白がなく証拠も乏しい難しい事件です。検察官は，次のことを立証しようとしました。

1) 本件放火の犯人は，被告人宅の内部の犯行と認められること。
   ・Ｙの家族の証言によれば，家の戸締まりは，完全になされていたと思われること。
   ・連続放火事件への対処のため，町内会では交代で見回りを行っていたが，当夜，見回りを担当していたＡ，Ｂ，Ｃの証言によると，被告人宅は見通しのきくところにあるため，そのガラス戸を開けて外来者が侵入し放火することはきわめて困難であること。
2) 被告人には動機があること。
   ・連続放火事件の犯人ではないかとの噂を広められこれを思い悩んでいたこと。
   ・本件放火事件の少し前に1000万円の火災保険をかけていたこと。

しかし，弁護人は，検察官の主張を覆そうとつぎのような主張を展開しました。

1) 本件放火が内部犯によるものとする点について
   ・被告人宅は１階で雑貨店を営んでおり，いつ客がきてもいいように，１ケ

所だけガラス戸を開ける習慣になっていたこと。
- 本件放火当時も同様であり，戸締まりが完全になされていたとはいえず，内部の犯行である証拠はないこと。
- Ａ，Ｂ，Ｃによる見回りといっても，2時間おきに町内を巡回していただけのものであったこと。
- 被告人宅が見通しのきくところにあるとしても，見回りをしていた者が常に目を離さず被告人宅を監視できていたとはいえないこと。

2）被告人の動機について
- 当時，連続放火事件が起きていたことからすれば，これに備えて火災保険に加入することも不自然とはいえないこと。
- 火災保険の保険金1000万円は，被告人宅の価格が3000万円相当と評価されうることからして十分とはいえず，被告人の犯行を裏づけるものとはいえないこと。

　証拠調も終わり，検察官からの**論告**（**求刑**），弁護人からの**弁論**がおこなわれました。裁判官はＹに告げます。「被告人，前に出なさい。これで調べを終えますが，最後に意見として述べておきたいことはありませんか？」。

　被告人の最終陳述です。「私は，決して放火をしておりません。ほかの事件でも自分の家の事件でも同様です。どうか公正な判断をお願いいたします」。Ｙは，きっぱりそう答えました。どのような判決になるのでしょうか。

♣ 判決の宣告

　判決の宣告期日を迎えました。
　「被告人を無罪とする」。裁判官の判断は無罪でした。その理由について，裁判官が読み上げた判決には，つぎの文章がありました。
　「**『疑わしきは被告人の利益に』**の原則は，刑事裁判での鉄則である。刑事裁判で犯罪の証明がある，といえるには，**『高度の蓋然性』**が認められる必要があるため，犯罪の証明が十分であるという確信的な判断がなければならない。しかし，本件においては，被告人の犯罪事実を認定するには，なお，相当程度の疑問の余地がある。証明力が十分ではない情況証拠を積み重ねるだけでは，犯罪事実と被告人とを結びつけることはできない。以上から，本件は，『疑わ

しきは被告人の利益に』の原則に従い，犯罪の証明が十分でないとして，被告人に対し無罪の言い渡しをするものである」。

翔太と美咲は，あらためて被告人の利益の重要性を確認することになりました。

練習問題

① 裁判員には法律の知識は必要とされていません。裁判員制度のメリットとデメリットは何でしょうか。
② 次の言葉を説明しましょう。
　a．逮捕　b．勾留　c．黙秘権　d．「疑わしきは被告人の利益に」の原則

6　犯罪者の処遇

どんな刑罰があるのか

有罪の判決が下された場合に初めて，被告人は犯罪者となります。犯罪は社会にとって脅威となりますから，犯罪者を社会から遠ざけ，再び社会のなかで共生できるよう教育を受ける必要があります（**犯罪者の更生**）。また，犯罪を犯すと制裁が科せられるということを知らせることによって，犯罪を防止し治安を維持することも必要でしょう（**犯罪予防**）。そのような必要性から刑罰が設けられてきました。また，最近では，被害者が犯罪のトラウマから立ち直るためにも刑罰が必要だと考えられるようになっています。

それでは，刑罰にはどのようなものがあるのでしょうか。犯罪に対しては，つぎのような刑罰が科されています。

1）死刑…生命を奪う刑罰。「絞首」により執行されます。殺人罪や強盗致死罪以外にも，現住建造物等放火罪，内乱罪などに適用されます。
2）懲役・禁錮…どちらも刑務所に拘置する刑罰で，無期と有期（1月以上20年以下）とがあります。両者の違いは，懲役の場合には**刑務作業**が課せられていますが，禁錮にはそれがないという点にあります。もっとも，禁錮の場合でも，申出があれば作業につくことができます。

　　刑務作業は，できるかぎり受刑者の勤労意欲を高めて，職

業上必要な知識や技能を習得させるために実施するものです。内容には，つぎのものがあります。
- 生産作業（木工，印刷，洋裁，金属等）
- 自営作業（炊事，清掃，介助，施設修繕等）
- 職業訓練（溶接技能者，電気工事士，自動車整備士などの資格や免許を取得することもできる）

3）拘留…懲役や禁固と同様，刑務所に拘置して自由を奪う刑罰です。ただし，比較的軽い犯罪に科されるものであるため，刑期が1日以上30日未満と短いことが特徴です。

4）罰金・科料…どちらも金銭の支払いを命じる刑罰です。罰金は1万円以上，科料は千円以上1万円未満ですが，どちらの場合も，完納できない場合には，一定期間，労役場への留置が命じられ，刑務作業に従事することとなります。
- 罰金を完納できない者；1日以上2年以下の期間。
- 科料を完納できない者；1日以上30日以下の期間。

5）没収…犯罪に使われた物や犯罪によって得られた不法な利益を奪って，国が取得する刑罰です。つぎのような物が没収の対象となります。
- 賭博で賭けた財産，また，勝って得た財産。
- 通貨偽造で使用した器械や原料，また，偽造した通貨。
- 殺人で凶器に使ったナイフ。

ちなみに，代表的な犯罪とそれぞれの刑罰はつぎのとおりです。

殺人罪	死刑，無期懲役，5年以上の懲役
暴行罪	2年以下の懲役，30万円以下の罰金，拘留，科料
傷害罪	15年以下の懲役，50万円以下の罰金
脅迫罪	2年以下の懲役，30万円以下の罰金
強要罪	3年以下の懲役
窃盗罪	10年以下の懲役，50万円以下の罰金
強盗罪	5年以上の有期懲役（最長で20年！）
詐欺罪	10年以下の懲役

❧ 施設内処遇と社会内処遇

　犯罪者の更生と犯罪予防のためにおこなわれる犯罪者処遇には，**施設内処遇**と**社会内処遇**とがあります。施設内処遇は，**刑事施設**で収容される人たちの処遇を意味し，刑事施設にはつぎの3つがあります。

1）刑務所…懲役・禁錮・拘留の実刑判決を受けた者を収容する施設。
2）拘置所…勾留中の被疑者・被告人を収容する施設。
3）少年刑務所…14歳以上で懲役・禁固・拘留の実刑判決を受けた少年（20歳未満）を収容する施設。ただし，少年はいまだ未成熟で，環境に影響されやすく，柔軟性（可塑性）もあって更生する可能性も高いことから，刑罰ではなく保護の対象として取り扱うことがあります。このときに教育をおこなう機関として少年を収容するのが，**少年院**です。

　また，犯罪者を刑事施設に収容し自由を奪うのではなく，地域社会のなかで一般の人たちと一緒に生活を送るなかで，社会復帰や改善更生を目指すこともあります。これを社会内処遇といい，代表的なものにはつぎの2つがあります。

1）保護観察…保護観察官や保護司が，対象者（保護観察処分となった少年，少年院を仮退院した者，仮出獄者，執行猶予者）に対して**指導監督**と**補導援護**をおこなうこと。指導監督とは，対象者が決められた遵守事項にしたがって生活しているかどうかをチェックするものです。他方，補導援護とは，対象者本人の自助を自覚させつつも，その更生を援助するために講じる措置をいいます。就職や住居を決める際に助けたり，医療を受けるときにサポートしたりします。
2）仮釈放…刑務所に拘置している受刑者に対して，期間が満了する前に一定の条件をつけて仮に釈放し，残りの期間に保護観察を通じて社会復帰を図ること。施設内処遇が弊害をもたらしたり，刑務所が過剰となったりした場合にそれを緩和するためにとられることがあります。

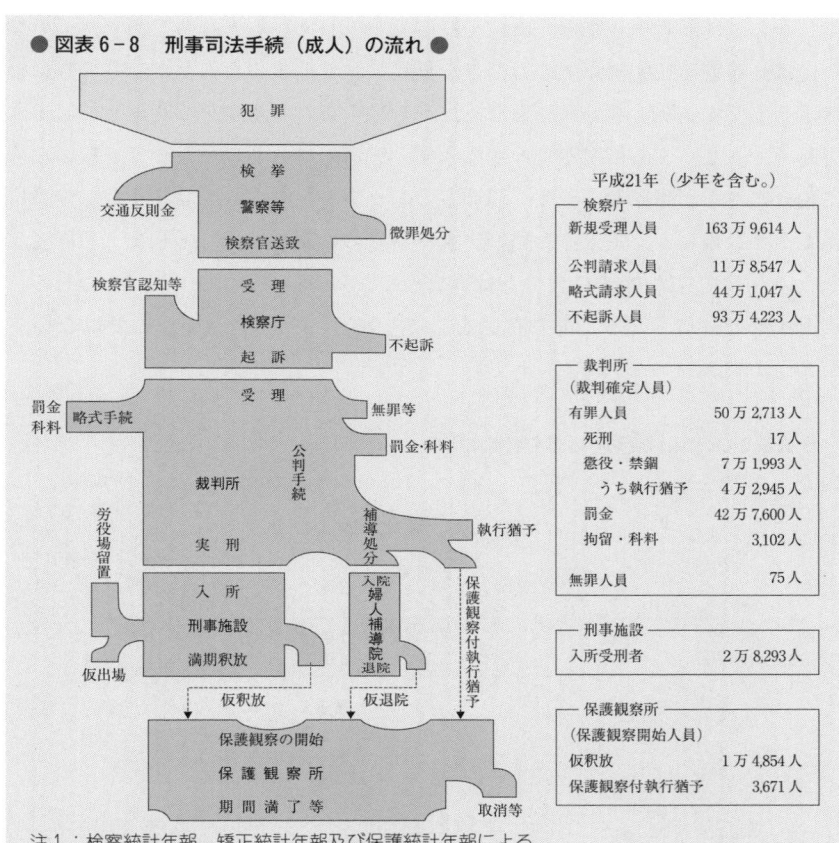

● 図表6-8　刑事司法手続（成人）の流れ ●

```
                       犯罪
                        ↓
                       検挙
        交通反則金 ──  警察等  ── 微罪処分
                      検察官送致
                        ↓
        検察官認知等 ── 受理
                      検察庁   ── 不起訴
                       起訴
                        ↓
        罰金       略式手続 受理    ── 無罪等
        科料                       ── 罰金・科料
                      裁判所
                      公判手続
              労役場留置    補導処分  執行猶予
                      実刑
                        ↓
                      入所     入院
                     刑事施設   婦人補導院
                     満期釈放   退院
              仮出場                  保護観察付執行猶予
                     仮釈放   仮退院
                        ↓
                   保護観察の開始
                    保護観察所
                    期間満了等    取消等
```

平成21年（少年を含む。）

┌ 検察庁
│ 新規受理人員　　163万9,614人
│ 公判請求人員　　11万8,547人
│ 略式請求人員　　44万1,047人
│ 不起訴人員　　　93万4,223人

┌ 裁判所
│ （裁判確定人員）
│ 有罪人員　　　　50万2,713人
│ 　死刑　　　　　　　　17人
│ 　懲役・禁錮　　7万1,993人
│ 　　うち執行猶予　4万2,945人
│ 　罰金　　　　　42万7,600人
│ 　拘留・科料　　　3,102人
│ 無罪人員　　　　　　　75人

┌ 刑事施設
│ 入所受刑者　　　2万8,293人

┌ 保護観察所
│ （保護観察開始人員）
│ 仮釈放　　　　　1万4,854人
│ 保護観察付執行猶予　3,671人

注1：検察統計年報、矯正統計年報及び保護統計年報による。
　2：「検察庁」の人員は、事件単位の延べ人員である。たとえば、1人が2回送致された場合には、2人として計上している。
出典：平成22年度版犯罪白書42頁

♣ 刑務所の実像

　刑務所に収容されている受刑者は、どのようなイメージで捉えられているのでしょうか。凶悪で更生の可能性もないような、そんな人たちなのでしょうか。人を刃物で傷つけた犯罪者や人の財布を盗んだ犯罪者などを、自分とは違うモンスターだとは思っていないでしょうか。たしかに、そういう人もいるでしょう。何度も同じ過ちを犯してしまう人がいることも事実です。

しかし，受刑者の4割弱が詐欺や窃盗で服役している人たちであり，そのなかには，被害額1000円以下の万引きや無銭飲食で捕まった人もかなりの数にのぼるそうです。職もなく家庭もなく，やむにやまれず窃盗をくり返してしまう犯罪者，人とうまく接することができず，感情のコントロールができないために犯行に及んだ犯罪者，一度，犯罪者のレッテルを貼られてしまうと，定職に就くことも難しく，生きるために・食べるために犯罪を犯してしまう犯罪者。そういう人たちは，本当に自分とは異質のモンスターなのでしょうか。むしろ，状況次第では自分だって同じ行動をしてしまう，そういう姿なのではないでしょうか。

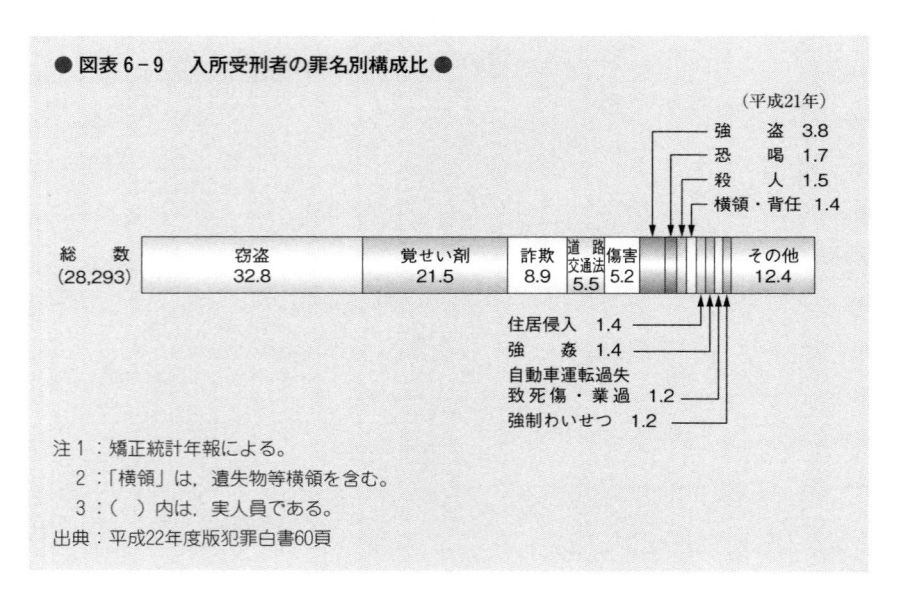

● 図表6-9　入所受刑者の罪名別構成比 ●

（平成21年）

総　数 (28,293)	窃盗 32.8	覚せい剤 21.5	詐欺 8.9	道路 交通法 5.5	傷害 5.2					その他 12.4

強　盗　3.8
恐　喝　1.7
殺　人　1.5
横領・背任　1.4
住居侵入　1.4
強　姦　1.4
自動車運転過失致死傷・業過　1.2
強制わいせつ　1.2

注1：矯正統計年報による。
　2：「横領」は，遺失物等横領を含む。
　3：（　）内は，実人員である。
出典：平成22年度版犯罪白書60頁

　最近では，受刑者の高齢化が指摘されています。核家族化が進み，一人暮らしの高齢者が孤独死を迎える**無縁社会**に私たちは生きています。収入が不足しがちが高齢者が，家族や地域との結びつきを得られず，やむを得ず犯罪に走ってしまうことがあることを，知っておく必要があるでしょう。犯罪を減らすために必要なのは，前科のある人たちを切り捨てたり，刑罰を重くしたりするのではなく，孤立しがちな人たちを社会で受け入れること，社会での居場所をつくることなのではないでしょうか。

近時，親族や民間の更生保護施設では受入困難な刑務所出所者等を受け入れて，その更生を国が支える事業が始められています。**自立更生促進センター**と**就業支援センター**と呼ばれます。自立更生促進センターは，保護観察官が一人ひとりの問題性に応じた専門的な処遇をおこない，2度と過ちをくり返さないようにするとともに，就職活動やその後の住居の確保も支援しています。また，就業支援センターは，主として農業等の職業訓練をおこなう施設です。どちらも，意義のある試みですが，設置予定地域の住民等による反対もあって，この事業がどこまで普及するのかは困難な状況です。さらに，出所後の自立が困難な高齢者・障がい者の再犯を防ぐため，国が都道府県に設置を求めた**地域生活定着支援センター**も大きな役割を果たしています。私たちは，過ちを犯した人を社会で受け入れることによってこそ，再犯を防止し，共に生きていく社会をつくることに結びつくことを改めて確認しなければならないでしょう。

練習問題

① 保護観察と仮釈放について，その役割や必要性を考えてみましょう。
② 高齢者による犯罪の増加が指摘されていますが，それはなぜだと思いますか。
③ つぎの意見についてどう考えるか，話し合ってみましょう。
　a．犯罪者を更生することはできないから，できるだけ長い間，刑務所に入れる方がよい。
　b．前科のある人が近くにいると不安になるから，どこに住んでいるかの情報を多くの人に知らせる方がよい。
　c．今の子どもは何を考えているかわからない。少年も大人と同じように処罰した方がよい。

おすすめの文献

① 佐野洋『検察審査会の午後』（新潮文庫，1995年）
　　裁判員制度とは別の，もうひとつの「国民の義務」である検察審査会を舞台に展開されるミステリー小説。最近では，政治家の政治資金規正法違反事件で2度の起訴相当の議決が出され，強制起訴となり話題に。さて，検察審査員は事件を明らかにできるのか。

② 郷田マモラ『モリのアサガオ①〜⑦』（双葉社，2005〜2007年）
　　新人刑務官と死刑囚との交流を軸にストーリーを展開し，死刑制度の是非を問いかける。作品のなかで，主人公が到達する結論とは。死刑に賛成か反対か。それはみてからのお楽しみ。
③ 浜井浩一『2円で刑務所，5億で執行猶予』（光文社新書，2009年）
　　統計を用いた客観的な視点から，犯罪や刑罰にかんする「神話」を検証している。「犯罪の多くは，貧困と社会的な孤立から発生する」とする指摘は説得的。監視カメラや厳罰化が必ずしも有効ではないことを指摘する。

エピローグ
——東日本大震災後の「日本社会」を考える——

　本書の執筆を進めていた2011年3月11日，東北，関東一帯を大地震が襲いました。これにより，実に多くの被害がもたらされました。時系列にみていくと，「地震→津波→原発事故→計画停電・物不足→出荷制限・摂水制限→経済・雇用悪化，風評被害，農業・酪農・漁業への影響→長期的な物不足」とつづき，日本社会の政治・経済・社会システム全体にとって，大きな影響を与えることとなりました。

　災害発生時には，人命救助・避難が最優先され，余震や火災がおさまってくると，徐々に復興の局面に入っていきます。この過程では，国家が迅速に対応し，被災者支援，企業・産業支援，金融機関支援，自治体支援などをおこなわなければなりませんでした。ところが，現実には，国政では政争がくり返され，新しい法律の制定，予算の成立，具体的な対応などが遅れ，被災者を置き去りにした対応には多くの批判が向けられることとなりました。

　大震災直後から続く混乱は，本書が扱ってきた経済，学校・教育，地域・自治体，医療・福祉・雇用，治安・秩序を根底から揺さぶるものであったように思われます。それゆえ，具体的な政策は，まさに本書が論じてきた「日本社会」に直接かかわるものでありました。被災者支援を例に，具体的な対策例をあげましょう（以下は，ほんの一例です）。

① 経　　済　　預金通帳やキャッシュカードがなくても運転免許証等で預金の引き出しを可能とすること，定期預金は満期前でも払い戻し可能とすること，個別事情による住宅ローン等の返済猶予（数ヶ月～1年ほど）などの，金融機関による支援。

② 学校・教育　　給食費，学用品，制服について市町村が費用を立て替えるとしたこと，住民票を移さずに小中学校に転入学できる「区域外就学」や，学籍を移さずに一時的な聴講をしてもよいとの特例を認めたこと，習字道具や絵の具などの教材を無償提供すること，公立高校に転入してきた

生徒らに月額2万円を1年間貸し付ける事業など，都道府県の教育委員会による支援。

③　自　治　体　　法務省が，震災で市町村役場が機能しない場合でも，出生・死亡届を出さないことで不利益を受けるべきではないとの立場から，提出期限を過ぎても受理するよう通知したこと，また，政府が，仮設住宅の建設用地として自治体が私有地を借りた場合，国が借地料を肩代わりすることを決定したこと。

④　雇　　　用　　厚生労働省が，雇用保険の特例措置，失業手当の受給手続の簡略化，雇用調整助成金の給付条件の緩和，雇用保険料の徴収期限の延期などの特例措置を打ち出したこと。

政府は，これらの諸施策を通じて，被災者の生活の基盤を回復し，また，産業支援などを通じて生活を軌道に乗せることが必要となります。それでは，私たち一人ひとりはどうでしょうか。東日本大震災を受けて，日本社会を考える本書の読者とともに，今，私たちは何を考え，どう行動すべきなのか，考察を深めたいと思います。

第1に，自分のこと・自分たちのことだけを考えないということです。ここでひとつのエピソードを紹介します。1958年，ドイツのミュンヘン大学で，大学本館の復興に際して玄関から入った正面の壁にどのような言葉を彫り込むか，についての学生投票がおこなわれました。大学当局は，「祖国のために死することは，甘美にして栄誉あることなり」というホラチウスの言葉をそのまま復活しようとしました。

しかし，学生から反対運動が起こり，その言葉に代えて，「死者は生者に義務を課す」という別の言葉が提案されました。学生投票の結果，後者が3分の2以上の多数を得，これが採用されました。学生が反対運動を起こしたのは，多くの学生たちが戦争に動員されて悲惨な最後をおくったことに対する思いがあり，また，とくにミュンヘン大学では，戦時中に反ナチ抵抗運動をおこなって処刑された学生・教授グループへの追慕の念があったとされています（この話については，栗城壽夫「憲法愛国主義について」『憲法問題』13号〔2002年〕168頁以下参照）。

このエピソードは，つぎのことを教えています。私たちは，被災者の声，亡

くなった方の声なき声を真摯に受け止め，亡くなった方が再び生まれてきたいと思えるような日本社会をつくることを義務づけられている，ということです。防災の問題，街づくりのあり方，産業の復興，地域の再生，そして，エネルギー政策……。これらのことから目を背けず，自分の問題として考え続けることが求められているのです。

　第2に，虚偽の風評に惑わされないということです。ここでもひとつのエピソードを紹介します。関東大震災の際の逸話です。1923（大正12）年9月1日に発生した関東大震災では，死者・行方不明者10万5000人，家屋の全焼38万1000戸，全半壊17万5000戸という大被害を出しました。その際，「朝鮮人が井戸に毒を投げ込んでいる」，「朝鮮人が暴動を起こしている」というデマが流され，それが口づてで広まっていきました。

　パニック状況のなかで，日本人は各地で自警団を組織し，竹槍やクワ，カマなどで武装し，相手が朝鮮人だとわかると捕まえて暴行を加え，袋だたきにして殺害したのです。正確な情報によらず，そのときの気分，不安感によって増幅された感情は，人の命をも奪う悲惨な暴力に変わることがあるのです。

　大規模な自然災害が起こった際には，正確な情報が必要となります。政府によって情報の隠蔽がなされたり，情報の提供が遅れたりすると，住民の不安はより増大することとなります。情報をもっている機関の責任はそれだけ重大なものとなりますし，私たち一人ひとりも，はっきりとした根拠のない話に惑わされて，とりかえしのつかない行動をとることのないようにしなければならない，ということを学ぶ必要があるでしょう。

　本書は，もともとは法律文化社編集部の若き編集者，掛川直之氏の熱い思いがなければ日の目を見ることはありませんでした。

　「アーネ・リンドクウィスト＝ヤン・ウェステルの『あなた自身の社会』の日本版を作りたいんです！」（川上邦夫氏による訳で，新評論から発行されています）。

　関西大学の私の研究室で話をうかがったときには，すでに，彼の頭のなかには本書の詳細なプランがあり，明確な見取り図もできあがっているように思われました。それだけに，いざこうしてできあがってみると，最初の熱意がかたちとなって読者のみなさんに提供できるようなものになっているのかどうか，

不安がないわけではありません。みなさんの忌憚のないご批判・ご指摘を賜れば幸甚に存じます。

　法律文化社の方々，とくに，掛川直之氏には，遅々として進まない本書の執筆作業により多大な心労をおかけしたものと思います。ここに記して感謝申し上げます。

　2012年1月

執筆者を代表して　髙作　正博

執筆者紹介

髙作 正博（たかさく・まさひろ）　　第 *1* 章1・6，第 *6* 章
関西大学法学部教授

● 社会の一員になるあなたへ ●

自由や権利は，自分だけの利益を最優先しようとするエゴイズムを意味しません。自分の権利と同様，他者の権利も重要なものとして認め合うことが前提とされているからです。そのことの意味と重みを感じながら，本書の扉を開いてください。

矢野 恵美（やの・えみ）　　第 *1* 章2〜5
琉球大学大学院法務研究科准教授

● 社会の一員になるあなたへ ●

どの国に生まれても，法律にかかわらずに生きていくことはできません。法律を知っているかどうかで人生は大きく変わります。一方で法律は人のつくるものですから，よい法律もありますが，ときには改正が必要になる場合もあります。まずはこの本で，自分の国の法律の基本的な内容に興味をもっていただければ幸いです。

上地 完治（うえち・かんじ）　　第 *2* 章
琉球大学教育学部准教授

● 社会の一員になるあなたへ ●

私たちの社会は多様性や矛盾に満ちています。それは，社会を豊かにする刺激的なスパイスでもあれば，社会の秩序が揺らぐ混乱した状況にも感じられます。「何が正しいか」「どうすればよいのか」という重要な問いに対して明確な正解がないという現実を認めつつ，答えを自分なりにつくりだす，そのためのお手伝いができれば幸いです。

寺川 永（てらかわ・よう） 第*3*章
関西大学法学部准教授
● 社会の一員になるあなたへ ●
あなたが普段なにげなく暮らしている日常生活において，民法をはじめとするさまざまな法律があなたの生活を「そっと」支えてくれていることに気づいてもらえれば嬉しいです。経済との関係も考えながら，法を学ぶとより楽しくなると思います。

島袋 純（しまぶくろ・じゅん） 第*4*章
琉球大学教育学部教授
● 社会の一員になるあなたへ ●
私たちが暮らす社会のさまざまなルールや秩序には，理想と現実があるといいます。どちらも人間社会が創りだしたもので，自分たちで変えていくことができるのです。何が理想で何が現実かを問い，現実を理想に向け変えていく力を養ってもらえればと思います。

高田 清恵（たかた・きよえ） 第*5*章
琉球大学法文学部教授
● 社会の一員になるあなたへ ●
私たちの社会保障は，誰もが人間らしい生活を営むことができる権利を保障するために創られてきた制度です。戦争で多くの命が犠牲になったことへの反省のうえに発展してきた制度でもあります。今，私たちの社会保障はさまざま課題をかかえています。ぜひ，あなた自身の問題として考えてみてください。

Horitsu Bunka Sha

私たちがつくる社会
おとなになるための法教育

2012年3月10日　初版第1刷発行

編　者	髙作正博
発行者	田靡純子
発行所	株式会社 法律文化社

〒603-8053
京都市北区上賀茂岩ヶ垣内町71
電話 075(791)7131　FAX 075(721)8400
URL:http://www.hou-bun.com/

印　刷	西濃印刷㈱
製　本	㈱藤沢製本
装　幀	三原賢治・須蒲有希

ISBN 978-4-589-03382-6
Ⓒ 2012 Masahiro Takasaku Printed in Japan

君塚正臣編
高校から大学への法学　●A5判・216頁・2205円

高校で学ぶ地理・歴史・公民等の基礎知識・基本用語と連関させたユニークな法学入門書。各章冒頭に章の全体像を示す概念図を，章末には内容確認のための設問を設けるなど，学習を助ける工夫をした。

石田喜久夫著〔HBB〕
法律嫌いの人のための法学入門　●四六判・222頁・2625円

法律を，そしてそれを学問することを，はじめから好きな人などいるのだろうか。逆説的でアイロニカルな語りかけと著者の体験談をまじえながら，法学の面白さをジワリと説くユニークな法学入門書。

陶久利彦著
法的思考のすすめ〔第2版〕　●A5判・154頁・1890円

具体事例を素材に問いをたて，読者とともに考えるというスタンスで，法的思考の核である，ルールを中心とした論理の組立て方の思考訓練を説いた入門書。第2版にあたり，よりわかりやすい表記とした。

村井敏邦・後藤貞人編
被告人の事情／弁護人の主張 ▶裁判員になるあなたへ　●A5判・210頁・2520円

第一線で活躍する刑事弁護人のケース報告に研究者・元裁判官がそれぞれの立場からコメントを加える。刑事裁判の現実をつぶさに論じることで裁判員になるあなたに問いかけ，厳罰化傾向にある現状に待ったをかける一冊。

小久保哲郎・安永一郎編
すぐそこにある貧困 ▶かき消される野宿者の尊厳　●A5判・268頁・2415円

いまや「すぐそこにあるもの」になった貧困問題。しかしそのなかで，どこか他人事とされがちな野宿者問題。代表的な訴訟をとおして当事者・弁護士の視点からリアルな現実を描き，尊厳と権利回復への方途を再構築する。

―― 法律文化社 ――

表示価格は定価（税込価格）です